海派文化丛书

海派庙市

费慧林著

文汇出版社

编委会

总序

在中国所有的城市中，没有也不可能有两个城市是完全相同的，每个城市都有各自的特点和个性。上海，无论是城市的形成过程、发展道路，还是外观风貌、人文内蕴，抑或是民间风俗习惯等，都有鲜明的特点和个性，有些方面还颇具奇光异彩！

如果要我用一个字来形容上海这座城市，我以为唯独一个"海"字，别无选择。

上海是海。据研究表明，今上海市的大部分地区，尤其是市中心地区，在六千多年以前，尚是汪洋一片。随着时间的推移，长江的奔流不息，大海的潮涨潮落，渐渐淤积成了新的陆地，以打鱼为生的先民们开始来这一带活动。滩涂湿地渐长，围海造地渐移，渔民顺势东进，于是出现了叫上海浦、下海浦的两个小渔村，由此迅速发展起来。到南宋咸淳三年（1267年），在今小东门十六铺岸边形成集镇，称上海镇。后于1292年正式设置上海县，县署就在今老城厢内的旧校场路上。一个新兴的中国滨海城市就这样开始崛起。所以我认为，上海可以说是一座水城，上海是因水而生，因水而兴，水是上海的血脉，水是上海的精灵。直至今日，上海的地名、路名依旧多有滩、渡、浜、泾、汇、河、桥、塘、浦、湾……这都在向人们证明，是水造就了上海这座城市。

海洋是美丽而壮观的。约占地球表面总面积的70.8%是海洋水面，如果称地球为"水球"也不无道理。海洋是广阔而有边的，是深而可测的。"日月之行，若出其中；星汉灿烂，若出其里。"海洋是生命的摇篮，是资源的宝库……任你怎样为之赞美都不会过分。

海在洋的边缘，邻近大陆，便于和人类亲密接触。我国的万里海疆，美丽而且富饶，被誉为能量的源泉、天然的鱼仓、盐类的故乡，孕育着宇宙的精华，激荡着生命的活力……任你怎样为之歌唱都不会尽兴。

上海是海。是襟江连海的不息水流造就了上海，更是水滋养了上海，使这座城市孕育了以海纳百川、兼容并蓄为主要特征的海派文化。可以说，没有水就没有上海，就没有这座迅速崛起的滨海城市。没有海派文化的积极作用，也就没有上海的迅速崛起和繁荣发达。今后，上海的发展还要继续做好这篇水文章，充分发挥自己的优势和特点！

上海是海。上海人来自五湖四海，是中国最大的移民城市，是典型的近代崛起的新兴城市，不同于在传统城市基础上长期自然形成的古老城市。1843年开埠以前，上海人口只有20多万，经过百年的发展，人口猛增到500多万。据1950年的统计，上海本地原住民只占上海总人口的15%，移民则高达85%。上海的移民，国内的大都来自江苏、浙江、安徽、福建、广东，国际的虽来自近四十个国家，但主要来自英、法、美、日、德、俄，其数量最多时高达15万人。在一个多世纪中，上海大规模的国内移民潮有如下几次：

太平天国期间，从1855年到1865年，上海人口一下子净增了11万。

抗日战争时期，特别是孤岛期间，仅4年时间，上海人口净增了78万。

解放战争期间,三年左右,上海人口净增了208万,增势之猛,世界罕见。

改革开放以来,上海产生了新一波移民潮,人口增长势头也很猛,现在户籍人口已经超过1 800万,此外,还有外来务工人员600万。每年春运高峰,车站码头人山人海、人流如潮,是上海一道独特的风景。

上海是海。上海的建筑素有万国博览会之美誉,现在是越来越名副其实了。有人说建筑是城市的象征,是城市文化的载体;也有人说建筑是凝固的音乐,是城市的表情。依我看,上海的城市建筑是海派文化的外在形象体现,无论是富有上海特色的石库门里弄房屋,还是按照欧美风格设计建造的各式各样的建筑,包括集中于南京路外滩的建筑群,和分布于各区的多姿多彩的别墅洋楼,诸如文艺复兴式、哥特式、巴洛克式、古典主义式……现已列入重点保护的优秀历史建筑就达300多处,或者是后来建造的如原中苏友好大厦等,都在向人们无声地讲述着丰富而生动的历史人文故事,演奏着上海社会发展进步史上的一个个乐章。

上海是海。上海人讲话多有南腔北调,还有洋腔洋调。中国地域广阔,方言土语十分丰富。56个民族,都有本民族的语言。上海这个迅速崛起的移民城市,人口的多元化,自然带来了语言的多样化,中国各地方言和世界各国的语言大都能在上海听到。

上海是海。上海人的饮食,可谓多滋多味,菜系林立,风味各异,川帮、广帮、闽帮、徽帮、本帮……应有尽有;西菜、俄菜、日本菜、印度菜……数不胜数。

上海是海。上海的戏剧舞台百花争艳,京剧、昆剧、越剧、沪剧、淮剧、歌剧、舞剧……剧种之多,阵容之齐,在国内数一数二,在国际堪称少有。浙江嵊县土生土长的越剧在上海生根开花,走向全国;而上海土生土长的沪剧则别具一格地将莎士比亚的《罗密欧与朱丽叶》、王尔德的

《少奶奶的扇子》改编成功……

上海确实就是海!

海派文化姓海。

海派文化不等于全部上海文化,而是上海文化独特性的集中表现。

姓海的海派文化,是我们中华文化的一部分。中华文化是我们中华民族之魂。中华文化历史悠久,博大精深,就像一棵根深叶茂、顶天立地的大树,巍然屹立,万古长青,枝繁叶茂,这树的主干在北京,树根深扎国土,树枝则是伸向祖国各地各民族的地域文化和民族文化。有一种说法耐人寻味:看中华文化五千年要到西安去,看中华文化两千年要到北京去,看近百年来中华文化发展要到上海去。当然,比喻总是蹩脚的。

姓海的海派文化,是伴随着上海这座典型的移民城市的崛起而形成和发展的,来自江苏、浙江、安徽、广东、福建……的移民带来了当地的民族民间文化,在上海相互影响,有的彼此融合,有的相互排斥,有的自然淘汰,经久磨合而逐渐形成新的文化形态。因此,海派文化是吸纳了国内各地民间文化精华,孵化生成具有鲜明上海地方特色和个性的独特文化。

姓海的海派文化,是受世界文化特别是受西方文化影响最多的中国地域文化。1843年上海开埠以后,西学东渐,海派崛起,云蒸霞蔚,日趋明显。随着西方物质文明的输入,如1865年10月18日在南京路点亮第一盏煤气灯,从此上海有了"不夜城"之名;1881年英商自来水公司成立,次年在虹口铺设水管,开始供水……东西方人与人、文化与文化整体接触,尤其是租界上"华洋杂处"、"文化混合",虽然于我们是一种无可奈何的选择,但客观上却是引进西方文化早而且多,使上海成了"近代化最成功的地方,市民文化最强大的城市",往往统领风气之先。

姓海的海派文化,是随着上海发展而发展的,是客观存在,有客观规律,我以为大体可分为这样几个时期:

萌芽时期。1843年上海开埠以前,中华传统文化特别是吴越文化,为海派文化提供了基础,开始孕育海派文化。

成长时期。1843—1949年期间,特别是20世纪三四十年代,上海"八面来风"似的国内外移民,哺育了海派文化的成长。

转折时期。这又可以分为两段:1949—1965年间,建国以后,定都北京,商务印书馆等文化单位迁往北京,以郭沫若、茅盾、叶圣陶、夏衍、曹禺为代表的上海文坛骁将率队陆续迁居北京,上海在电影、文学、戏剧等诸多方面不再是中国的文化中心,这是很正常的转移。上海虽然不再是中国的文化中心了,但文化基础很好,依然作用不小,有些方面如电影、小说在全国的影响还是很大的。这也给海派文化带来了新的发展机遇。1966—1976年,文化大革命十年浩劫,整个中国文化,包括海派文化,遭受了毁灭性的破坏,罄竹难书。

成熟时期。1976年,笼罩祖国天空的阴霾一举扫去,阳光重新普照大地,结束长达十年的浩劫,开始拨乱反正、改革开放新时期,在全中国范围对"文革"进行反思,平反冤假错案,逐步恢复正常的文化活动。上海以话剧《于无声处》和小说《伤痕》为起点,海派文化开始新的阶段。在党的十一届三中全会精神指引下,上海再次成为东西方文化交流的中心,海派文化重新焕发青春,健康发展,在新的基础上正在走向成熟。

当前,海派文化面临着新的机遇和挑战,存在这样那样前进和发展过程中难以避免的问题和弱点,这是要引起重视并认真对待的。

姓海的海派文化,有哪些基本特点呢?我以为主要有:

一是开放性:海纳百川、有容乃大,为我所用,化腐朽为神奇,创风气之先河。不闭关自守,不固步自封,不拒绝先进。

二是创新性：吸纳不等于照搬照抄，也不是重复和模仿人家，而是富有创新精神，洋溢着创造的活力。当年海派京剧的连台本戏、机关布景是创新，如今的《曹操与杨修》也是创新，金茂大厦则是在建筑文化方面的创新。

三是扬弃性：百川归海，难免泥沙俱下，鱼龙混杂，尤其在被动开放时期，特别是在"孤岛时期"，租界内某些殖民文化的影响也不能忽视，需要加以清醒地辨别，区别对待，避免盲目和盲从。

四是多元性：海派文化和其他事物一样，具有综合性，是复杂的体系，不应该要求纯之又纯，水清无鱼，那就不成其为海派文化了。雅与俗，洋与土，阳春白雪与下里巴人相容并存，以致落后、低级、庸俗、黄色、反动文化，在以往那特定历史时期，也夹杂其间，怎么能用这些来对今天的海派文化说事呢。

五是商业性：海派文化在不同历史时期和不同政治、经济、社会环境中，其适应市场的商业性都有不同的表现。上海人往往对国内外市场行情具有敏感性，适应市场变化的能力比较强，有些从事文化艺术工作的人士，也比较有经济头脑和市场意识。

我认为，海派文化的"派"，既不是派性的派，也不是拉帮结派的派，更不是其他什么派。千万不要"谈派色变"，也不必对"派"字讳莫如深，远而避之，切忌不要一提到"派"字，就联想到造反派、搞派性、讲派别！不，我们这里所说的海派文化，是反映上海文化风格的最重要流派。我国有京派文化、徽派文化、吴越文化……和海派文化一样，都是中华文化的组成部分。我们的京剧有麒派、尚派等等，越剧有袁（雪芬）派、傅（全香）派、戚（雅仙）派……都是戏剧艺术的流派，流派纷呈有何不好？

我认为，海派文化是客观存在，不以人们的主观意志为转移。海派文化并不是一成不变的，而是一直在发展变化之中，既不要一提到海派文化就沉醉于20世纪30年代怀旧情调中，也不要一说到海派文化马上就和当年的流氓、大亨、白相人画等号。应该看到，经历了漫长时期的风雨淘洗，特别是进入改革开放新时期以来，上海发生了巨大变化，海派文化也呈现出前所未有的崭新面貌。海派文化发展的至高境界，我想就是"海派无派"，正如石涛先生所说，"无法而法，乃为至法"。应该要为海派文化向至高境界发展而不断努力。

时代呼唤《海派文化丛书》。

《海派文化丛书》是历史的需要。在经济全球化和文化趋同化的当今世界，我们伟大祖国亿万人民正在为建设和谐社会、和谐世界而团结奋斗，中央要求上海搞好"四个中心"建设，发挥"四个率先"作用，还要继续搞好在浦东的综合改革试点，为中国特色社会主义事业作出应有贡献，特别是要主动热情地为争取办好中国2010年上海世界博览会而努力。世界人民的目光聚焦上海，为了全面了解上海、正确认识上海，都迫切需要为他们提供新的准确而完整的图书资料。国内各兄弟省市的同志也有这样的愿望，新老上海人同样都有这个要求。可以说，编辑出版一套系统介绍海派文化的丛书是当务之急。

《海派文化丛书》必须力求准确系统地介绍海派文化。海派文化曾经有过争议，如今也还是仁者见仁，有不同看法是正常的，也是好事。我们编纂者则要严肃而又严格地正确把握，既不要过于偏爱，也不要执意偏见。近年来，由于上海大学领导的重视和不少专家学者热情支持，已经举行了多次海派文化学术研讨会，汇编出版了五本论文选集，受到社会各方面的关心和欢迎，但这还远远不够。我们要以认真负责的态度，出版好这套丛书。

《海派文化丛书》的创作、编辑、出版工作一经动议，就得到作家、编辑和有关领导的热情支持，得到上海大学、上海市对外文化交流协会和文汇出版社等的大力帮助。我相信，《海派文化丛书》的出版可以为中华文化宝库增添新的内容，为中华民族的振兴和上海的建设增强精神助推力，同时，也可为希望全面了解上海的中外人士提供一套具有系统性、权威性、可读性而又图文并茂的图书。

　　我谨代表《海派文化丛书》的作者、编者、出版发行者，向所有给予帮助和支持的单位及个人表示衷心感谢！向读者和收藏者们致以诚挚的敬意！向读后对本丛书提出批评意见和建议的朋友鞠躬致敬！

　　是为序。

李伦新

2007年5月20日于乐耕堂

（本文作者为上海大学海派文化研究中心主任）

目录

总序　李伦新 ……………………………… 1

引言　城厢，城厢，越"陈"越"香" ……… 1

第一章　老里八早

　　沧海桑田 ………………………………　2

　　春秋风云 ………………………………　5

　　"申"之来历 …………………………　8

　　"沪"之称谓 …………………………　11

　　母亲河的变迁 …………………………　13

第二章　老城厢

　　汉唐渔村 ………………………………　20

　　宋代建镇 ………………………………　22

　　元代建县 ………………………………　25

明代筑城 …………………………………… 26

清代都会 …………………………………… 32

民国拆城 …………………………………… 34

大千胜境 …………………………………… 37

南市的由来和南市自治 …………………… 41

老城厢的岁时风俗 ………………………… 47

第三章　老前辈

先民 ………………………………………… 65

移民潮 ……………………………………… 71

变革中的先驱 ……………………………… 77

老前辈中的代表人物 ……………………… 92

第四章　老码头

码头溯源 …………………………………… 112

沙船的历史贡献 …………………………… 118

开放海禁后的上海港 ……………………… 124

海关和关桥码头 …………………………… 129

中国最大的老码头——十六铺 …………… 133

第五章　老会馆

钱庄和钱业公所 …………………………… 150

大同行与小同行 …………………………… 155

珠玉汇市与仰止堂 ………………………… 158

上海最早的会馆——商船会馆·················· 162

三山会馆····························· 165

四明公所血案事略···················· 168

第六章　老学堂

文庙古今谈·························· 174

上海最老的学校——敬业中学············· 181

从龙门书院到上海中学················· 185

上海最早的外语学校——广方言馆········· 189

中国第一所近代学校——梅溪小学········ 192

上海第一所新型小学——实验小学········ 195

吴馨与老城厢的第一所女子中学··········· 197

苏氏教育世家和民立学校··············· 200

誉满杏林的中医专门学校··············· 202

教会办学拾遗······················· 206

第七章　老教堂

上海最早的天主堂···················· 212

敬一堂（老天主堂）·················· 215

董家渡天主堂······················· 219

基督教清心堂······················· 221

小桃园清真寺······················· 222

福佑路清真寺······················· 224

第八章　老街坊

掌心里的宝 …………………………… 228

石库门与上海弄堂 …………………… 243

弄堂里的叫卖声 ……………………… 251

"世外桃源"乔家路 …………………… 260

第九章　老城隍庙（上）

一庙二城隍的由来 …………………… 274

屡毁屡建的城隍庙 …………………… 281

兼容并蓄的城隍文化 ………………… 286

庙市的形成与发展 …………………… 291

白相城隍庙：民俗文化的积淀 ……… 296

文人笔下的城隍庙 …………………… 303

第十章　老城隍庙（下）

重铸百年辉煌 ………………………… 310

再续老庙香火 ………………………… 313

再现民俗风情 ………………………… 317

重振民间美食 ………………………… 320

担当文化大使 ………………………… 330

第十一章　老字号（上）

何谓老字号 …………………………… 338

上海最早的街市和字号 ……………… 341

流金淌银话方浜·····························348

第十二章　老字号（下）

中国黄金珠宝第一城·····················361

上海最老的商街·························365

中华第一茶楼···························369

身价最高的小笼馒头·····················372

老百姓叫出来的老饭店···················376

接待国宾最多的酒家·····················379

品味百年"豆王"·······················382

话说梨膏糖·····························386

自跋　费慧林·····························390

跋　郑家尧·······························392

参考书目·································395

引言　城厢，城厢，越"陈"越"香"

　　探寻上海历史文脉，可远溯松江，上追华亭，但与近代上海关系最直接、最紧密的，当推老城厢。上海自1292年建县以来，这里就成为县治所在地。元、明、清三代，以城隍庙、豫园为中心的这片古邑，是上海县的政治、经济、文化中心。城墙、衙署、邑庙、会所、校场、馆驿、书院，中国古老县城通常应有的东西，这里基本都齐全了。其历史文化的积淀如此之丰厚，对上海人的影响如此之深远，是首屈一指的。

　　作为上海故里的老城厢，其实是一个用城垣围起来的历史岁月。从城垣中心密密匝匝伸展铺就成的老街和深藏其中的宅第及它的故主，诉说着这个城市的兴衰、荣辱以及它的破落和辉煌。在这块上海历史文化最肥沃的土地上，能真切地触摸到吴越文明的痕迹和海派文化的脉搏。

　　20世纪，有人将上海的文化精神概括成两个字：海派。说白一点，一方面指上海人重商，另一方面指他们崇洋。其实，若以老城厢作为海派文化的母本来看，它除了重商崇洋的特性而外，还保持着东吴士族后裔的重儒之气，三者的混合构成了海派的气质。这种气质的形成赖于上海得天独厚的地理位置，也赖于后天海商贸易而缔造的华洋杂处的繁华都市，还赖于吴地人文的历史承袭。

700年的海运商贸经历，使这里总是成为中华大地西风东渐的第一站，自然这里的人有了更开阔的视野，知道要有海纳百川的胸怀与气度才能做成大事业，才能与更多的人交流，从而找到自己生存与发展的机会。而在交流中他们也懂得了比较，知道有些洋玩意其实也挺好，不比我们老祖宗的东西差。崇洋不是没有道理的，毕竟物质文明是有层级的，对更高级文明的美慕是人之常情。

不同秉性的文化形态奇异而自然地相融，"上海文明的最大心理品质是建筑在个体自由基础上的宽容并存"。不是吗，以西城的名邸、书院、文庙为代表的高雅士大夫文化群落，以北城的城隍庙为代表的市民文化群落，构成了老城厢的特色文化氛围。高雅与市侩，开明与守成，精明而不高明，灵敏而不聪明，于是这一切可以出现于同一群体，甚至是个体的身上。

是现实环境造就了他们，是文化氛围熔铸了他们。与完全西化的租界文化相比，这里是上海滩尚存的传统文化栖息地。把她称之为上海故里，是当之无愧和名符其实的。品味老上海，便是要到这里的街市里巷、名园寺庙、深宅故居和茶楼戏院中寻觅。

正所谓：城厢，城厢，越"陈"越"香"。

第一章

老里八早

《海派文化丛书》的主编李伦新先生曾在上海大学的一次讲课中问学生："你们可知上海为什么叫上海吗？"

在座的同学大多是上海人，但也有不少外地人。他们你看看我，我看看你，议论声从各个角落传了上来。

"喂，老兄，你是上海人，你应该知道上海为什么叫上海。"

"一直都是这样叫的，我也讲不清楚其所以然。"

"可能是因为上海靠近大海的缘故吧？"

"沿海城市多了，为什么偏偏上海带着个海字呢？"

议论声平息下来，同学们把目光都投向了李先生。

作为海派文化研究中心的主任，李伦新对上海的历史知根知底。对上海的起源，他娓娓道来，并语重心长地说："作为上海人，不管是新上海人还是老上海人，都要了解上海，懂得上海。只有这样才能传承好历史文化，建设好新上海。"

沧海桑田

用沧海桑田来描述上海的生成与变迁，可谓名符其实。说来也许令人不敢相信，两万多年前的上海，竟然也和地球上的许多地方一样，处于大理冰期。那时的古三角洲，远远高出海面。冰期过后，冰川融入海洋，海平面逐渐上升，三角洲陆地大片浸没水中，从而成为海洋。

20世纪50年代以来，考古工作者在青浦、松江、闵行、嘉定、金山等郊区先后发现了崧泽、福泉山、马桥、亭林、广富林等原始文化遗产，把上海地区有人类活动的历史上推到6000年以前。然而，就今天上海市的大部分地区（尤其是中心城区）而言，在一二千年以前尚未成陆，实为汪洋一片。

早在宋朝,古代上海人就在今嘉定、青浦、金山发现一条由西北到东南略隆出地面的带状岸线,并在这里挖出了许多只有海里才有的贝壳和海鱼残骸。古人断定,这就是远古上海的海岸遗迹,并把它叫做"冈身"。现今,嘉定区还有一个叫"外冈"的地名,它就是以位于冈身之外而设名的。

朱长文《吴郡图经续记》谓:"濒海之地,岗相,谓之冈身。"。《上海县志》载:"县东南冈有三,曰沙冈、竹冈、紫冈。南属于海,北抵松江,长一百里。入土数尺皆螺壳,世传海中涌三浪而成。"南宋诗人许尚诗谓:

千里平沙地,联通江海湄。

漫传因波浪,疑是蚌成基。

清秦荣光在《上海县竹枝词》中,对冈身亦有多处描述:

冈排沙竹紫三塘,绝浦而流百里长。

北抵吴淞南属海,境通奉上丈全量。

古冈三处有身横,紫竹沙冈各异名。

数尺土深螺蚌壳,浪高三涌海潮成。

现代考古学也证明,上海在古代曾经是一片海洋,后由长江、钱塘江、吴淞江(流入市区后俗称苏州河)带来的泥沙,经千百年冲刷而形成陆地的。在嘉定、宝山、闵行及闸北、徐汇等地下4-5米深处都曾发现鲸骨。上海地区的成陆时间,自西向东可以分为三条线:

其一位于上海地区中部的冈身。冈身是由海浪、江流带来的泥沙和贝壳砂形成的古滨海砂堤。今因其地势高亢，故称其为"冈身"。冈身西界一线，自江苏太仓，经外冈、马桥、胡桥至王盘山。据解放后出土文物和史地学家考证，这条天然海堤形成于六千五百年前。这条砂堤形成以后，在其东侧又先后形成2-3条同样性质的平行砂堤。海岸线逐渐东移。最东一条，即冈身东界——娄塘、嘉定、南翔、柘林一线，形成于四千年前。冈身是由先后几条平行的滨海砂堤形成的。冈身的宽度在西北部为8公里左右，在东南部为1.5-2公里。冈身是上海地区至今发现的最完整的天然古海岸线。冈身以东则多以古海塘的形式表示海岸线的位置，而海塘主要由人工填土修筑而成。

其二是位于盛桥、月浦、江湾、北蔡、下沙，直至南汇县航头的一线。《新唐书·地理志》和南宋初年的《云间志》均有关于唐代开元元年（713年）在此线上修筑捍海塘的记载。解放后野外地质调查发现月浦至下沙一线，有断续的地下沙带。由此推断，这一带以西地区在唐代中期已经成陆，不迟于公元8世纪初，距今一千二三百年。

其三是近海的，从川沙南汇到奉城、柘林一线。南宋乾道八年（1172年），沿该线修筑了里护塘（又称老护塘）。文物考古资料证实，高桥、惠南镇等地均有出土南宋墓，因此这一线的成陆不迟于宋代中期，距今约八百年。

以上是随上海地区成陆的先后形成的三条海岸线——冈身、唐代海岸线、宋代海岸线。宋代以后，海岸线继续向东推移。明万历十二年（1584年）始筑外捍海塘。清雍正十一年（1733年），南汇知县主持加固重修，遂改称钦公塘。钦公塘是距今四百年前的海岸线。钦公塘堤现已大部分作为公路路基，但至今仍可清晰地辨认出昔日海塘的原形。钦公塘修建以后，在成陆过程中，逐渐形成向海突出的南汇嘴。在海滨新成陆的土地上先后又修建了内小圩塘，外小圩塘又称彭公塘。现在的海塘——人民塘始建于1906年，这是一百多年前的海岸线。

在上海地区成陆过程中，海岸线不仅不断向海推进，同时还在向后退缩。从冈身形成到捍海塘修建的几千年间，杭州湾北部的大、小金山与大陆相连。自公元8世纪以后，杭州湾北岸由于受强潮波冲击，陆地大片坍塌，大、小金山等遂与陆地分离，成为海中孤岛。长江南岸也有类似情况，在月浦、宝山、高桥附近，因明末清初崇明岛扩大，长江主航道南移，受江流冲刷，河岸坍江现象严重，位于高桥外侧的宝山老县城也已坍入长江。

上海地区的成陆过程，除三角洲主体部分随海岸线向海推进而日益扩大外，河口沙洲的形成也是重要组成部分。崇明岛的形成已有一千三百余年历史。长兴岛露出水面的时间只有两百年左右。据地质学家研究，崇明岛将逐步并靠江北，成为大陆的一部分；而长兴、横沙两岛则有合并扩大而取代崇明岛地位的趋势。

春秋风云

翻开厚重的史册，在浩如烟海的典籍中，跳出了"长水县"三个字眼。这是有史可考的上海地区最早的行政称谓。

从西周到春秋战国时期，有两个重大事件推动了上海地区的政治、经济与社会的发展。一是西周时期，上海地区成为周王朝封国——吴国的组成部分，扩大了与中原文化的交流，带来了中原地区的先进技术，促进了上海地区的经济发展；二是春秋时期，吴王阖闾和越王勾践"重法爱民"的政治改革，使上海地区封建经济逐渐兴起。

春秋时期，吴王阖闾、越王勾践与齐桓公、晋文公、楚庄王的政治改革是最著名的，被称为"五伯改政"。改政的实质是要改变西周的奴隶制，实现富国强兵、称霸中原的封建统治，史称他们"重法爱民而霸"。越国大夫文种解释"爱民"的内容是："利之（民）无害，成之无败，生之无杀，与之无夺。"并说："无夺民之所好，则利也；民不失其时（农时），则成之；省刑去罚，则生之；薄其赋敛，则与之。"这种对庶民实行利、成、生、与的爱民政策，使越国"荒芜遗土，百姓亲附"。

春秋时期，吴、越在国都和郡之邑的城乡一般都有市场或市集，出现了"有市之乡"、"千户之都"和"万户之都"。周敬王六年（公元前514年）在上海地区设长水县，该县在今上海的青浦、松江的西部地区。长水县的设立，说明春秋晚期上海地区政治、经济地位的上升。当然，春秋时期县的概念与汉唐、宋元时期是有很大不同的，其规模、功能等是不可同日而语的。

* 泖塔，建于唐代，为泖湖上航标

* 云间第一楼，为原松江府署谯楼，相传楼基原为三国东吴大将陆逊的点将台

秦汉时期实行"上农除末"政策。"上农"即崇尚农业，"除末"即抑制商业。但这并不意味取消商业，商品流通仍很频繁。秦代上海地区的金山沿海一带已形成盐业集市，青浦、松江西部还形成水上集市贸易。据《太平寰宇记》说："秦始皇东游至长水。""见人乘舟交易。"长水即春秋时周王朝在上海地区设立的长水县，也就在此后改名为由拳县。《太平寰宇记》中这段话的全文是："秦始皇东游至长水，闻土人谣曰'水市出天子'，从此过，见人乘舟交易，应其谣，改曰由拳。"由拳县在两汉时逐渐繁盛起来，相传县治在今青浦泖湖一带。

"申" 之来历

上海得名于一条叫做"上海浦"的河流,它是吴淞江南岸的一条支流,与其相对应的另一条支流名叫"下海浦"。上海浦之名何时形成,不详,但在北宋的文献中已有此名。在1077年(北宋熙宁十年)秀洲(今嘉兴)所辖17个酒务的名单中,列有"上海"之名。此酒务在上海浦旁边,故名"上海务",是一个管理贸易和税收的机构。上海的别名很多,如"沪"、"申"、"海上"、"云间"等,都与地理、古迹、名人有关。其中流传最早的要数"申"了。"申"作为上海的别名,和战国时期的春申君有直接关系。

距今2300多年前的战国,是一个社会变革、战争频繁、英雄辈出的年代。战国后期,一些卿相搜罗人才,作为自己的智囊团,纷纷收养贤士,当时称为食家、门客和舍人。在著名的"战国四公子"中,就有楚国的春申君。据考证,春申君姓黄名歇,因善辩,楚襄王派他去秦国为使。归楚,又与太子被送到秦国为人质。他帮太子逃回楚国。太子归楚后即位做了国君,即楚孝烈王。不久,黄歇也归楚,并于公元前262年任相,封吴,号春申君。楚在黄歇为相后,逐渐成为强国,并成为列国的纵长,以共同对付秦国。

作为楚考烈王重臣的春申君,深得楚王宠信,担任令尹(相当于相)长达25年。与魏国的信陵君、齐国的孟尝君和赵国的平原君相比,春申君亦留下了收养门客的千古佳名,只是结局令人可悲可叹。

在春申君收养的三千门客中,以一奸一贤两个人最有名。

贤者为中国古代著名的唯物主义思想家、儒家学派的继任者荀子。身为赵国人的荀子,出名于齐国,由于遭人诋毁,他离开齐国,转投楚国。时为楚令尹的春申君求贤若渴,对荀子的到来当然十分器重,任命他为兰陵令。春申君死后，荀子仍然留在兰陵，著书立说，教授学生，使自己的思想得以流传。据此想来，东吴之地的人文气息比较理性、平和、儒雅，与荀子思想的传播不无关系。

奸者为李园。赵国人李园有个漂亮的妹子，李园想藉此飞黄腾达，于是用足心计：先把妹妹献给春申君，待妹妹怀孕后再李代桃僵，献给楚考烈王。那么，作为市井小民的李园是如何走通门道、阴谋得逞的呢？说来也可叹：春申君成也门客，败也门客。

楚考烈王长年无子，王嗣一直空缺。李园得知此事后，想出了一个罪恶勾当。他先托门路在春申君门下当了个舍人，骗取主子信任，然后谎言齐王派人来向自己的妹妹求婚。春申君听了后心想，既然齐王下聘，想必此女姿色不凡，于是提出要见李园之妹。李园见他上钩，就将妹妹带到府中，春申君一见倾心，将其留了下来。不多日子，李园之妹竟然怀了孕。

李园得知这一消息后，同其妹密谋实施了下一步的诡计。于是，对春申君说："大王无后，一旦去世，必然由他的一位兄弟继位，您的地位难以自保，应早作打算才对！"春申君听了，不免犯愁。李女随即献计道："臣妾现已有了您的身孕，当初进府时并无仆人知晓，如今您何不将臣妾献给大王，大王定会临幸于我，如此便可移花接木。将来如果让臣妾生下男儿，大王百年之后，继位之人岂不就是您的儿子？"她的一番说辞，最终打动了春申君。他将李园之妹打扮一番后送入宫中，介绍给楚王。

李女风情万种，楚王与之几番恩爱后，李女便装出怀孕的样子，数月后便生下了一个男孩。楚王喜从天降，真以为是自己的骨肉，高兴之余，册封李女为王后，新生婴儿为楚太子。

李园见自己的阴谋得逞，又怕真相泄露，于是想杀人灭口，除掉春申君。李园出重金招雇了数名杀手，等待时机。不久，楚考烈王病死，李园果然抢先进宫，安排杀手埋伏在棘门之内。入宫吊唁的春申君刚走到棘门，就被杀手刺死。李园之妹生的儿子，被立为楚王，即楚幽王。

重拾这段历史，并不是为了评价这位古人，而是因为这个故事为上海的历史抹上一层传奇色彩。也正是因为这段历史，"申"之别称才能流传至今，并为上海人所津津乐道。

上世纪末，苏州郊区浒墅镇农民在小镇开山采石时，偶然炸出一座古墓，墓中有青铜器及残片，还有一方官印。考古人员抢救发掘，辨认出官印上的文字为"上邦相玺"。"上邦相"即黄歇，从而确认了此墓即黄歇墓。他的封地为汉东，以吴为郡，大概相当于今天江苏省的全部以及浙江省的北部。至于春申君在位时是否为封地上的黎民百姓做过点什么好事、实事，除了传说，无一可考。流传最广的一则传说是他十分重视江南的水利建设。他发现太湖流域的水道不畅通，每年不是闹洪灾便是闹旱灾，于是率领百姓开凿了一条大河，提高了蓄水灌溉和防洪泄洪的能力，人们为了纪念这位大禹式的治水英雄，就以他的姓名为这条大河取名为"黄歇浦"，也叫做"黄浦"。因为黄歇的封号为春申君，这条河也被叫作"春申江"或"申江"。也正是这个原因，上海也被简称为"申"。

实际上，黄浦的名称一直到宋代才见于著录，古人也没有把黄浦和春申君联系在一起。可见，春申君开凿黄浦只是一个传说而已。与此有关的传说还有不少，如春申君到上海狩猎，人们在这里建了一座华丽的亭子供他休息，于是古上海又被叫作"华亭"；春申君过吴淞江的渡口被叫作黄渡等。

不知何年何月开始，黄歇成了上海民众敬奉的一个神，在上海城隍神系中的神职是"长人司"。据考证，元至元二十九年（1292年），朝廷发令高昌、长人、北亭、海隅、新江五乡，立县上海。长人乡在上海立县前就已存在，黄歇可能在立县之前就已经被封为长人乡的乡城隍。过去，在老城厢的福佑路、旧校场路口，还有"春申君府"，供着他的塑像。他在上海成为神的历史恐怕要比明代封的城隍秦裕伯要早。

由此可见，有关春申君的故事早已被上海人所接受。"申"作为上海的别称也早被上海人认同。如民国时期，上海开往汉口的轮班叫"申汉线"；而《申报》则成为民国时期创办时间最长、影响最深的报纸。至今，"申报纸"还常被用来指家庭备用的包装纸或引火柴。

"沪"之称谓

上海简称"沪"，可谓家喻户晓。但为什么简称"沪"，知之者恐怕不多。在众多的说法中，薛理勇先生在《上海老城厢史话》中讲得比较全面。归纳他的考证，上海"沪"之称谓的由来主要有三说。

一说与古代吴淞江有关。

古代，吴淞江是太湖最大的泄洪道，也是江南平原最大的河流，和其他许多通海的大河一样，吴淞江的入海口形成一个喇叭形的海湾。古人把这一喇叭形的海湾称为"沪渎"，并将此段吴淞江叫作"沪"或"沪江"。"渎"是江河出海口的意思。而在古汉语中，"海"除了指海洋外，也泛指水域宽广的湖泊。沪渎之名，始见《晋书》。梁萧纲《浮海石像碑铭》记载："晋建兴元年，癸酉之岁，吴郡娄县，界松江，之下，号曰沪渎。"《古图经》载："沿松江，下沪渎。"北宋朱长文《吴郡图经读记》中讲："松江东下海，曰沪渎，亦曰沪海。"至南宋嘉定十四年（1221年），王象之所撰《舆地纪胜》一直称此地为沪渎。用现代人的话来解读就是："吴淞江向东流入大海的地方水面宽广，叫作沪渎，也叫作沪江、沪海。"

二说与古代渔民的捕鱼工具有关。

"沪"的繁体字为"滬",由"扈"衍变而来。"扈"是指一种捕鱼工具。南朝《舆地志》记载:"插竹列于海中,向岸张两翼,潮上即没,潮落即出,鱼随潮碍竹不得去,名之云扈。"

吴淞江从太湖发源,向东流经上海注入东海,受海潮的影响,就出现了有规律性的涨潮和落潮现象。古代吴淞江边的渔民就掌握和利用了这一规律,用竹子编成一种竹栅插入江中,涨潮时江水越过竹栅,鱼也随江水被拦在竹栅内,退潮时鱼被困在竹栅内,就任人捕捞了。唐代诗人陆龟蒙的家乡在甫里(今江苏角直),他写过15首描写家乡渔业的《渔具诗》。他在《序》中讲:"列竹海澨曰'沪'。"这种捕鱼专用的竹栅当时叫作"沪"。到过上海郊区或苏州一带的人一定还记得,在太湖流域的许多河道中插有这种竹栅,不过已不是用于捕鱼,而是用以断蟹。每当金秋季节,人们沿江排开许多竹栅,上面还缚以网绳和红灯。夜里,人们驾着小船待在竹栅边,螃蟹喜红光,纷纷向竹栅上的红灯爬去,脚就被网绳攀牢,渔民只要随手捡蟹就是了。由于这种竹栅今多被用作断蟹路的,所以现在当地人叫其为"蟹簖"。从以上的论述分析,"沪"是拦在吴淞江上的竹栅,所以,古代的"沪"并不可能作为上海的别名,而应该是吴淞江的别名。

三说与古代的军事防御工程有关。

吴淞江是古代从东海直通苏州的大河,海船可以溯江而上直达苏州等重镇,因而沪渎成为古代的江海要冲。晋成帝时,吴国内史虞潭修了沪渎垒,其地约在今上海市区的西北边。据《晋书·袁山松传》中记载,晋隆安三年(399年),浙江的五斗米道首领孙恩聚众起义,率兵十万从海上进攻上虞,接着又攻陷会稽(今绍兴市)。晋将吴郡太守袁山松为了防止孙恩从海上沿吴淞江进攻苏州,就在吴淞江口的沪渎地方修筑了大小两座城垒,被叫作"沪渎城"或"沪渎垒"。晋隆安五年(401年),孙恩果然从海上进攻沪渎垒,袁山松也在这次战争中阵亡,并被葬在沪渎垒边上。以后,沪渎垒和袁山松墓一直成为上海地区古战场遗址和名胜古迹。如元朝末年平江路(即苏州府)总管贡师泰避兵上海,即在沪渎垒作《吊袁山松》诗:"避难吴淞江,出游沪渎垒。"明人唐奎的诗中也讲:"吴淞江上袁公垒,千年何处寻遗址。"大概从明代以后,这个沪渎垒和袁山松墓就找不到了。

南宋《绍熙云间志》中记录了一段关于沪渎垒的文字:"沪渎垒,旧有东、西二城。东城广万余步,有四门,今徙于江中,余西南一角。西城极小,在东城之西北。以西旁有东、西芦浦,俗遂呼为芦子城。"根据这段文字的口气分析,南宋时沪渎垒还在,作者似还到实地去看过,文中提到"今徙于江中,余西南一角",也就是讲,这座大的沪渎垒只有西南一角还在岸上,其余的均已没入江中,可见沪渎垒是建在吴淞江南岸的。

"沪"曾为吴淞江的别名,"沪渎垒"或"沪渎城"又是上海古战场遗址和最有名的名胜古迹。大概到了清乾隆以后,随着上海城市经济的发展,那些欢喜使用古地名的文人骚客就以"沪城"这个古地名来称地望。如清道光刊印的记录上海风情的《沪城岁时衢歌》就是最早把上海和"沪城"混为一谈的著作。近代以后,随着上海城市经济的进一步发展,以"沪城"指称上海的频率更高,于是,"沪"逐渐成为上海的别称。

母亲河的变迁

雄阔的黄浦江蜿蜒穿过市区,奔腾汇入东海。作为上海的黄金水道和百姓的主要饮水之源,黄浦江哺育了上海和上海人。可以说,没有黄浦江就没有昨天的上海和今天的上海。因而，上海人把黄浦江称之为母亲河是再贴切不过的了。如果把老城厢比作上海之根，那么黄浦江则是滋养上海之根的源泉。

翻阅上海的历史，我们可以看到，黄浦江并不是自古就有的，也不是自然天成的。它是因古河道的变迁和古人对河道的治理而形成的，可以说是"天人合一"的产物。

上文说到，古代吴淞江是太湖最大的泄洪道，也是江南平原最大的河流。在其出海口附近有两条支流，一条叫上海浦，另一条叫下海浦。下海浦位于今虹口区，史上还曾建有一座下海庙。下海浦在清同治年间因淤塞而填没。与下海浦命运截然相反，上海浦备受先人的青睐而"与时俱进"。

上海浦同时也是古东江的支流。宋代东江从闵行、闸港入海，闸港以北被称为黄浦。黄浦之名，始见于南宋乾道七年（1171年）丘密的水利条奏。黄浦北流至今十六铺一带与吴淞江南岸支流上海浦相接，在今外白渡桥北注入吴淞江，合流入海。当时已呈现黄浦的雏形，但江面不宽，海船尚不能进入。直到元朝初年，浦面阔还只"尺一矢之力"，即约五六十米。

那么黄浦江是如何形成的呢？祝鹏在他的《上海市沿革地理》中论证道：黄浦江的形成主要由于东江在芦沥浦的入海故道淤塞后，乾道中修筑捍海塘堰，把剩下来最后一道通海水道张泾塘也筑塞了，迫使淀山湖和三泖之水，东流形成黄浦江。其实，东江之水，本来是经由拳县城到澉浦入海，并非经由芦沥浦和小官浦入海。到唐初，东江和浙西诸水，已开始倒流向北，其途径是从薛淀湖经赵屯、大盈等浦，入于松江。倒流的原因是唐初已筑有海塘，造成了碟形盆地，直到南宋，松江淤塞，东江及浙西诸水被迫东流逐渐形成黄浦江水系。而促使黄浦江最终形成的一

早期黄浦江 *

* 昔日黄浦江上渡客过江的小舢板

个重大转折,或者说是一个巨大的推动力,则是明代夏元吉对吴淞江下游的治理。

明初,吴淞江下游为潮汐涨沙壅积,淤塞严重。而这时的黄浦也因沙洲日积,水流不甚通畅。吴淞、黄浦是宋元以后太湖的两大主干河道,流水阻隔,直接影响到整个区域的排泄。一遇江南大水,水无所归,旋即积患成灾,贻害甚烈。这一时期,江南地区的苏州、松江、嘉兴、湖州等府连年发生水灾,朝廷屡次派官员治理,但都没有成效。江南是全国的赋税重区,这一带频遭水灾,引起朝野上下的深深忧虑。

1403年(永乐元年),江南又发大水。吴淞江入海处百余里,沙泥充斥,芦苇丛生,渐成平陆,整治这一带的河道已到了刻不容缓的地步。朝廷决定派户部尚书夏元吉迅速赶赴江南治水。

夏元吉(1367—1430年),江西德兴人,后迁居湖南湘阴。字惟哲。洪武时,以乡荐入太学,后授户部主事。1399年(建文元年),升户部右侍郎。次年为采访使,巡视福建。成祖即位初,转户部左侍郎,进尚书。1403年奉命疏浚吴淞江,开挖范家浜,引淀泖之水入海。1405年,户部尚书郁新卒,召还掌部事。1430年卒。赠太师。仁、宣之世,与礼部尚书蹇义、内阁大学士杨士奇、杨荣同心辅政,为二帝所倚重。有《夏忠靖集》。

夏元吉在江南进行实地考察,集思广益,最终确定引吴淞江之水北出刘家港的治水方案,并采纳了当地人叶宗行的建议,放弃吴淞江下游故道,疏浚范家浜(即今陆家嘴以北、复兴岛以南的黄浦江段),引黄浦水以归于海。夏元吉上奏朝廷:"请循《禹贡》三江入海古迹,浚吴淞下流,上接太湖,而度地为闸,以时蓄洩。"治水方案得到朝廷批准后,夏元吉随即征集民工10万，开始大兴水利。到第二年九月，疏浚了茆塘、刘家河与黄浦。这次治水，首先从夏驾浦导吴淞江之水北达刘家港，而暂时放弃吴淞江东段，这一工程即后世所谓的"掣淞入浏"。工程完成，刘家港水势大增，海船巨舶可以自由进出。明初刘家港的兴盛，与此不无关系。

接着，夏元吉主持开凿范家浜等工程，疏浚了吴淞江、黄浦、赤雁浦、范家浜共1.2万丈。据史书载："（夏元吉）身穿布衣，终日往来工地擘划，盛暑暴晒日下，从人张伞遮阳，夏婉拒。民工为之感动，人争尽力。"工程完浚后，形成了一条以黄浦—范家浜—南仓浦组成的"新黄浦"，并实现了江浦合流，吴淞江以后便汇入黄浦，成为黄浦江的支流。黄浦江水势大涨，为上海港日后崛起创造了条件。

黄浦江取代吴淞江的地位后，从此重洋巨舰可直驶上海城下，这是夏元吉始料未及的成效。夏元吉之后，明政府还有几次疏浚吴淞江和黄浦江的重要工程，其中包括巡抚都御史海瑞于隆庆三年（1569年）的工程。海瑞实开上海河段6531丈8尺，建闸于二坝（清代废闸，地名就称老闸）。

第二章

老城厢

中国古代社会对"城厢"两字是有专门指向的。城外为廓,廓外为郊。根据惯例,城墙以内叫作"城",城外人口稠密之处如有一定经济活动的区域才称为"厢"。所以,"城厢"一词一般指城内外比较繁华的地区。

要寻觅上海发展变化的"轨迹"或"年轮",有多处地方可以寻找。可以去老黄浦和卢湾、静安、徐家汇等地。近代的上海,虽然因列强的侵入、租界的扩张而造就了一个大都市的大空间,但是,上海人最早开辟的生存空间,还是城墙内外(以城墙之内为主)的老城厢。打开尘封的记忆,我们发现,在上海的文化堆积层中,老城厢依然占据着承上启下的重要地位。虽然它被凝固在时间隧道里,但一旦打开时光之门,便会透过飞舞的历史尘埃看到街巷里肆、名人故居和陈年往事,它们一个个鲜活起来,演绎着上海的时代变迁。

汉唐渔村

上海是个外延不断扩大的概念,初为海滨渔村,逐渐发展城镇,又由镇发展为县,最后成为市。这是一个相当漫长的历史过程。早在春秋时期,上海先属吴,后属越,战国时期属楚。公元前223年,秦灭楚后设会稽郡,治所在吴城。先秦时期,上海地区人口稀少,气候潮湿,居民火耕水耨,食鱼与稻,衣麻与葛。西汉以后,江南地区农业不断发展,火耕水耨渐为犁耕代替,煮盐业也开始发展起来。王莽篡汉时,改会稽郡下属的娄县为娄县。娄县即今天嘉定西部地区的古地名,娄也写作"禄"。故历史上嘉定县城(今改为区)别称"娄"或"禄"。公元129年(东汉永建四年),以钱塘江为界划分浙江政区,向东为会稽郡,向西为吴郡,上海地区在吴郡辖内,三国时期为东吴所属。南朝陈时,上海地区的南北部分分属吴郡、海宁二郡。隋灭陈后，对江南的行政区进行了调整，吴郡扩并为五县，上海地区当在其中的昆山、吴县境内。

唐代在上海地区建制上具有划时代的意义。公元751年（唐天宝十年），朝廷析昆山、嘉兴、海盐三县置华亭县，县治在今松江县城。自此，上海境内始有相对独立的行政区划，但后来发展成上海县治的老城厢还仅在华亭县的东部，是人迹稀少的穷乡僻壤，但作为滨海渔村，渔业已很繁荣。诗人皮日休曾到过此地，他在《吴中苦雨诗》里盛赞上海地区海产之丰富：

> 全吴临巨浸，百里到沪渎。
>
> 海物竞骈罗，水怪争渗漉。

华亭镇的形成先于华亭县。东汉末年华亭还是一乡亭名，东吴孙权曾封陆逊为华亭侯。华亭于隋代设镇，至唐代已成为县治所在地。

华亭县负海枕江，原野衍沃，水陆之产兼而有之，在经贸方面有其物产优势。随着东晋、南北朝以来上海地区的经济发展，至隋代华亭已是上海地区的水稻、海盐及渔产的集散市场。唐代，华亭的麦、禾、豆、麻产量比土地最肥沃的嘉兴高。唐太宗时，对盐、酒、茶等允许自产自销，对金银绫绢诸物允许自由贸易，在税收方面优待商贾。这一开明的商业政策推行百年，促进了上海地区的经济繁盛。新中国成立后，曾在地下发掘华亭镇的唐代市河、大街、银库以及数以千计的陶瓷器，足以证明当时华亭镇的繁荣。

唐代华亭镇有繁盛的商市，农村也有市，渔民卖鱼曾有"卖鱼论斗"之说。此时的上海地区，不仅区域内商业明显发展，而且国内贸易明显

增多，其优势是得水路通达之便利。杜甫诗云："云帆转辽海，粳稻来东吴。""吴门持粟帛，泛海凌蓬莱。"安史之乱后，"天下仰给东南"。贞元年间，两浙岁运米75万石，输送京师，其中也包括上海地区的大米。受安史之乱的影响，北方纺织工匠流入南方，江南的缫丝、丝绸生产超过了北方，吴越地区的"缭丝"是中唐以后专供宫廷使用的最精细的新型纺织品之一。

宋代建镇

宋代的华亭县，在县城外还设青龙、金山、戚崇、杜浦四个巡检司，其中，青龙镇一度声名远扬。据传，这座古镇因在三国时孙权于此建造青龙舰而得名。此说不一定可靠，但青龙镇曾是古代军港确系史实。《宋史·韩世忠传》称：建炎三年（1129年），抗金名将韩世忠拒金兀术于秀洲，前军驻青龙镇，中军驻江湾，后军驻海口，大胜金兵。淳熙年间，南宋水军驻扎许浦（今常熟北70里），其所辖船队则寄泊在青龙镇。青龙镇的最早设置年代，据明代嘉靖《上海县志》载录，为唐天宝五年（746年）。《宋会要辑稿》载：淳化二年（991年）置青龙镇，后一度改名为通惠镇。宋代大书法家米芾，就曾担任过青龙镇监镇。镇上还设立捍防守御的水陆巡检司，驻有镇将和副将，负责缉私巡逻。

地方志称青龙镇烟火万家，衢市繁盛，人文宣朗荟集，风景秀色迷人，具有"海舶百货交集，梵宇亭台极其壮丽，龙舟嬉水冠松江南"的盛况。青龙镇被人誉为"人杰而地灵，诚非他方之所及"，可与南宋京城临安（今杭州）相媲美。镇上有三十六坊、二十二桥、三亭、七塔、十三寺院，设有官署、学校、仓库、税场、酒务、监牢、茶楼、酒肆，鳞次栉比，热闹非凡。市衢常有海外人士驻足，是古代上海地区唯一带有国际交往功能的地方。南宋偏安临安，半壁河山的繁荣也促进了青龙镇的发展，使其进入巅峰时期。嘉定年间，在镇东建立镇学学宫，里面有聚星堂、敕书楼等，诗赋描绘传称内有学士三千，弦歌闻于百里。其后建筑了拂云亭，四面植竹万竿，苍翠扶疏，更增添了宜人秀景。淳祐年间，青龙镇整治坊巷、津梁、衢道，市容为之一新。宋应熙在《青龙赋》中描写道：

> 粤有巨镇，其名青龙。控江而浙淮辐辏，进海而闽楚交通。平分昆岫之瞻光，夜猿啼古木；占得华亭之秀色，晓鹤唳清风。咫尺天光，依稀日域。市廛杂夷夏之人，宝货当东南之物。讴歌嘹亮，开颜而莫尽欢欣；阛阓繁华，触目而无穷春色。

青龙镇的盛名，吸引着远近大批达官显要、蕃商巨贾、骚人墨客。宋代著名诗人梅尧臣，因其叔父梅询任苏州知府，故经常往来于青龙江上。他著有《青龙杂志》一书，对青龙镇的历史风物有所记载，可惜全书已散佚。范仲淹、米芾、梅尧臣、贡师泰、杨维桢、赵孟頫等名人也先后游历或隐居于青龙镇，留下了不少诗篇与书画。

青龙镇如此多娇，令人遗憾的是，它未能长存发展。南宋中期以后，青龙镇因自然地理条件的变化，遂为得通海之利的上海镇所取代。迨至明末，这里竟荒芜一片，遍处茂草，再也见不到昔日踪迹。明代万历时青浦知县屠隆有诗云："昔号鸣驹里，今为牧豕场；田夫耕废县，山鼠过颓墙。"对满目疮痍的青龙名镇发出了一片感慨。清初诸嗣郢的《重修隆福寺记》也有感叹文字："镇（青龙）在寺里余，地为历朝所重，寺亦东南雄胜名区，岂顾问哉？不知其废在何时，所巍然存在，独一塔也。"

据谭其骧《长水集》称，上海正式建镇在南宋绍熙四年至咸淳三年（1193—1267年）之间。1267年，南宋政府在上海镇设置市舶分司，开始了对外的港口贸易。之后，上海镇主要的泊岸及商业贸易区域，位于今丹凤路、新开河、方浜路一带，镇署在光启路。上海镇依托港口优势迅速发展。市舶分司由董楷任提举，兼领镇监，并以在今光启路北段的市舶司属为基点，在其西北面建造了拱辰坊，坊北造了一座益庆桥。在拱辰坊与益庆桥之间，修筑了一个受福亭，亭前用砖块铺砌的平坦的广场，成为上海镇的中心。在市舶司属的东面造起了回澜桥，北面在上海酒库附近建了个福惠坊。坊西文昌宫重砌了宫墙，在其前面新筑了文昌坊和致民坊。在致民坊的北面又改建了福欸桥和泳飞桥，使通向齐昌寺的桥梁得到了改善。经过这样的开辟建设后，上海镇的市容初步展现出繁华的景象。对此，宋末元初的上海人唐时措作了这样的描述：上海镇"襟海带江，舟车辏集，故昔有市舶，有榷场，有酒库，有军隘、军署、儒塾、佛宫、仙馆、甿廛、贾肆，鳞次而栉比；实华亭东北一巨镇也"。上海镇上有这么多商铺、寺观及各种机构，说明镇上聚集了不少人口，且有住宅建筑和道路。据明代编印的《弘治上海县志》卷二

"坊巷"条中记载,当时上海镇上已有新衙巷、新路巷、薛巷、康衢巷和梅家巷等五条主要街道。

　　元朝初年,上海镇进一步发展,除渔盐、蚕丝、稻米外,有从闽、广引进棉种,大力推广植棉业。植棉业又带动棉纺织手工业,进而促进了商业贸易的兴盛。随着经济的发展,上海镇一跃成为蕃商云集的滨海大港,户数达6.4万户,人口数十万。市舶司、商税局、万户府(海运漕粮机构)、太平仓(贮放漕粮之仓库)、酒务、商务、巡检司、水驿、急递铺等官方机构一应俱全。按元制,江淮以南三万户以上者可设县,故当时上海已完全具备了独立设县的条件。

元代建县

　　1290年(至元二十七年),松江知府仆散翰文以华亭县地大户多、民物繁庶难理为由,提议另置上海县。仆散翰文,字衍之,女真人,所以名字在汉人看来有些古怪。他于1282年知松江府。1291年,朝廷准允划出华亭县东北的长人、高昌、北亭、新江、海隅五乡,分设上海县,立县于镇。1292年(至元二十九年),上海县正式成立,领户72 500余。上海从此成为一个县级的独立政区,与华亭县并为松江府属县。

　　至元二十九年,主簿都将仕到任,会同地方士绅筹建上海县署,以旧运粮千户所(原榷场内)为县署总管万户府。至元三十一年,县尹周汝楫到任,感"运粮千户所庭宇湫隘,藏牍无庋,系囚无圄",地方狭小而不敷使用,便议迁徙。大德二年(1298年),上海市舶司并归庆元路。翌年,县署迁市舶司旧舍。市舶司厅堂两庑,较旧榷场宽敞,但多有朽坏。大德五年,台风袭上海,海潮汹涌,沉庐飘屋,"县庭仅撑立,而牖壁无完"

（明《弘治上海志卷五》）。达鲁花赤雅哈雅倡议改建，认为守旧舍不思改观，世人将以市舶司目光看待上海县，并率先捐资。县尹夏承务及县丞、主簿等竞相附和，地方士绅纷纷量力捐助。翌年正月动工，"葺琴堂之陋，持更舍之摧，俨神祠之饰，定圜扉之关"（明《弘治上海志卷五》），还新建谯楼，置鼓以报更点。这就是说，上海刚建县时是以原榷货场为县署的。七八年后，迁住阜民桥北市舶司旧舍。

上海县衙门自元大德年间搬到原市舶司的地方后就一直没有再迁。从历年的《上海县志》地图上可以看清县衙的方位或位置，它就在旧方浜（今方浜路）的南面，肇家浜（今复兴东路）的北边。具体讲，设在今昼锦路、县左街以南，学院路以北，三牌楼路和四牌楼路之间的一块地方。明清时期县署经多次扩建，曾建穿堂、仪门、中堂署、后寝、戒石亭、銮架库、典史厅、土地祠、狱牢等，重建吏舍及皂役班房。至清乾隆年间，县署建成集行政、司法、监狱为一体的建筑群。咸丰三年（1853年）小刀会起义时，县署及僚佐机构均毁。咸丰五年，又在原址重建。光绪三年（1877年），增建厅堂3间及监狱围墙。光绪三十四年，在东侧建"待质自新所"。宣统二年（1910年）改建为改良监狱，有大小房屋115间。上世纪20年代初，县署被拆除建民宅。

明代筑城

按中国城市等级制度，县城是可以修造城墙的。但是，在建县后的261年里，上海一直是一个没有城墙与城池的县城，看起来更像一个散落的自由聚居区。一个重要的原因是上海偏安于海滨南蛮之地，古来不是兵家必争的战略要地，反而是中原逃荒避灾之人的隐居场所，上海很少打仗，很晚才看见兵匪。另一方面，当时的上海人"以海营生，素习武艺，并不惧海寇来犯，加之当时库藏空虚"（《上海志》），所以都认为无筑城必要。

虽然没有城墙，但近200年的时间里，上海的生活始终是宜人的，完全是田园城市的样子：河上有桥，浜里有船。水是活水，城是青城。上海人乐于家乡的田园生活，不愿离家远游，即便贵为国子监祭酒的陆深，最终还是怀想着"莼鲈之思"，倦游思归，辞官回沪。有诗描述当时的上海：

> 望中城郭故依依，乔木千章水合围。
>
> 风动海门闻鹤唳，鲈鱼正美客南归。

然而这样的好日子到明朝中叶嘉靖年间便结束了。

元末开始，日本九州的封建诸侯、大名等纠集武士、商人、海盗，勾结中国沿海奸商、恶霸、海盗，不断骚扰我国沿海富庶地区，烧杀抢掠，无恶不作。明中叶起，朝廷政治日趋腐败，直接的后果便是海防松弛、边境空虚，因此倭寇有恃无恐，上海地区深受其苦。自嘉靖三十二年夏到三十八年，倭患历时六年之久。

历史记载，"嘉靖三十二年（1553年），在中国海盗王直的引导下，倭首萧显率数百人突袭嘉定、宝山。登陆后一路杀到上海县，劫掠满载而去。不久又聚众数千，连舰数百，蜂拥而来。上海一带倭寇络绎不绝，民无宁日。从四月中到六月末，倭寇五次焚掠县镇，一时居民死伤累累，县镇半成丘墟。"

历遭劫难，上海吏民才开始警醒，决意筑城御倭。上海有史以来的这第一道城墙，实是中华民族人性的象征：天下本没有城墙，缘于来犯之敌，才不得已以垒墙防卫。从清代《上海县志》的记载中可以看出，当时县民筑城之心之坚、之踊跃，真可谓众志成城，没有真正的切痛深恨，不足以让众人自觉地几近倾家荡产来修这道城墙，且只用了短短三个月便垒起一道长九里、高二丈的城墙。史料记载当时人们筑城的情景：

> 吏民竞相资助，县学博士王相尧拆屋捐地，倾家财助役；太常卿陆深的夫人梅氏捐田500亩，银2000两，拆屋数千楹，助筑小东门，故小东门又名"夫人门"；贡生张津不仅散家资助役，还亲自参加筑城，"手口尽瘁，遂病不起"（清同治《上海县志》）。上海民众踊跃担土运石，"奋插云集"，登高历险，"百堵偕作"（万历《上海县志》）。农历十月动工，至十二月一座城池便拔地而起了，"落成之日，四民欣喜"。（《潘笠江先生文集》）

与中国"天圆地方"概念不同的是，上海城是圆形的，泥土垒成，以县衙、文庙等为中心。四周开门六座：东为朝宗门（大东门），南为跨龙门（大南门），西为仪凤门（老西门），北为晏海门（老北门）；朝宗门以北为宝带门（小东门），跨龙门以东为朝阳门（小南门）。另有三座水门：肇家浜横贯县城，因此在东西与城墙相交处的大东门与老西门设门二座；方浜在小东门附近入城处设一座。从城门分布看，明显集中于东南沿黄浦江地带。三座水门都与环城壕沟相通并接通黄浦江。壕宽六丈，深一丈七尺。城墙上建有敌楼二座，雉堞三千六百余个，箭台二十所。海防同知罗拱辰后来又在四门上增筑敌楼四座。城东北小东门附近要害处还增筑三座高层箭台：成军台、制胜台、振武台，以利远眺黄浦江一线及浦东敌情。

如此，上海完成了中国传统意义上的由城墙、护城河、雉堞等防御工事构成的正规城池，有了一道"雉堞巍峨"、"金汤之固"的屏障。县城与四野隔开，成为一座规模初具、兼有政治和经济双重功能的古代城

市。这座城堡的方位,就在今天的中华路、人民路环围的原南市区中心地带。

　　城墙的建立,是上海县民抵御倭寇的开始。墙建成后不到一个月(嘉靖三十三年正月),萧显又率数千倭寇来犯,在袭击了浦江中的崇明水师后,溯江而上,直逼小东门。围城十八天猛攻不已,并登上城外高处民房俯瞰城中,气焰极为嚣张。刚到任不久的首任海防佥事董帮政登城,命神枪手在城缺处毙敌不贷,死守城池。倭寇攻城不得,大掠四郊而去。他们贼心不死,分据下沙、新场、柘林、周浦互为犄角,企图长期扼城。其中,柘林一地最多时倭匪达二万余众,频繁袭击松江府城及川沙、南汇等地。

当年冬季，明朝廷调浙江参将、抗倭功臣俞大猷为金山副总兵，镇守金山卫，加强上海地区抗倭力量。从此，一董一俞，拉开了上海历史上的抗倭史志。次年，嘉靖三十四年（1555年），是上海地区抗倭由被动转为主动的转折年。三月，倭寇三千多人从海上围攻上海县城。董帮政出城迎敌，于浦东陆氏园斩杀敌首，大获全胜，上海军民士气为之大振。四月，俞大猷等率军攻敌不备，在王江泾擒斩倭寇近两千人，柘林倭巢为之一空，此捷即成为御倭斗争中的第一次大胜仗。

嘉靖三十五年（1556年）二月，海盗徐海重据柘林为巢，五月徐指引日本大隅、萨摩倭舰五十余，从吴淞突袭上海。时董帮政正率兵离城剿倭，防守空虚，形势危急。全城缙绅商定出库银二千重赏招募勇士守城。倭寇昼夜攻城不下，最后于十八日夜绕道西南偷袭，幸好被民夫杨钿发现，急唤城中防守，城上即刻弹如雨下。倭寇不敌退却，退下时正值大潮，于城下壕沟中溺死无数。此后，倭寇再未光顾上海县城，退到海上的余寇又被俞大猷全歼。1556年便成为倭寇侵犯上海的最后一年。到嘉靖三十八年，长达六年之久的倭患，终于在上海灭绝。

倭寇来犯年间，一墙之隔，上海县城内外，宛如天壤。城外沿海数百里几经劫掠，满目疮痍，昔日繁华地尽成瓦砾。而城内，凭借在抗倭进程中不断加固、修复的城墙及增筑的城防，加之军民齐心协力，得以保全。城墙换来了一方居民的安宁生活，成为人们生存与家园安全的重要防御保障。明万历年间，当地又以巨石相垒，取代了原先版筑的泥墙。

倭患去除后，侍御史秦嘉楫在南宋顺济祠的遗址——万军台上重筑三层高的丹凤楼。游人多登楼远眺江景，成为当时上海著名的八景之一：凤楼远眺。秦嘉楫作《改建记》中这样描述凤楼远眺之景："川原之缭绕，烟云之吞吐，日月之出没，举在眉睫，而冬之雪，秋之涛，尤

为伟观。楼之胜，遂冠冕一邦。"太平年间，城墙就这样具有了怡然观景的功能。

上海城墙是为应付紧急军事而修建的，由于时间紧迫，工程主要用版筑，"土物甫程屡啮，而重关无结草之固"，所以城墙筑成后多次维修和加固。明万历二十六年（1598年），城墙加高五尺，增辟小南门水门，引黄浦江水经薛家浜进入城里，以后又垒巨石加固大南门至北门段。清康熙十九年（1680年），大南门旁城墙被暴雨毁坏，知县史彩主持修复；乾隆年间城壕淤塞，知县李希舜下令疏浚，使之通舟楫。至道光十三年

（1833年），城墙已历300载，江苏巡抚林则徐以"捐廉劝募"方法筹资，修葺了倒塌城墙和残缺雉堞炮台。

咸丰三年（1853年），小刀会占领上海时以城墙为掩体与清军作战。次年年底，为协助清军镇压小刀会，法国军舰"贞德号"和"高尔拜号"向北城炮击，炸开一大缺口。战后，沙船巨商郁泰峰出资堵塞缺口并对城墙进行大修。咸丰十年，李秀成率太平军逼近上海，清政府决定同租界当局联合抵御太平军，英、法军队进驻县城。为便于驻军进出，在北城缺口处临时辟城门。同治五年（1866年），道台应宝时重修新北门，李鸿章题额"障川门"，俗称"新北门"，又因该门通法租界，法国人称"孟斗班（法国远征军司令）门"。

清代都会

从明嘉靖《上海县志》县市图中可以看到，当时县城已有了南北、东西走向。整齐交叉的街巷，在县城中心县署的东西两面已有南北走向的干道三牌楼街、四牌楼街。嘉靖县志"坊巷"条中还记载了当时另外的10条街巷名称：新衙巷、康衢巷、新路巷、薛巷、梅家巷、观澜亭巷、宋家湾、马园巷、姚家弄、卜家弄。但是，明代上海县城的街巷发展速度极其缓慢，相隔60余年的万历《上海县志》所载的街巷数，只比嘉靖县志所载多了一条瞿家湾。至清代康熙以后，农业、手工业、商业都已达到一定程度，清代的城镇繁荣程度远远超过了明代。康熙《上海县志》所载的街巷数已达25条，至嘉庆年间更达60多条。街巷数目增多，标志着城镇规模的扩大与人口的增多。

到清道光年间，上海县"城东南隅人烟稠密，几于无隙地"。这一

清同治年间上海县城图 *

* 清末新北门街景

33

带是当时上海最为繁盛的地方。沙船的号子都集中于此,各地运载的南北货物也在这里集散,行号、店铺林立,引起了上海城市格局的变化。一些街巷已逾出城墙,像如意街,即在大东门外,其周围的豆市街、花衣街等,热闹非凡,其外又有滨浦大街。一些街巷顾名思义,是由经销某些货物而出名的。如彩衣街,由鱼行桥东至曼笠桥,该巷开设衣庄居多。方浜是城内一条较大的河流,其中段开发较早,县署、城隍庙分别位于它的南北两侧,其周围居民稠密,是城内的繁华地带。方浜上有多座桥梁,如益庆桥、长生桥、如意桥、广福桥等等。这些桥的周围各有热闹的集市。时上海城内各街,也多有拓展。近东城者为东门大街,近西城者为西门大街,大东门至西门穿城一街最长。开埠前,上海已出现洋行街。闽广船舶的大量集聚,为上海带来了许多洋货,部分则经上海转输内地。

与上海县城内外、港口一带商贸繁荣的情形相映照,同样位处黄浦江畔的县城北面的那块地方(即开埠前的外滩)却仍是乡村景象,寂寞异常。那里是一片农田,零星地分布着几个小村落,沿浦之地有几家旧式船厂、木行,其余都是"卑湿之地,溪涧纵横,一至夏季,芦草丛生,田间丘墓累累",一派荒凉的景象。

民国拆城

鸦片战争以后,西方快枪利炮传入中国,城墙作为安全的屏障作用已基本丧失。上海开埠后,城北的租界发展成近代大都市,城内各行各业与城外租界的经济联系日益加强,往返县城和租界人流量也剧增。同时,随着人口不断增长,城厢由原本婉转曲折的街巷变得越来越局促,其至容不下两辆黄包车，人车拥挤的窄路让市民深感烦躁。而城墙由于年代久远，城基砖泥不断垒积，仅一丈四五尺高了。城门低隘，经常壅塞，"车马既不能行，行旅苦不方便"。城墙已成为县城经济发展的阻碍。一些有识之人认识到"南市外濒黄浦，内逼城垣，地窄人稠，行栈无从广设，城市空地尚多，而形势梗塞，以致稍挟资本之商皆舍而弗顾"（《光绪上海县续志》）。光绪二十六年（1900年），便有人酝酿拆城事宜。光绪三十一年，上海城厢内外总工程局领袖李平书提出"拆城垣、填城濠、筑马路，形成环城圆路"的设想。上海道台袁树勋及两江总督周馥均赞同。次年，袁树勋授意绅士姚文枏领衔具禀上海道，恳请"拆去城垣，环筑马路"。新任道台瑞澂亦支持。但是一些保守的商民坚持"古物不可动"，认为城墙可"保全地方，以弭隐患"（徐珂《清稗类钞》）。他们成立了"城垣保存会"，并电请两江总督禁止拆城。由此便产生了拆城派和保城派之争。

光绪三十三年，绅董曹骧等调停，提出了不拆城墙，增辟城门以通车马入城。光绪三十四年，总工程局在学宫明伦堂召集绅商开会。李平书、姚文枏等列举拆城筑路三大作用：一可使上海交通、商业大发展；二可阻止法国人侵略扩张；三可一劳永逸，造福子孙。保城派竭力反对拆城，他们知"理论不足以取胜"，便"情势汹汹"，威胁要对拆城派人"飨以城砖"（李平书《且顽老人七十岁自叙》），会议一哄而散。拆城被搁置，增辟门之议则经督抚两院批准。宣统元年（1909年），新辟尚文门（小西门）、拱辰门（小东门）、福佑门（新东门），并增高拓宽宝带、朝阳、晏海三门。至此，上海共有10座城门，但并未根本改变拥挤闭塞局面。

上海光复后，李平书、姚文枏等重申前议，于当月召集南北绅商及商团、救火会成员在救火会大楼开会。李平书强调拆城有利无弊，认为"今日时机已至，欲拆则拆，失此时机，永无拆墙之望矣"（李平书《且顽老人七十岁自叙》)。经表决,2 000余名与会者同声赞成,无一人反对。姚文枏等随即呈文苏、沪都督及上海民政长,强调为上海商埠的兴隆,"非亟拆城不可"。民国元年(1912年)一月十四日,李平书以上海民政总长身份批复呈文:"为商业一方面论,固须拆除城垣,使交通便利,即以上海风气、人民卫生两项论,尤当及早拆除,以便整理划一。"(1912年1月15日《时报》)上海市政厅设立城壕事务所负责拆城事宜。一月十九日正式开工拆城,先拆除城东首及城南救火会前两处城墙,然后从城西北顺城而拆,城壕下埋设瓦筒,作为阴沟,在城壕基础上修筑环城马路。期间,一些城壕租户拒不迁让,并组织"保产工会"阻挠拆城,继而要求缩窄路面,使工程一度停顿。结果小东门城基至丹凤路一段路面被迫缩窄;北侧城壕邻法国士兵坟地,法国领事要求改道,最后以"让路换地"了事,工程始得继续进行。大境阁下30余米城墙及今妇幼保健院内30余米墙根未拆除。民国二年六月,北半圈筑成马路长850丈,名"民国

上海拆除城墙筑成民国路、中华路 *

路"；翌年冬，南半圈筑成马路长800丈，名"中华路"。民国路路面从中线划开，外半边属法租界，铺以长条石；里半边属华界，铺以碎石。

这里还须一提的是，当年的民国路从小东门内1号（今童涵春堂国药号）开始，至老西门北面的方浜中路口止，对面为法租界，故原来的城壕成为华界与法租界的界河，筑成民国路后成为一条界路，内圈铺的是片弹石路面，外圈铺的则是长方形的石块路面，马路中间成为一条中心线，故法租界当局绘制的地图称之为"法华民国路"。1945年，抗战胜利后，中国收回租界。1949年新中国成立后，将民国路更名为人民路。后来，环城圆路均铺上了沥青，完全消除了原来华界与法租界的痕迹。

大千胜境

城墙，是一把记忆的钥匙，是时间和现实的存在，也是人们怀念往昔岁月时富有情感的一道风景。如果说有什么建筑能把我们放进时间机器里，那便是风雨栉沐的百年城墙。城墙曾经是我们家园最初的也是最后的一道防线，是我们安然的阳光生活的保障。明城墙的唯一遗存，因得到全面保护和尽心维护，使我们得以重睹昔日的"大千胜境"。

今上海老城厢内，有一条东西向的大境路，东起河南南路，西迄人民路，因昔日上海古城墙上有一座大境箭台，后又在大境台建了一座大境关帝庙而得路名。

说到大境箭台上的关帝庙，是上海道教所属一座历史悠久的古老庙宇。明嘉靖三十二年（1553年），上海为抵御倭寇袭扰而筑上海城，当时在北城筑了四座附庸城墙的大箭台。箭台呈方形，突出于城墙之外，战时供瞭望作战之用。其中的一座箭台，在上海城的西北隅。

筑城时建在城墙上的大境箭台因倭患消弥而失去军事作用,逐渐移作他用。先是利用箭台旁边的石阶步上城墙和箭台,登高望远,时至明万历年间(1573—1619年),邑人集资在大境台上建造了一座关帝庙。初建时规模不大,只有几间房屋,供奉祭祀关帝,由于关帝在人们心目中的地位较高,香火不断,大境箭台便成为邑人拈香膜拜和登高望远之处,渐渐成为上海城内的一处胜景。

经过200年左右,邑人觉得关帝庙不成规模,实在太小,于是再次集资,将原来的关帝庙拆除重建,于清代嘉庆二十年(1815年)在原地建造了一座三层楼的庙宇式楼阁,附庸城墙、箭台,背靠城厢,其后面有旷土数亩(即今白云观一带),其中,有成片竹林,有荷花池,还有大片菜园。当时的三层杰阁,飞檐翘角,危栏曲槛,花格门窗,颇具中国古建筑艺术之美,故称誉为上海城中的"三层杰阁"。

当时的三层杰阁,为上海城内一座很高的建筑,仍是上海道教的一座大境关帝庙。二楼中间为一座大殿,面对城外,方向朝西,供奉祭祀关帝,前面是一座古戏台(俗称打唱台),可演戏。关帝殿南首,是一座财神殿,供奉财神老爷;关帝殿北侧,则是一座月下老人殿,供奉"月老"之神。

大境杰阁建成之后,既是上海道教的一座道观——大境关帝庙,又渐渐成为沪城的一处胜景。清代的咸丰、同治年间(1851—1874年),大境杰阁面对的城外,过护城河,还是大片农田,河浜密布,有茅屋,有古树,有小桥和流水,附近还有桃林、柳树,春日里,阳光明媚,是上海城内踏青者喜到之处,经常士女如云。而在严寒的冬天,则又是另一番风光。一场鹅毛大雪之后,在初晴的阳光下登楼远眺,只见城外白雪遍地,一望无垠。时间一久,上海文人为此景色取了名,称之为"江皋霁雪"。清代,在此登楼看雪景被誉为"沪城八景"之一。

清代大境阁 *

　　大境关帝庙所在地大境杰阁成为"沪城八景"之后，曾引起清政府上海地方官员和知名文人的重视，纷纷为之题匾立额，写诗盛赞，留下了不少文化遗产。清道光六年（1826年），总督陶澍为大境题"旷观"二字额。道光十六年（1836年），大境关帝庙在杰阁东首建造了一座石碑坊，总督陈銮为石碑坊题"大千胜景"四字额。清宣统元年（1909年），上海城自治公所重修，易坊名为"大境"至今。可见，这座石坊已有170年的历史，为上海老城厢内最古老的一座石坊。

　　清代上海著名文人王韬著文载，沈晓沧曾以《范长颐鹤村上言召集大境阁》为题，写诗一首，其起句曰："飞楼压城拗，雉堞屹环堵。下临竹千杆，风来势飞舞。"我们从中可看出当年大境杰阁胜景的概貌。清时的上海文人李行南曾作《申江竹枝词》一首，咏"江皋霁雪"胜景，其词谓：

39

昨夜天公剪鹅毛，北风吹散遍江皋。

炉头卖得双蒸酒，同上楼头劈蟹螯。

短短的四句竹枝词，把"持螯赏雪"之画面写得有声有色。

清咸丰三年（1853年）小刀会占据上海城时，这里曾是名将潘启亮、周秀英部的宿营地，在此同攻城的清军进行过多次战斗，大境箭台及杰阁受到损坏，事后及时修复。大境箭台及那里的古城墙上至今尚留有咸丰年间制的城砖，证明咸丰年间那里的城墙受到过损坏。

上世纪90年代初，时任中共南市区委书记的李伦新上书市委、市政府，力陈修复古城墙及大境阁的意义，请求市有关部门资助南市区，开发上海老城厢的文化宝库。他的意见得到了市委、市政府领导的赞同，市有关部门也同意拨款资助。消息传开，大境阁所在地的街道党委首先发动居民及退休工人等捐款，李伦新把平时积累的410元稿费捐献出来（410为"事业灵"之谐音），上海文艺界的一百名知名演员也带头赞助……为此，动迁了街道工厂和居民，使大境杰阁得以修复。

如今，大境杰阁已回到了"娘家"——上海道教协会，原来题有"大境"二字额的四柱石碑坊依旧耸立在大境路上，镌刻在东西两柱上赞誉三层杰阁的一副对联仍很清晰："仙径别开云一线，世天此生阁三层。"石柱背面的一副对联则是"千江有水千江月，万里无云万里天"。可是，它的四周已全是鳞次栉比的商店和民房，早已见不到昔日的"旷观"痕迹了。唯有两点令人可喜：一是南边出现大片的环城绿带，绿树成林；二是在东边移建了一座海上白云观，与大境杰阁相邻。

白云观初建于清同治二年（1862年），原名雷祖殿。白云观在历经近一个世纪的沧桑变化后，占地范围和规模缩小了许多，但善男信女众多，香火旺盛，且又是上海市道教协会之所在地，在上海乃至全国均有较大的影响。前几年，白云观周围进行大规模的旧区改造。按照规划，西门外一带将建设现代化的住宅区，白云观属于动迁范围。为此，规划部门与白云观、开发商共同商定，由开发商在大境路、青莲街拐角处重建白云观。新道观于2004年建成并对外开放。

经过精心保护、修复、重建和历史文化资源的合理规划整合，上海仅存的古城墙不仅重现了当年"大千胜境"的盛况，而且成为上海道教的一处圣地。古城墙、大境阁、白云观各显雄姿，又互为一体，组合成上海老城厢又一名胜古迹和旅游景点。

南市的由来和南市自治

上海老城厢又被称作"南市"。今天，"市"是指城市人口在10万以上的、大于县城一级的城市行政区名。为了加速城乡一体化进程，我国又新增了一批县级市。这当然是后话。而古时则正好相反，习惯上把县下面人口居住比较集中并有固定商贸活动的地方叫作"镇"或"市"。相比较，"市"比"镇"还小，仅是一个定期定点进行农副产品交易的集贸市场而已。问题似乎出现了：老城厢是上海县城所在地，这里的人口密度和商业活动比县下层的任何一个镇市都要稠密和发达，那么这"市"之称从何而来，而"南"又有何指呢？

让我们再次请教历史。160多年前，西方列强用炮舰打开了中国的门户，五口通商让成千上万的洋人带着欧美文化的碎片和冒险者的冲劲抢滩上海。1845年，英租界在县城北郊的洋泾浜建立，1848年，美租界在虹口建立，1849年，法租界在护城河以北建立。1861年，法租界延伸至十六铺，地处小东门的十六铺桥成为租界、华界的分界。

老城厢的北面就这样出现了一个光怪陆离的世界,其商业经济发展之快,大有替代老城厢的趋势。得风气之先的上海商人夹杂惊乍、好奇和向往的心态,把日益繁华的外商市场称作"北海"或"北市";而十六铺桥以南的、以中国商人为主的市场则被称为"南市"。正如1914年版的《上海指南》中讲:"十六铺以北各国租界统称'北市',十六铺以南地方则曰'南市'。"

　　"南市"之名始于何时已难以详考,但从史料分析,至迟在1870年时,已有"南市"之名的出现。由于当时华界的交易市场主要集中在东门外的黄浦江边,所以最初的"南市"并不等同于老城厢,而是指黄浦江西岸的十六铺一带。当时的县城仍沿称旧城,城外人称其为"城里"。

　　1896年,"南市马路工程局"成立,当时主要任务是沿黄浦江筑一条"大马路"(即今外马路)来规划整治沿江因商贸发达而引发的争抢地盘、侵占水道等诸多问题。而后,南市马路工程局又演变为"南市城厢内外总工程局"、"南市市政厅",其管辖区从十六铺沿江扩展至城厢内外。由此,"南市"和"城厢"合一使用,南市也逐渐发展成为一个名符其实的行政区划。

　　清末上海地方自治,就其开展过程来说,可分为三个时期:第一个时期,是绅商自发组织自治、成立城乡内外总工程局时期,自1905年10月(光绪三十一年)至1909年6月(宣统元年)止;第二个时期,是遵旨筹办城镇乡地方自治、总工程局改作城自治公所时期,自1909年6月至1911年11月(宣统三年)止;第三个时期,是上海光复后,城自治公所改组为市政厅时期,自1911年11月至1914年3月停办止。

　　租界的洋楼耸峙,铁栏铅瓦,玻璃五色,车水马龙确实令人目眩神迷,六百年的县城却不能就此退居一隅梗塞破败下去。正仿佛当年上海的绅商挽救了日渐萧条的豫园,现在,还是他们先站了出来,不同的是,这次的任务要艰巨得多。

早在1900年，已有地方士绅开始研究如何"仿行文明各国地方自治之制"，以图自强。又自筹款项，承揽开辟一个华人商场的事宜，以阻遏租界的扩张，还建议在沪开办警察，维持地方秩序。到1905年，以郭怀珠、李钟珏为代表的上海地方绅商建议：鉴于"惕于外权日张，主权没落"，"道路不治，沟渠渍污，市政衰败"，应创设总工程局，以整顿地方，立自治之基础。当时的苏松太道袁树勋对此深表赞赏。这个提议，也正合了他以"地方之人兴地方之利，以地方之款行地方之政"的想法，便决定撤销原下属的南市马路工程善后局，将所有马路、电灯以及城乡内外警察一切事宜，交付地方绅商公举董事承办。

走访了曾在国外游历考察过的政法学家，了解了东西方各国有关地方自治的规章制度，总工程局的组织章程被制定出来。然后在1905年9月，上海各善堂、书院、警务的所有董事及各铺、各段的所有董事被召集来举行选举大会，最后由李钟珏任领袖总董，接管了南市马路工程善后局，上海城厢内外总工程局正式开张。

这个总工程局设有户政（下设户籍处、地产登记处、收捐处）、警政（下设巡警处、消防处、卫生处）、工政（下设测绘处、路工处、路灯处）三科；此外还设有裁判处，每年裁决民刑诉讼及违警事件1 700多起；岁收入从9 360两增加到16 400多两（白银）。可以看到，总工程局拥有的已经不仅仅是市政建设权，还有民政管理权、公共事业管理权、社会治安权和地方税收权。虽然这些权力是有限的，但事实上已经具备了地方行政机构的职能。

清朝末年，朝廷已无能力统驭地方，只能顺时施宜，放开部分权力，吸收各种社会力量，包括日益资产阶级化的地方士绅参与地方管理。1909年1月，清廷颁布《城镇乡地方自治章程》，规定各地都应筹办地方自治。

上海城厢内外总工程局应势改组为上海城自治公所。之前的地方人士自发自办的南市地方机构变成整个上海华界的地方自治总机关。其组织结构基本上仿照租界市政,分为议事会和董事会两部分。同时,也努力仿租界制度,将市政建设和公益事业纳入公所的主要工作。和总工程局时期的不同有:除拥有一部分本地的市政建设权、民政管理权、地方税收权和公用事业管理权外,还拥有了部分工商管理权和文教、卫生管理权。在短短两年时间里,共辟建、修筑道路40多条,修理、拆建桥梁10余座,新辟改建城门6座,建造小学校舍7所,建筑驳岸3个,码头2个,设立、补助小学校6所,巡警人员扩充至455人。

辛亥革命后,1911年11月,上海光复,清政府在上海的地方统治崩溃,原来的上海自治公所建制也进行改组:原自治公所议事会仍保留议事会名称,相当于工部局的纳税人会议。这样,民政厅既是一个权力机构,又是一个办事机构,同时,民政厅受参事会和议事会的监督,就这样形成了一套资本主义的城市市政系统。昔日只能在清朝地方官监督下行使部分地方行政权的城自治公所一变而成了正式的资产阶级行政机关。所有工程、善举、卫生、捐税等各项事务均暂照旧章继续办理,原归属城自治公所征收的房捐等亦归市政厅办理。自1912年至1914年,市政厅共设立、接办小学校19所,在校学生数达5 000多人,辟建、修筑道路70来条,此外还拆除了旧城墙。

1914年2月3日,袁世凯下令停办地方自治,上海市政厅随后宣告解散,上海自治告一段落。

地方自治运动,不只是市政改良的社会运动,也是一次关于爱国主义和民主主义的教育运动。

首先,这一运动具有中华民族见贤思齐、雪耻洗垢的性质。开埠以后的半个世纪中，租界在市政建设方面，领先华界一大截，诚如19世纪80年代《申报》的一篇文章所写：

> 上海自有工部局以来，湫隘逼仄之路悉化而为康庄，乡间鄙陋之区皆变而为闾阎。四方之人趋之若江汉之朝宗，商贾往来无远勿届。街衢之间，日事洒扫，迂者直之，陂者平之……以中国界内之地较之租界，不啻有天渊之异焉。

这种鲜明的对比，强烈地刺激着上海的爱国绅商，改良市政成为他们迫切的愿望。上海道在批准成立总工程局时便说："上海为通商大埠，最得风气之先，外患之刺激日深，绅民之感情自异。"

其次，地方自治蕴含着明显的民主精神。地方自治的表现，是以地方之人，用地方之力，办地方之事，谋地方之利。其隐含的前提是：一地之人是一地的主人，上海之人是上海的主人。由此前提推而广之，便是一国之人是国家的主人，这正是在清末已广为流传的"国积民而成，民为国之主，国由民治理"的民主理念。总工程局和自治公所的董事、名誉董事、议长等，均实行选举制、任期制，各种章程、条例的制订，均遵循少数服从多数的原则，这些都是地方绅商所追求的民主制度的预演。所以，从本质上说，清末上海地方自治运动具有反对专制主义的意义，它既是上海华界在近代发生的一个重要变革，也为中国传统的、凝固的政治制度的突破开创了一个新的起点。

1927年国民党南京政府建立后，通过了《特别市组织法》，宣布上海设立"上海特别市"，直隶于国民政府，这是上海在真正意义上设"市"之开始。上海特别市建立之后，将下层乡、市一律改称为区，其中原"南市"部分改名为"沪南区"，这是南市设区的开始。1945年后，将原沪南

区的东部分别设立邑庙区和蓬莱区。1959年12月，又将蓬莱区的全部和邑庙区的部分合并成立南市区。2000年，黄浦区与南市区合并，从此结束了南市区长达40多年的历史。

老城厢的岁时风俗

【春节】农历正月初一是春节的第一天，称元日，也谓岁朝。居民早晨起床，须换上新衣服，戴上新帽子，围上新围巾。而后在门口或庭院中放鞭炮、爆竹，叫做"放开门炮"，以示驱邪，可祈开门大吉，高升发达。不少人家还用朱红纸写上八个正楷字："岁朝书红、万事亨通"，贴在室内主要地方，以图一年吉利。若是有丧服的人家，可用绿纸或黄纸书写："岁朝执笔，万事迪吉"。这种用红纸或绿、黄纸书写的吉利对联，须至年终时才能揭去。

商店老板、伙计以及不少居民在早饭前按当年历本上所指的喜神方向到外面去走一圈，叫"兜喜神方"，以求一岁康宁，财源茂盛。

初一这天，虔诚的男女老少，纷纷到寺庙中去烧香，称"岁朝香"。当时，老城厢内的城隍庙和在其东北方的丹凤楼，是香客最拥挤的地方。当然还有不少善男信女成群结队去寺庙"烧头香"，以祈求平安。除夕夜半，刚交元日子时始，人们就拿着香烛去寺庙了，这时香车宝马，不绝于途，比白天还要热闹。

年初一的早饭前，居民在除夕夜悬挂的祖先遗像前祭祖：点香烛，置放糕饼、蜜枣、桂圆等供品，而后叩拜，叫"拜真"。

有的人家在叩拜时心中默诵："一年如意，岁岁平安，合家欢乐，金玉满堂。"这种祭祖，一般持续到初八，有的延续到十八元宵夜，才将遗像收起。

绅民出外向亲友拜年，都要穿上翎顶礼服，多数乘轿子，但也有穿便服步行前去的。这天，妇女往亲戚家拜年，在穿戴上颇有讲究：姑娘们应穿红裙绣袄，已婚妇女须肩上有披风，穿红裙。如是新婚妇女，随行的丫头须手持一块红毡，以便登堂时行礼用之。按当时的规矩，出门拜年，应为初一、初二、初四、初五。其中初三是忌辰，不应出门的。

祭拜结束后，吃早饭。早饭一般以甜食为主，如糖年糕、糖圆（糖拌小圆子），以取"年年高"、"甜蜜"、"团圆"之好口彩。

早饭后，儿童少年向长辈拜年，长辈一般以果饼、压岁钱相赠。清代咸丰、同治年间，压岁钱一般为一百文，挑选制钱中的顺治、康熙钱，或乾隆、嘉庆钱，并用红头绳贯穿起来，这叫"百岁钱"。有的赠二百文，且以一百文为一串，这叫"双百钱"。也有的给对开洋钱，讨好口彩叫"塌塌长"。光绪时，长辈给儿童、少年的压岁钱为大洋，有给一元，也有的给两元。以后纸币风行，压岁钱便以纸币为主，长辈给小辈的压岁钱一般为五元，也有给十元的。

若是日去茶馆吃茶，堂倌送上果品，口报吉语：吃瓜子，叫"开口和合"；吃花生，叫"长生不老"；吃糖茶，叫"甜甜蜜蜜"；吃薰青豆，叫"亲亲热热"；吃桂圆，叫"团团圆圆"；吃橄榄茶，叫"元宝发财"。若是去饮食店吃点心：吃春卷，叫"多赚金条"；吃馒头，叫"发福兴隆"；吃年糕，叫"年年高"；吃甘蔗，叫"节节高"。

初一、初三、十五这三天，为地上诸神朝天（谢天）之日，故民间不宜扫地、倒污水，以免触犯神灵。

初一夜，一些人家还搞"镜听"活动。其法是：是夜以镜子置灶上，锅中注满清水，将一木勺浮于水面，虔诚拜祷，拨勺使之旋转，视勺柄所指方向，抱镜出门，密听人家谈话的第一句话，可预卜这一年的吉凶。

初二，居家长者以红纸剪作葫芦形，贴于室中门上，可以收住疫气，保安康。

初三，上海城厢居民一般饮用井水，故家家有井。人们认为井中有神，曰"井泉童子"。岁朝起至初三日敬祀之，即不得吊用井水，直至初三傍晚，用香烛、蔬果将"井泉童子"神送走后，方可开井，吊提井水。旧时，居民还有敬门神习俗，初一至初三，也以蔬果贡品为祀，初三夜敬送，并与"井泉童子"神一起飨以糖圆，以保门户太平。

初四，城厢内外各商店开门一二扇，招待主顾。是日夜半迎财神，店经理将隔年营业的账目，誊写清单，报告老板，请示是否继续营业，若继续营业，就要预备祀神祭品：一般为金色鲤鱼，称元宝鱼；鸡用雌鸡，取其生蛋，讨个"可得金子"口彩；肉用鲜肉，以示"今岁得肥（利）"。

初五，商号接财神。各店家在客堂正中挂上五张财神爷的神纸。在店铺门面的左右两侧悬挂贴上本店牌号的纸灯笼，供桌上围上绣花的红绸桌围。桌上供三牲，或供五牲（除猪肉、鸡、鱼外，另加牛肉、羊蹄），还伴以用鸡血冻划成定胜形，叫"元宝"；或用粉制元宝，叫"糖元宝"，以讨"招财进宝"之口彩。有的富商还在神像前置放真金银的元宝，以示虔诚。也有将活鲤鱼养在缸内，称为"活元宝"。祀财神后的第二天，将鱼放入河中，不食用，以喻元宝像流水一样流进来。有的商号，还兴把鸡蛋染色，以苏木水染成紫红色，或以洋红染成鲜红色，叫做"染元宝蛋"，取"元宝若鸡生蛋，源源而来"之意。迎财神时放爆竹，气氛热烈、隆重，店主、店员等依次排列，一一向神祇磕拜。此时，有些富商、巨绅还请来丝竹队、锣鼓队助兴。一直宴神至深夜后，向神奉上点心，一般用馄饨、面。面叫"财神面"。也有用年糕汤作点心，叫"元宝汤"。参加祀神者，也要饱食点心，以示"财宝满屋"之意。店主在这一天白天将辞退的店员结清账目后离去，不得参加夜间拜财神活动，叫做"财神暴"。

爆竹生花
王惠熙

＊年画——放爆竹

　　各店家接财神之后，迎来一批批三五成群的乞讨人。他们口呼"财神到门来，添喜又添财"等吉利话，向店主"恭喜发财"讨钞票。旧时，店主给乞讨者每人发钱一二文，以后增至铜元一二枚。乞讨人中有的扮作财神，五六人敲锣打鼓，向店主"恭喜发财"，并伸手索要铜元数十枚，才作罢。

　　【元宵节】又称上元节，俗称正月半。习俗在正月十三为上灯日，正月十八为落灯日。从正月十三夜试灯起，一直到十八日落灯，罗绮成群，管弦如沸，火树银花，异常璀璨。各大寺院在门口场地上用竹竿扎成塔灯，农家在郊野田间挂望田灯以照田蚕。最为热闹的要数"龙抢珠"，又称"掉龙灯"。以竹箔环成笼状，有首有尾，上层有龙鳞，称为龙灯，旋舞街巷。有的编箧作一大球，称为"滚灯"。滚灯遇龙灯，必械斗，此谓"龙抢珠"。届时，数十条龙灯争抢，并伴以锣鼓。元宵之夜，黄浦江边桅樯林立，密泊无隙，各船也纷纷在桅杆上挂灯，桅灯倒映水面，上下一色，堪称奇观。

旧时，老城厢男女在元宵夜有走三桥习俗。这三桥为：小东门的益庆桥、天官牌坊南的长生桥、邑庙东的如意桥。人们走这三桥，以桥名来图吉利。

在闹元宵的活动中，又有舞狮子活动。狮子一般用青布制作，有两人伏其中，一作狮头，一作狮尾，有一班锣鼓作前导，引诱舞狮者持叉，又上有一布球，布球挥动，锣鼓声大作，舞狮者的奔跑、跳跃，都随布球的忽高忽下、忽左忽右而舞出各种动作。在舞狮队伍中，也有人饰狮子，一大一小，先后同行，美其名曰"太师、少师"。小狮布中仅一人，行走起伏十分活跃，并做出各种滑稽动作与大狮嬉戏，引得观众哄笑。

元宵节期间，城内各戏馆都编演灯戏，如《大香山》、《洛阳桥》、《斗牛宫》、《凤莲山》等等，观众踊跃，几乎场场爆满。

十六日，城内居民有煮食馄饨的习俗，据说此日吃馄饨可使蚤虱不叮人，睡觉可安宁。

十八日，为落灯节，挂灯到此结束。但这一天的白天仍可以闹，俗话"闹到十八，灯落鼓息"。

【立春】官厅有迎春典祀活动。由知县率同钱粮、水利、督捕厅等于前一日举行。若是忌辰，再提前一天。出迎时各官都穿朝服，用全副仪仗，乘坐显轿（无窗无顶，中铺老虎毯，如姥姥椅），由四人抬至大南门外之迎春庙，以彩亭恭迎芒神（即太岁）及纸糊的春牛入城。

各官迎芒神及春牛入城后,安供县属堂上。知县回署,三厅也各自回廨。翌日胥役以竹竿鞭碎春牛之纸,叫"鞭春",也叫"打春"。春牛被打破后,牛腹中同色的小春牛、花生、豆、麦等下坠,任人抢取,吏胥不加阻止,且口宣吉语,与民同乐。之后,芒神仍送回庙中供奉。

城内居民在立春这一天,手持刀,向室内、庭院、壁角斫地,随斫随语:"春勿管,腊勿管,太岁一切都不管。"春天、冬天太岁都不管事,斫后,各处可随时动土,与神道无关了。

立春节前后,武官署也有迎喜神之举。上海城以参将择吉日举行。这一天,参将率同守备等武官,各用全副仪仗,以及部下兵士,在提右营署集合,一同开赴小南门外校场时,戈矛耀日,旌旗蔽空,参将与守备,顶盔贯甲,策马而行。喜神为一画轴,彩亭由四人抬之,喜神安放其中,从不打开,不见喜神形象。到达校场后,各官向喜神拈香,叩拜。而后鱼贯回署。

【花神诞】农历二月十二日为"花神诞",也称"花朝",俗谓"百花生日"。这一天以赏花、种花、赏红为盛事。爱花者,剪红纸条,或以红绢条粘或扎在各种花卉的枝条上,叫做"赏红"。有些园艺家还举办花神会,在厅堂上悬挂十二花神像,都为女性。宴神桌面,都放置各种花卉,淡白深红,缤纷可爱。有的还请清曲社前来唱曲娱神。入夜,要放花神灯,且以纤巧的凉伞灯为主。出灯时笙歌齐鸣,人们手提纸扎的花篮、花灯,有的妇女还扮采茶女,且歌且舞,令人陶醉。

【惊蛰节】农历二月中有此节,预示雷始发声,冬眠的蛇、虫醒来。沪俗有第一声春雷时用手拍床槛使其与雷声相呼应之习俗。这样就可不怕雷鸣了。沪谚:"雷震一声,笋长一寸。"此时,正当竹笋出土,雷鸣时地脉震动,可助笋暴长。沪郊农谚:"未蛰先雷,人吃狗食。"意为过早打雷,蛰虫出土早,田中多虫害,庄稼要受影响而歉收。城内有些居民,在这一天去蛇王庙烧香，并买印有"蛇明皇宝印镇宅"字样的蛇王符。回家后，将它贴在大门上，以示驱蛇保安。

【清明节】农历三月有清明节。清明前一日为"寒食节"，这天不动烟火，吃冷食。有些人家用红纸条写上"寒食清明嫁九娘（蚂蚁别称），九娘一去不返乡"的字样，倒贴在床脚上，据说可避蚂蚁上床。

清明是祭祖、拜扫先茔的日子。城内外各家，尤其是外地旅沪之家，折杨柳枝插于门上，并准备锡箔、纸锭等在清明节前七天后八天的半个月内先祭祖，焚化冥锭（叫"长乐钱"），后上坟焚化草囤，内加白钱纸。富裕之家还用麦秸扎成一人多高的麦库，内放纸锭、冥钱、经疏，上坟焚化。

各会馆停寄棺木之处，清明前后三日内，其家属必至柩钱设飨，焚化冥钱、草囤、摆上祭菜，以示纪念。

清明日又是每年的第一个鬼节，沪城习俗，晚间不许小孩外出；床上悬挂《易经》、《宪书》、桃木剑，用以辟邪。

清明前后，桃红柳绿，春意盎然，这是人们踏青游春的季节。看桃花，是上海人相沿已久的游春内容。桃花盛开之时，车水马龙，道路为之拥挤。人们常去登西城楼，远眺郊外桃花的烂漫风光。上海城楼自东北迤西有四座城楼，分别为万军台（即丹凤楼）、制胜台、振武台、大镜台。西城城楼为大镜。上海人初春远眺赏桃，寒冬登楼望雪，多在此。南门外有望塔桥，俗称"望大桥"。其地遍种桃花，有人称其为"小西湖"，是观赏桃花的又一好去处。

【立夏节】上海四月的立夏节俗十分有趣。麦熟时，磨成麦粉，粘如初蚕，匀饴而食，味道甘平而清，叫"麦蚕"。家家户户在立夏都做"摊牷"，以金花菜（俗称草头）入米粉，匀入少许盐，煎成饼状，十分香脆。据说，食麦蚕、摊牷都可免"疰夏"。所谓疰夏，亦称注夏，指入夏眠食不服。立夏日正午,男女老少皆用秤称体重,以验一年之肥瘦。

城内有钱人家的妇女,在此日所佩戴的首饰,以翡翠为主;男子则穿夹纱袍褂、夹纱小帽,还换穿夹鞋,以示夏令已到。

立夏日应时的食品很多,如樱桃、梅子、海蛳、竹笋、酒酿、摊粉等。读书人以尝樱桃、蚕豆、竹笋为"尝三鲜"。城隍庙头的松盛、同春二爿酒酿店,生意兴隆,自朝至暮,顾客盈门,应接不暇。

【端午节】农历五月五日为端午节。在人们心目中,五月是十分重要的,因为正值初夏,疫病易侵入体内,故常称五月为"恶月",五月的种种活动便多含避邪之意。这天,城厢内外人家都饮雄黄酒。有的用高粱酒,有的用绍兴酒,也有的用高粱、绍兴两种酒对半配制,而后加入少许雄黄末制成。据说,吃了雄黄酒可清除脏腑诸毒。所用菜肴,主要有黄鱼、咸蛋、白切肉芽等。有的人家则备有黄鱼、黄鳝、黄瓜、黄泥蛋(咸蛋)等凑成"五黄",以喻"五王",可起镇妖压邪的作用。

这一天,大人用雄黄酒在小孩额上写"王"字;还用黄质有黑斑纹的布,给小孩缝制成衣裤,叫"老虎衣",甚至小孩戴的帽子和穿的鞋子也用黄布制成呈老虎形,叫做"虎头帽"、"虎头鞋"。大人还给小孩子佩戴装有菖蒲、艾叶、蒜头等物的香袋。大人们认为这样做可以驱除病灾。

有些趋时的妇女,以色丝制成壁虎、蛇、蜈蚣、蜘蛛、蟾蜍等五毒,以应时节,也为驱除病灾。

这天,家家都在门口、床前挂悬菖蒲、艾叶、大蒜头,以为这样可以避瘟解毒。他们还以雄黄泡水,掺加高粱酒,用艾蓬蘸雄黄酒洒在墙阴壁角,以杀虫豸。有些人家以黄纸用朱笔写上"午月午日午时天中节,诸虫百脚可消灭",贴诸座右,以祛除一切毒虫。

端午节时,亲友间互赠礼物,有火腿、鲥鱼、咸蛋、粽子、黄鱼、枇杷等物,称为"节盘"。当时,沪城粽子有火腿、腌鲜肉、豆沙、莲肉、红枣、赤豆等品种,以外形分,有三角粽、竹筒粽、小脚粽等。

龙舟吊屈,也是旧上海市民过端午节的一大乐事。这个活动,一般在黄浦江上举行。好几条装饰不太完备、旗帜不太鲜艳的龙舟在江中竞赛,但两岸的锣鼓却敲得特别起劲,喧闹异常。当年,沪南半淞园开放,因园中有河,园主从外埠请来划龙舟的勇士,租来装饰漂亮的龙舟,在园内河中竞渡,不仅点缀佳节,还大饱游人眼福。

城厢内的戏馆,在晚上演出《白蛇传》等与端午节有关的戏剧。商店老板在端午节夜,请伙计们吃"端午酒"以示关怀,让伙计们更为店主卖力。有些商店老板借吃"端午酒"的机会,雇用新伙计,辞退个别老伙计。

* 20世纪20年代半淞园划龙舟

【夏至节】农历五月下半月有夏至节。城厢居民又将设享祀先,与清明节同。但只能焚烧纸长锭而不烧纸钱。也有这时节不祭祖,可延至七月半祭祖。俗谚:"白相夏至日,睡觉冬至夜。"夏至这天,日照时间最长;冬至日照时间最短,故有此谚语。"夏至能逢端午节",故若逢端阳,民间认为这一年必风调雨顺,五谷丰登。"夏至西南第一风",这一俗谚认为夏至后吹西南风,而西南风是从热带吹来的,故有"热煞西南风"之说。"夏至有风三伏热",这句俗谚是说,夏至这天起风,都预示三伏天是大热天。

【乞巧节】农历七月初七为乞巧节,相传是牛郎织女鹊桥相会之日,俗以是日为巧日。

为求"巧"得"巧",姑娘们将凤仙花捣成汁,染上十指指甲,年长的妇女只染无名指,相传七夕染了指甲,可使手指灵活,纺织时手指不抽筋。

这天午时,取清水放在铜面盆内,将铜面盆置于日光下,将绣花针投入水中,视盆底针形的姿态来定得巧与否。若投下时绣针直立如笔,则得巧,预示是位聪明姑娘(妇女);反之,就没得巧。还有一种办法看绣针投下水后的水影状态来定得巧与否,若针投下水后的盆底水影成状似宝塔形,则为得巧,预示是位聪明的妇女;反之,就是没有得巧。

还有一种办法,妇女们在临睡前,将面盆清洗后满注清水,采新鲜凤仙花两朵浮于水面,盆口置放折叠好的新毛巾一条,而后把它放在天井里或窗外阳台上,是夜牛郎、织女下凡洗脸;有的说牛郎、织女在天上相会时的情影留在水中,次日早晨妇女们用这盆水洗脸,就可得巧,会变得聪明、俊美。入夜后,姑娘们在月光下比赛穿七根绣花针,谁穿得又好又快,谁就得巧了。

有些人家的妇女在晚间还举办"乞巧会"。将香案置于门前露天,供品除瓜果外,还放用面粉、白糖油炸制成的花片、蝴蝶、蝙蝠、八结等形的巧果;有用茄子和面粉制作的叫落苏饼,可甜可咸,放于案头。另再备神模一张,折成小块后,供在桌上。而后点香烛,焚神模。"乞巧会"就这样收场。完后,家人共坐庭院纳凉,嗑瓜子、吃菱藕,仰观牛郎织女星,讲述有关神话故事,深夜方散。

【中元节】农历七月十五日,称中元节,俗呼七月半。沪城百姓以是日为中元鬼节,备供品,祭祖宗。城隍神率同四司出巡,赛会同清明节。

沪城多会馆、会所,在中元节都举行盂兰盆会,俗称兰盆会。有些会馆、会所,还搞"太平共醮",邀请僧人、道士设坛做道场,称"放焰口"。其意为,请和尚、道士来馆(所)中念经、做道场,为死者超度来生。同时,焚化冥锭,保佑全境平安。

清光绪中叶,南市里咸瓜街的喻义堂药业公所七月下旬的打醮实为赛灯会。他们从宁波运来各种玻璃灯彩、抬阁、龙船、凉伞灯,还有许多绢扎的灯船,船中奏锣鼓音乐,十分别致、闹猛。此外,还有各种花果灯、飞禽走兽灯与人扮的三百六十行。一应齐全后,以纸扎的大力士鬼王开道,后随用绫绢扎成的地藏王等菩萨,浩浩荡荡有里许长。

七月三十日,为地藏王诞辰,僧人以纸造白莲船,乡人以钱、米、絮、楮少许放于纸船中,祈生西方。至晚,作梵事,焚烧纸船,孩子则积瓦成塔状,至夕,在其中燃灯为戏。街衢遍燃炬烛,插棒香,名为地灯。

【中秋节】农历八月十五为中秋节。商贾人家、官绅人家在这一天供设天香案桌,置备菱、藕、石榴、柿子等四色鲜果,以取"前留后嗣"之义。普通人家在是日吃煮熟的毛豆荚、芋艿。豆荚喻示"得吉",芋艿以示"有余",吃了这些可图吉利。

吃月饼以示团圆。在中秋节前,月饼成了抢手货。当年的月饼有荤、素两种。素的有豆沙、白糖、玫瑰、五仁、干菜、莲蓉、豆蓉、枣泥等,荤的有火腿、鲜肉、鸡肉、虾仁等。广东月饼店,还在馅中加蛋黄,大月饼每只售十元至数十元。一般茶食店月饼,每盒四只,只售青蚨六十四文,最贵的亦只有九十六文。

中秋节的晚上,居民都在家门口焚烧斗香,也叫香斗。它是以线香和马粪纸糊成,大小不一,外围糊三圈五彩纸箍,中间贴上"月圆人寿"等的剪纸金字。香斗内盛木屑,中竖一株用线香、檀香扎成的大主香,名"龙头香",四周铺上劈碎的檀香降香。主香正面配上用色纸扎的月宫牌坊,上缀楹联匾额;后面配上色纸扎的月宫宫廷。焚之,据说即可敬天,又可广结来世菩萨,"一举两得"也。有些富家大户,喜欢在寺庙前或在大桥头置放大香斗。其香斗大如七石缸,用木板制作,外糊黄纸,中盛木屑,上摆元宝数十串。龙头香则以藏香式的长香连接而成,撑香为原根的檀香降香,可焚点一昼夜。昔日,沪城置放这种大香斗,一般将最大者放在小东门外陆家石桥桥头,次者放在豫园后的香花桥桥头。由于这种香斗大而精致,又置放交通要道,自然更为吸引观众。做此善事者,也以此为荣,既可使"皇天"高兴,又可使百姓饱眼福,花些钱,值得的。

中秋节之夜,回娘家探亲的妇人必须返回夫家过节,与公婆、丈夫同吃"赏月团圆饭"。

【重阳节】农历九月初九为重阳节。沪城习俗,一是登高,城内无山,人们只是去邑庙豫园萃秀堂边的明代大假山上去登高望远。当时,这座大假山平时不让人攀登,只有每岁重阳节才开放,供游客登临。此外,城东丹凤楼的魁星阁,城北的大境阁,因建于城墙上,十分高爽,都是城里人登高的去处。城外半淞园的大土山,耸立于浦江之滨,也是登高望远的佳地。

重阳日道教有九皇会,设立斗坛,晚间还举行斋天、炼度等法事。昔日城内以虹桥东华道院最有名。道院内初一至初九诵礼斗经斗忏，陈设都用黄色，连蜡烛也用黄色，饮食净素。初九夜，羽士出外行香，缀以凉伞灯九盏，沿途受到人们的青睐。是晚，各戏院也有九皇会，在后台辟一净室，设斗台。伶人演剧之余，诵礼经忏。入坛时必身披法衣，足屦蒲鞋，虔诚敬神。

吃重阳糕，是过重阳节的一大习俗。这天，城内县西的高桥店、塌水桥的马老三点心店所制的重阳糕，最受人喜爱。以后，城内阜民路的乔家栅所制的重阳糕，也颇受人喜爱。

趋时的妇女，在重阳这天，佩戴茱萸囊，或者鬓边插戴茱萸，以为这样做可"避祸"。

【十月朝】农历十月初一，又称"十月朝"，各家开炉煮饼，祭献于家祠，故也称"炉节"。与清明、中元节一样，大行祭赛、巡会、祭厉坛、祀祖先。更因值秋收之后，祭赛便含有庆丰收的意味，盛况不亚于清明、中元，尤以乡间为甚。村镇设筵盖厂以迎神，名为"厂会"，笙歌鼎沸，儿童喧闹，若痴若狂。

【冬至】农历十一月中有冬至节。俗谚："冬至大如年。"昔沪城文武官场有拜冬大典，须向西门内万寿宫拜牌。不管天气寒暖，拜牌时必须穿狐皮袍套。一些缙绅巨族，在这天早晨向长辈拜冬，晚间设享祀先，叫做"冬至享"。祭毕，家人吃团圆夜饭，口宣吉语，故有"有钱人吃一夜，无钱人冻一夜""有得吃，冬至夜，无得吃，冻一夜"等说法。

旧俗，冬至将临，家家磨水粉，蒸糕、做粉圆，馈送亲友，如同贺岁，称之谓"冬至送糕，年送粉"，或称"送冬至盘"。

商家店铺老板在冬至日邀伙计吃"冬至酒"，吃了此酒，收账人就四处收账，一直到大年三十方休。

谚云："连冬起九。""头九寒，九九暖；头九暖，九九寒。"民间"九九歌"："头九二九，相见勿握手；三九廿七，树头吹得笔立；四九三十六，夜眠如露宿；五九四十五，穷汉街头舞；六九五十四，苍蝇抱户枢；七九六十三，布衲两肩甩；八九七十二，猫狗寻阴地；九九八十一，犁耙一齐出。"这是说，天时由寒转暖的过程，为经验之谈。

冬至前一夜，叫"冬除夕"。昔日沪城市民有做花糕、粉圆祭祀祖先，亲朋冠带相贺，名"分冬酒"。其热闹程度稍差于元日。

【腊月】农历十二月为腊月，这一个月因是一年的最后一个月，故习俗颇多：初八，佛家以是为腊八月，煮七宝粥，也称腊八粥，又称咸粥。昔日沪城各地僧尼寺院都煮腊八粥馈赠施主。腊八粥分咸甜两种：咸粥加虾仁、火腿、鸡片等；甜粥加胡桃、百合、红枣、莲心、桂圆肉、荸荠片、鸡头米或小赤豆等。以后，民间也仿效佛家，在十二月初八烧煮腊八粥食，度腊八日了。

二十四日俗传为灶君上天奏事之期。昔日，沪城居民在二十三日夜祀送灶君，其供品有：生蔬果为福桔、慈姑、荸荠（亦称三果）；素三牲为金针、木耳、香蕈；面粉制的猪头、鸡、鱼，糖元宝一碟，清茶一杯，素汤圆十二只（如逢闰月则放十三只）。此外，另加糖圆四盅，以祀为灶君神抬轿的轿夫享用。轿用绿色纸扎成，与官宪的绿呢轿相似。送神时，在地上铺芝麻梗，叫节节高，上面稍衬冬青、柏枝，取胶牙糖之义，将灶君的嘴巴胶住，上天不能奏恶事，即报喜不报忧。将灶君等焚化上天时，把糖元宝纸灰投入灶膛内，叫做"藏元宝"。

送灶后，家家择日祀神，叫做谢年。谢年的祀神物品有：鲜肉、鲜蛋、活青鱼各一，叫三牲盘，其旁再放置干果、糖年糕、糖元宝，白米两碗，叫万年粮，上放黑豆或小赤豆，中插千年红、柏枝，讨个"头头利市，千年百顺"的口彩。请来的神模分全堂、众家堂两种。全堂的神模有三十六张，众家堂的神模只有一张。中堂悬众神图像，其中有紫微星、天宫三星图等。祀神时，出除跪拜外，还要敲击锣鼓。送神时，要放鞭炮。祀神后，全家吃年糕汤，叫元宝汤。

谢年后，设肴祭祀祖先，叫年夜享。祭毕，家人举行合家欢宴，口宣吉语：如鱼叫余头，青菜叫菜头，冬笋叫节节高，鱼圆、肉圆叫团团圆圆，花生叫长生不老，瓜子叫子孙满堂，福桔叫福如东海，橄榄叫元宝发财等等。

年礼，较中秋节为多。凡当年嫁女之家，须备花生、瓜子、橄榄、福桔、甘蔗、荸荠、发芽豆等馈女，以便在新年时分送佣仆、孩子。

小康之家的新年陈设较常华丽，厅堂中悬挂书画，花瓶中插上天竹、腊梅，还要置放水仙花、梅椿等盆景。

【除夕】临近岁末，人们开始准备过年。从望日至除夕，各家各户陆续相互馈送年物，称为送年礼。二十五日，家家掸屋尘，清洗门窗，叫做

＊岁末，居民在水磨糯米粉

"除残"。至夜，全家吃赤豆粥，谓可辟瘟，家人外出的也可给留一碗，叫做"口数粥"。相传这天诸神下降，百事如意，故家人多做吉庆事。之后的日子，各家忙于磨粉，制花糕，蒸粉圆，称年糕年圆。年圆，又分为汤圆和蒸笼两种。年糕方长不一，一般有红、白两种，常缀以桂花，色如鲜桂，芬芳四溢。除夕前，用牲醴、年糕等祀神，叫做"谢年"。

除夕，各家供祖先像，祭祖先。日暮，封井，用灰在地上画弓矢，俗传能辟邪。击锣鼓，燃爆竹。合家团聚吃年夜饭，又称"合欢饭"。一般人家的餐桌上，鸡鸭鱼肉外，还常有几样上海的特色菜。如银丝芥，以醋烹之，号称江南佳品。又有称为"绣鞋底"的水笋干，红烧煮肉味清淳而腴，为上海人所喜爱。其他如塌科菜、黄豆芽之类，取吉祥如意，也上了除夕的餐桌。

年夜饭后，各家忙着易换门神，贴春联，檐下挂松柏、冬青。长辈选取青钱，串以红绳，分给十二三岁以下的幼辈，名压岁钱。家家屋中灯火通明，遍燃红烛，称为"照虚耗"。乡间则在田间点燃炬烛，称"照田蚕"。一家老幼围炉守岁，有通宵不寐者。闭门前，放爆竹，子夜时分，爆竹响成一片。

从初一至除夕，日复一日，年复一年，循着四时节令，普通人家的生活就这样常而有序。正是这种平常有序的生活，体现出上海城厢内外由来已久、相沿成习的风俗民情。

第三章

老前輩

大凡钟灵毓秀之地、温柔富贵之乡，总会孕育出一批世家大族和名人高士。这正应了初唐王勃"物华天宝，人杰地灵"的绝句。以元、明、清三朝县治所在地为核心的老城厢，几乎荟萃了上海的人文精华，是个人才辈出的地方。

江南多世家。上海老城厢积累着700年东吴世家之气，从宋朝起，这里已逐渐成为名士集聚之地。屈指数来，明清两代上海县城内可数的世家大族就有董家（董其昌）、潘家（潘恩及子允端）、陆家（陆深）、徐家（徐光启）、艾家（艾可久）等。其中当以潘、徐两家影响最大，且惠及今日。时人评论同处一个小县城的潘、徐两家为"潘半城，徐一角"，意思是潘家以豫园为代表的私宅及家产几乎倾覆半个城厢，而徐家只占了县城的一个角落。

清末民初，是中国走向沉沦而又萌发生机的时代。"乱世出英雄"，上海县城也出了不少仁人志士，比较著名的有陈其美、李平书、陆伯鸿、王韬、徐寿、刘鸿生、张謇、朱志尧、叶企孙、郁泰峰、朱葆三、沈缦云等。其中李平书因其塑像曾立于城隍庙荷花池，故最为老城厢民众所熟悉。列数清末民初的仁人志士，小刀会起义首领刘丽川、陈阿林等也是不能忘却的。

明清以来，老城厢又是上海文人荟萃之地。及至明代后期，"云间画派"兴起，董其昌为此派之巨擘。上海开埠后，由于西风渐进，一些画家尝试脱破窠臼，吸收西洋画风，借鉴民间艺术，形成"海上画派"，以赵之谦、任伯年、吴昌硕为此中翘首。他们大多在老城厢活动，豫园的点春堂、内园、得月楼是他们作画之所。

历史表明，我们的老前辈与我们现在生活着的这个城市有着生死与共的关系，他们影响着邑人乃至今日上海人的风尚、习俗、情结和乡土意识。历史也表明，前辈们的积淀成就了老城厢富藏的文化底蕴，他们融入在这方故土的名胜古迹、人文景观之中,并与之共辉。这也就是老城厢何以成为上海之根、文化之源的缘由。

先民

　　古代上海地区的人口除世代生息于此的"土著"外,相当一部分来自中原及其他地区。每当中原等地区发生战乱动荡时,便有大量人口迁居上海地区。其中最典型的是北宋末年"靖康之难"和宋元之际北方人口的南徙。史载,宋室南渡,百姓成群结队跟随至江南,由此在上海地区出现了大批侨民,并在以后的岁月里永久定居下来,成为上海先民的组成部分。上海因僻处海隅的地理优势,使那些苦于战祸和避乱躲灾的士民百姓找到了庇身之所,视其为乐土。一直到上海开埠前,全县的人口约54万,其中住在县城里并被称为"上海人"的仅有十几万人,而他们大多又是由异乡人汇聚演化而来的,所谓的"土著"仅是一种相对说法。这从一开始就奠定了上海作为移民城市的根基。

　　中国在魏晋南北朝时期,社会生产力、商品流通和商业发展比较缓慢,但是,南方社会相对安定,北方人口大量南迁,南方社会生产力逐渐发展,中国的经济中心逐步南移,上海地区的经济较秦汉时期有较大发展。

　　东吴在江南建立的政权,其基础一是中原南迁的士族,二是本地士族。上海地区的陆氏、顾氏,东汉时已是江东望族。孙权把其兄孙策的女儿,一个嫁给陆逊,一个嫁给顾雍的长子顾邵,孙家与陆、顾两家结成姻亲。顾雍任丞相,陆逊为大将军,其两大氏族为官者成百上千。陆逊曾以破荆州俘关羽有功,封华亭侯,后又以破蜀有功,进封娄侯。

唐承隋制，实行均田法，鼓励人民开垦荒地。上海冈身以东地区有冲积成陆大片滩地，被逐渐开垦，许多农民获得了一定的土地，经济随之兴旺，且户口大增。据唐代《吴地记》载，此时上海地区人口也有12 780户。唐玄宗开元元年（713年），上海地区修建了第一条捍海塘，使塘内大片土地得到开发，上海地区的疆域基本稳定。

五代时期，上海地区属吴越国。吴越国由钱镠建立。吴越国国土狭小，三面受敌，因此力保安民。钱镠向北方小朝廷称臣纳贡，借以牵制吴国。932年，钱镠病死前嘱咐儿子钱元瓘："子孙善事中国，勿以易姓废事大之礼。"这是吴越的国策，一直遵守到国灭。吴越国赋税繁苛，民不胜其苦，但统治者也进行了一系列的经济改革，办成了几件后世称道的好事，如修筑钱塘江大堤、在吴淞沿岸兴修圩田水利等。

两宋时期，上海地区的社会生产力、商品流通和商业明显发展。政府重视兴修水利，上海地区吴淞江水患尚未能根除，但把疏浚河道和筑堤、修闸、兴建圩田及排灌渠道结合，构成水利工程网络。如仁宗景佑元年（1034年），范仲淹出任苏州知府（当时上海部分地区属苏州），遍察灾情，在"上宰相书"中力陈疏治吴淞江的必要性，并亲历海滨，率役开浚五大浦，疏导诸水，东南入吴淞江，东北入海。神宗熙宁六年（1070年），沈括巡视两浙，部署疏浚了苏、秀等州的湖塘泾浜，开浚了太湖至东海的松江五汇四十二湾，并组织百姓围成大片圩田。

南宋诗人杨万里在《圩丁词》中描述：

河水还高港水低，千枝万派曲穿畦；
斗门一闭君莫笑，要看水从人指挥。

在讲到两宋时期先民的功绩时，为上海镇初具规模作出重要贡献的南宋上海市舶分司使董楷是不能忘却的。

董楷，浙江天台人，咸淳三年（1267年）奉调任职上海市舶分司使。在任期内，给早期上海镇的建设留下了不少业绩。前述许多建筑设施都直接、间接地为商业所用，适应了市场发展。咸淳五年（1269年），他还赞助建成了一所上海最早的学校"古修堂"，"清池之上，横以飞梁，为堂六楹"。因此，董楷深得上海镇民爱戴，当他离任时，镇民依恋不舍。在他所撰的《受福亭记》碑刻中说："自念钝愚，于市民无毫发补益，乃痛节浮费，市木于海舟，陶埴于江濆。"

元代上海建县，农业、手工业和商业较之宋代有了更大发展，尤其以传统的丝织业和新兴的棉纺织业闻名于世。元代上海地区棉纺织业的发展，是和元初棉纺织革新家黄道婆分不开的。黄道婆是松江乌泥泾人，幼年沦落崖州（今海南岛），从黎族妇女中学到了先进的棉纺织技术。元贞年间（1295年前后），她返回家乡，又把汉族地区丝麻纺织的经验用在棉纺织上，改进了从轧花到织布一系列工序的棉纺织工具。如原来弹花用小竹弓和手指，她改用大弓椎击法；原来纺纱用单锭纺车，她改用三锭纺车；在染织方面，还能错纱、配色、综线、挚花，织出各种美丽的图案，从而推动了松江一带棉纺织业的发展。

上海地区的沙船制造业在元代兴起。沙船始于唐代，唐代鉴真和尚东渡日本，乘的可能就是沙船。上海地区宋代制造的封浜木船，属沙船型。元代统治者开辟了北洋漕运路线，需要适合于北洋航行的沙船。这时，出现了两位上海地区最早的航海家，沙船业的开启者和元代海上漕运的创始人——朱清和张瑄。

朱清是宋朝末年的崇明西沙人。最初只是一家杨姓大户人家的家奴，无法弄清他为什么一夜间杀主夺妻，然后逃亡到了海上，与嘉定人张瑄结为兄弟，并勾结了一批无赖之徒驾船海上，经营起了黑白两道的买卖:一方面在海上劫掠,一方面贩卖私盐。官府严查时,他从长江口航海北逃到渤海湾附近,追捕放松时又继续打劫。这样的经历时间长了,居然也就让他熟悉了南北海道以及沿海诸岛的情况。由此在元朝异族入侵、汉人拒降元朝时,他率先投降元主,为自己寻回了身份。来自内陆的蒙古族是少见河海的,他们既不识水性更不通晓航海,但得胜后的元朝,却有大批的财宝物资需要由南向北运输,同时每年的官粮也需从江南调入元大都,朱清也因此开始了他人生的一次次鸿运,直到最终幻灭的那一天。

最初的合作是从至元十三年开始的(1276年),元朝丞相伯颜大军攻克临安,朱清受命将南宋库藏图籍自崇明州从海道运入京师,从而成功地完成了第一单买卖,并赢得了元廷的信任。

至元十六年朱清随都元帅张弘范攻克崖山,因此被提升为武略将军,佩金符。之后又因出征福建和山东有功,提为管军总管。

又过三年,朱清和张瑄两人一起向元廷建议海运漕粮,并毛遂自荐承担押运任务。元廷命他在上海督造平底海船60艘,装粮4.6万石,率领漕船自刘家港抵直沽,从此开辟了从上海到直沽的北洋航线。因海运漕粮首获成功,朱清又任海道中万户。此后海漕逐年增多,至元二十七年,南方漕米运到京城已达151万余石。次年,朱清升为昭勇将军,都漕运万户统辖海港运输。至元二十九年,上海到直沽漕运首航路线已经数年试航,朱清、张瑄等建言"此路险恶,踏开生路",另辟改进航线,自长江口直入外海航行,避开了江苏与山东沿海的浅险水域,使安全度有所提高,事故损失减少。同时改进了航线,使船期缩短。

朱清自创办海运后,累官至江南行省左丞,皇帝赐其玉带。鼎盛时期,朱氏家族甚至拥有钦赐钞板,准其自印宝钞。张瑄官至江浙行省参知政事。

元大德六年（1302年），江南僧人石祖近告朱清、张瑄不法十事。次年，元廷诏命将朱清、张瑄逮捕入京，并查封其家产，没收其军械船舶。朱清遂触石死，张瑄被杀。

元明交替之际，上海地区人口未见减少，且续有增加，因为元末浙西诸地皆为战场，许多人来松江及海隅避难，加上朱元璋重视苏松地区水利的兴修，上海在明代基本解决了历史遗留下来的水患。其间的突出人物和重大事件是夏元吉治理吴淞江水系，确立黄浦江地位。此事前文已专门讲过，不另赘述。

明代，上海地区的农、工、商空前繁荣，并成为全国棉纺织业中心。顾炎武《天下郡国利病书》记载，"民独托命于木棉"，"县不产米，仰食四方，夏麦方熟，秧禾既登，商人载米而来者，舳舻相衔也"。由此产生了一个重要现象：弃农经商者大增，加之赋税沉重，造成大量流民。《明经世文编》载，这些弃其本业的农民，多"轻其乡而乐于转徙"，或"丛聚两京"，或"屠沽贩卖"。《四友斋丛说》中讲到："今去农而改业为工商者，三倍于前矣。"

明代，商人已突破城市市场的框框，开始深入到农村集镇，活跃在产地市场乃至农村初级市场上。收购的形式有两种：一是直接向小生产者收购，二是通过牙行收购，然后再转卖给商人。牙商多为上海土著，以牙代客撮合，从中收取佣金。

明中叶以后，上海商人还开店设铺，经营批发、零售或收购业务。贩商多为客籍，资本雄厚，有时一次携货款可达万两至十万两银，雇镖师沿途保护。为适应这种情况，出现了新的商人组织——行帮。明代，上海地区的客商以徽商和山西、陕西商为主。徽州帮以经营盐、茶、木、质铺四者为大宗。山西帮或经营盐，或经营丝，或转贩。

城市工商业的发展促进了城厢人口的增加。当时的城居人口，除了地主、乡绅、商人，还有为数不少的小手工业者以及小商小贩和其他以城市服务性行业为生的城市贫民。还有许多外来商贾，其中尤以徽商和秦晋商人最为著名。如嘉靖年间徽商汪通保，"以积著居上海"，因经营得法，称贷者"归市如流，旁郡邑皆至"，未几年"大饶里中"。又如万历年间上海县城绅商赵升之与本城牙商王又玄为儿女亲家，一次"遇山右大贾至，两家争欲客之"。经一番较量"山右大贾"（即山西商人）为王氏拥去，而赵氏却"暴怒殊甚，顷刻扑地而殒"。由此可见当时崇商风气及外地商贾在上海的地位。

　　明嘉靖年间，为抵御倭寇侵扰，上海修筑了有史以来的第一座城墙。吏民竞相资助，可谓众志成城。讲到修筑上海城墙，不能不提及"首议"此事的顾从礼。顾从礼世居上海县城隍庙前抚安桥南的世善里，是一位学富五车的儒生，被明嘉靖皇帝选中而授中书舍人、翰林院编修、太仆寺丞及光禄寺少卿。在上海连遭倭寇三次严重洗劫后，他首先向皇帝上书，提出："……敕工部会议开筑城垣，以为经久可守之计，实一县公私无疆之体也。"后得到皇帝批准，于1553年10月开工筑城。顾从礼捐粟4 000石，助筑小南门以及县衙、县学。此外还有松江知府方廉为解经费短绌，亲自向各富户劝募，还经常到建城工地，"早暮行版筑间，与吏民分工力"。

　　明末清初，战争使社会经济遭受严重破坏，唐甄在《清书·存言篇》中说："清兴五十年，四十年之内日益穷困；农空、工空、仕空、市空，是四空也。"为稳固清朝在江南的统治，从顺治到康熙采取了一系列利于社会生产力发展的措施，逐步使农、工、商等多业得到恢复和繁荣，特别是康熙颁布"弛海禁令"，内外贸易迅速发展，上海商业和港口城市加快形成。嘉道年间的上海人曹晟在《梦觉录》中说："海禁既开，民生日盛，生计日繁，名震天下。"

上海县城云集各地的商贾，远远超过明代。明代时，上海寄寓的客商多为徽商、秦晋商人等内地客商。清代客商的地域范围大为扩展，其中随海上贸易而来的东南沿海江、浙、闽、广商贾越来越具重要地位。如广东的潮州商人，福建泉、漳商人，江苏的青口商人，浙绍商人，浙宁商人。随北洋航运而来的商人有山东的胶西商人、莱帮商人、乳帮商人，还有苏乍商人、关东商人，以及早有名气的徽商、山西商人等等。同时，上海本地的土著商贾也日益壮大，其中尤以经营海上贸易的"号商"、"船商"尤为著称。至鸦片战争前夕，上海县城人口估计已达12万之众，仅沿浦各港码头上被称为"箩夫"、"扛夫"的搬运装卸者就不少于万人。

上海的先民们就这样扎根在城厢内外，繁衍于浦江两岸，造就了一个"江海之通津，东南之都会"。请记住我们的先民，他们中有：陆逊、钱镠、范仲淹、董楷、朱清、张瑄、黄道婆、夏元吉、顾从礼……

移民潮

民国初期，上海人口已从开埠时的54万，激增至200多万，1949年新中国成立前夕更高达546万。在不到100年的时间内，人口净增加了490万，主要是依靠外来移民，而不是本地人口的自然增长。这是真正的移民潮，不同于宋元时期的移民南迁较多集中在战乱或王朝鼎革之际，近代移民的规模、特点、形式乃至移民的性格，较古代已发生深刻变化。它从根本上决定了上海作为移民城市的形成。

这些人是从哪里来的呢？他们是什么样的人？他们一踏进这块曾经被城墙围起来的历史园地，是怎样生活的？又如何改变了这里，乃至整个上海滩？老城厢的历史不是上海的全史，但却是上海最长的历史。

过往于老城厢的祖辈们，不能代表整个上海人的特性、气质与风格，但却是形成海派文化的重要人脉。

根据当时的户籍统计，1946年和1949年上海的非本地籍人口分别占总人口的79%和85%，可见其中有400余万人都是移民或移民的后代。此外，上海的外国侨民一度高达15万，到1949年解放时还有2.8万人，而开埠时仅26人。上海国内移民的来源很广，据1950年统计，超过100万的有江苏、浙江，超过10万的有安徽、山东、广东，超过1万的有湖北、湖南、福建、江西、河南和华北，几乎遍及全国各地。外国人则来自英、美、法、德、日、俄、印、葡、意、越南、朝鲜及其他欧洲国家。这两项记录在中国城市中都是绝无仅有的。

国内移民中，来自江苏、浙江两省的占了大多数，1950年初达总人口的79%。苏浙两省移民主要又来自长江三角洲的苏南和浙北。所以说，来自长三角的移民及其后代，估计要占全部上海人口的60%。即使不计后来划归上海的江苏属县，也肯定超过一半。同样，由于上海原来的土著文化相当薄弱，并无明显特色和优势，以后形成的上海文化是国内各地、传统和现代、东西方的汇合，但其中最主要的因素还是来自长三角。例如上海方言中受长三角一些方言的影响，甚至比受本地的影响还大，如上海人自称"阿拉"，称父亲为"阿爸"，就是来自宁波话。

移民的来源和地位对迁入地的影响很大。来自长三角的移民，对上海人口的总体素质起了决定性的作用。

长三角是近千年来中国人口最稠密、经济最发达、文化水准最高的地区之一。在人均耕地最少的条件下，这一地区负担了全国最大份额的赋税，却维持着全国最高的生活水平，依靠的就是本地精耕细作的农业和发达的商业、服务业、手工业以及大量人口外出谋生或移民他乡。这也使这里的民风既不像岭南那样强悍，有强烈的乡土和宗族观念，也不如北方那样的保守，不善于接受新文化。所以从总体上说，长三角地区输出的移民素质最高。

随着上海埠际贸易的发展，也促使形成了一支从事各地埠际贸易的商人队伍，特别是全国各地商帮大量集中上海一地，为上海埠际贸易的发展作出了贡献。这一时期，上海的外地商帮以宁波帮势力最强。宁波毗邻上海，旅沪经商者达数万人。宁波商人主要从事进口贸易、五金颜料业、钟表眼镜业、呢绒洋布业、日用洋货业、西药业等，还长期操纵上海总商会。广东帮商人是在上海仅次于宁波帮的大商帮，其在上海经营的多为洋广杂货铺，主要从事外国货物及南方货物的输入和供应。在内地无论何处，凡需要外国商品者，几无不见广东商人，上海是他们从事这种

推着独轮车进城 *

埠际贩运的中转地。安徽帮商人其主营一是茶叶，二是徽墨。江西帮商人经营的商品以瓷器、茶叶、土布、纸为主。山东帮商人以贩运豆饼、豆油及豆为主。天津帮商人从北京运京货入上海，又从上海的外国商人或宁波商人处买入外国货物，如棉纱、匹布杂货等运归天津。天津帮中也多大商人，他们皆有本店设于天津，而支店设于上海。此外上海还有湖北帮、湖南帮、四川帮、山西帮、钱江帮、绍兴帮、南京帮、扬州帮、苏州帮等商帮，也都在上海的埠际贸易中起着相当大的作用。

海纳百川，乡音杂陈。近代上海各方面的名人，相当大一部分来自苏浙，特别是长三角。有的本人就是移民，有的虽出生于上海，但迁入上海不满三代；有的虽最终外迁，但发迹于上海，并长期在上海活动。如面粉、纺织业巨头荣氏（江苏无锡），火柴大王刘鸿生（浙江定海），味精大王吴蕴初（江苏嘉定），实业家盛宣怀（江苏武进）、叶澄衷（浙江镇海）、包达三（浙江镇海）、黄楚九（浙江余姚）、朱葆三（浙江定海）、虞洽卿（浙江镇海）、王一亭（浙江吴兴）等；报业巨子史量才（江苏青浦），出版家张元济（浙江海盐）、夏瑞芳（江苏青浦）、陆费逵（浙江桐乡），作家鲁迅（浙江绍兴）、茅盾（浙江桐乡）、郁达夫（浙江富阳）、夏衍（浙江杭州）、巴人（浙江奉化）、叶圣陶（江苏苏州）、戴望舒（浙江航县）等；史学家吕思勉（江苏武进）、谭其骧（浙江嘉兴），学者杜亚泉（浙江绍兴）、曹聚仁（浙江浦江）、朱东润（江苏泰兴），科学家任鸿隽（祖籍浙江湖州）、朱洗（浙江临海）、卢于道（浙江鄞县）等；名医石筱山（江苏无锡），画家吴昌硕（浙江安吉）、任颐（浙江山阴）、任熊（浙江萧山）、吴友如（江苏元和）、丰子恺（浙江桐乡）、钱瘦铁（江苏无锡）等；书法家沈尹默（浙江吴兴），艺术家洪深（江苏武进）、周信芳（浙江慈溪），创办复旦大学的马相伯（江苏丹徒），语言学家马建忠（江苏丹徒），民主人士马叙伦（浙江杭县）、金仲华（浙江桐乡）、胡愈之（浙江上虞）等。

这里需要指出的是，如果不是太平军和小刀会的出现，广东人和福建人必定会成为沪籍移民的主力军。开埠后的上海，中外客商纷纷来沪，原本在广州贸易的也转向上海。广东的买办商人几乎与洋人同时赶到上海，及至在上海从事中西贸易的捐客、通事、买办有一半是广东人，甚至于达到三分之二的惊人比重。

然而19世纪中叶上海发生了小刀会起义，由于主要首领刘丽川、陈阿林、林阿福、李咸池等都是客居上海的广东、福建人，起义军骨干也始终以粤闽籍商民、游民为主体，因此小刀会起义被镇压后，广东、福建人便在劫难逃。在清政府制定的一系列"善后"措施中，都"以清厘闽、广游民为第一要义"。对客居上海的广东、福建人的大清洗，直接导致了广东、福建帮在沪势力的重创，他们在上海客籍商帮中的优势地位逐渐被苏浙商帮所取代，居民数量也锐减。从此，上海再也不是广东福建移民的天下了。

造成长三角移民占据上海主体地位的另一个原因也与太平军和小刀会起义有关。历时17个月的小刀会起义的结果，使广东、福建人暂时离开了上海。但是太平天国运动的掀起，却使这里成了全国的避难所，人满为患，上海因为租界这块"安全区"的存在，几乎成了全国各地的难民所。

太平军的江浙战事以及于1860年6月及1862年1月、5月三次进攻上海，兵临上海城下，一路袭来，强力冲击了原本富庶的江南，以前人口稠密的江浙地区变得一片荒芜，"各厅州县报，抛荒者居三分之二，虽穷乡僻壤亦复人烟寥落"。大量人口外逃避难，涌入上海租界及城内。所谓"江浙两省绅商士庶丛集沪城"。作为江苏籍商人，明清时代素有"钻天洞庭"之称的苏州洞庭商人在这股声势浩荡的人口大迁移中避难来沪。严国芬在《洞庭东山会馆记》中说："初我山人素善贾，精华萃江皖淮河间。前清咸王朝，发匪蹂躏东南，商业荡然，征贵贱，群趋沪江，迨苏城陷，东山继之……"江浙两地的其他商帮结集来沪也与洞庭商相似。他们的到来，使上海的江浙移民势力迅速壮大，逐渐成为上海客籍移民中最有影响力的移民群体。

在"丛集沪上"的难民中，除了较邻近上海的周边邻县、苏南、杭嘉湖等地来的难民，宁波及浙江其他县市来的难民，也有从远道而来的安徽、江西、福建、山东等地辗转来沪的难民；有中等殷实之家和万贯家私的官绅、地主、商人及并不富裕的文人学士，也有成群结队的贫民，都从四面八方涌入上海。1862年5月初，太平军围攻嘉定、浏河、昆山一带，"得生逃者，自昆山以东俱向沪地而来，蒲汇溏、漕河泾、老闸、徐家汇诸港口尽塞难船"。逃难人数之多，一度使"昆山河路为难民挤断，不能往返"。据说，最集中时，市区每6个居民中就有5个难民。

近郊的难民在战事稍平息时可还乡暂住，绝大部分难民则栖身艰难。黄浦江、苏州河、洋泾浜及大大小小水道上排列着各式难船，市内各处空地上盖起竹棚、草棚，在今天河南路以西，浙江路、湖北路以东的地段内，到处是像蚁巢、蜂巢似的简易窝棚，至于风餐露宿者更是比比皆是。

小刀会与太平军战事，对上海的社会与人口变迁造成深刻的影响，上海城市发展的趋向和重心也由原来的城厢北移租界。上海客籍移民的构成也发生了剧烈的变化，江浙商民逐渐取代了开埠初期闽广商民在上海移民中的传统地位和经济势力。上海的城市空间有了大幅度的拓展，在城厢和租界的边缘地带出现了众多的新市镇，上海也便迎来了不久后的破城发展。

七百年过去，广东人、福建人、江苏人、浙江人、山东人、洋人……是近是远，是爱是恨，无论哪一拨人，都从黄浦江边上岸，来到了在这片老城厢。他们来过，看过，经历过，生活过，也离开过。是这样的一组组身影熔铸了这一地方的文化和这一地人的气质、风格——包容、精明、视野

开阔、务实。他们的风格被称作为"海派"。直到现在，我们都还能听到他们的后代在这条条小弄中，调拨欣赏着自己的故地之音：婉约的苏州评弹、清亮的粤剧、曲折婉转的宁波滩簧、悠扬的越剧、高亢激昂的绍兴大板、爽利的山东快板……

变革中的先驱

1840年中英鸦片战争以后，西方列强的炮舰开进了黄浦江，中国的历史在火花血影中翻进了文明伤痛的一页，上海被推上了革故鼎新的潮头。天下兴亡，匹夫有责，一大批仁人志士在屈辱中警醒，在警醒中奋起,在奋起中抗争。他们来自各行各业、各个阶层,有革命家、思想家、文学家、教育家,也有来自实业、银行、地产、商贸的资本家和开明官吏。他们在黑暗中高举火炬寻觅救国救民的良方,在通向强国富民的丛林中左冲右突,披荆斩棘,殊途同归。他们是上海变革的先驱。

上海这座城市真不是一个三言两语能说清的地方。上海的精致与优雅,受惠于西风东渐、良风美俗的浸染;上海的含蓄平朴,来自于传统文化的浸染滋润;富得有贵气,穷得有志气,忧患也有喜气与运气。荣华富贵与忧患贫苦都可以是生命的成全和完满。

黑漆大门早已斑驳,但石库门框门柱上的雕刻依然精彩,这些石雕纹饰与欧洲建筑上的花纹浮雕简直别无二致:这些欧式的石雕与中国味道这么妥帖地融合在一起,丝毫不给人唐突的感觉——这就是上海了。

一座山,一条河,一个人,一座城市,都是因为"独特"才被牢记。城市的格调和气味的形成必须经历千百年的发酵,点点滴滴浑然天成,永远无法复制。揭开百年上海的历史印痕,变革中的先驱们终于可以从容地叙说这自己的故事。

徐寿(1818—1884年)

字雪村,号生元。近代中国著名的造船家、化学家和教育家。生于江苏无锡北乡农民家庭。青少年时期追求科举,但未获功名,于是走上"专究致知格物之学"道路。同治元年(1862年),徐寿应两江总督曾国藩之聘,前往安庆内军械所,主持蒸汽轮船设计研制。翌年,安装有自制蒸汽机的木壳轮船下水试航。它的制成,标志着中国近代造船业的创始。

同治六年,由曾国藩派遣,徐寿携次子建寅赴上海襄办设在高昌庙镇的江南制造局。翌年,徐寿等建成中国第一艘大型机器轮船。船长185尺，宽29尺2寸，吃水8尺，马力392匹，载重600吨，船上有8门大炮，系木壳明轮兵船。曾国藩以"四海波恬，厂务安吉"之句，命名为"恬吉"（后改称"惠吉"号）。至光绪二年（1876年），制造总局共造出"操江"、"澄庆"、"驭远"、"威清"、"海安"等船7艘，其中"海安"号的装备、吨位不差于当时外国二等兵船。

同治七年，江南制造局开设翻译馆，徐寿与华蘅芳主持馆务。徐寿还先后与英国教士伟烈亚力、傅兰雅等人合作，口译笔述，至光绪十年，共翻译出版科技著作13部，内容涉及化学、工艺、数理、医学、兵学诸学科。而数量最多、影响最大的是西方近代化学著作，计有6部、63卷。

光绪二年（1876年），徐寿在上海公共租界创办中国第一所专门从事近代科技教育学校，名"格致书院"。

刘丽川（1820—1855年）

原名阿源，小字阿混。广东香山人，出身农家。鸦片战争后去香港谋生，道光二十五年（1845年）加入天地会，开始从事反清活动。道光二十九年，定居上海，以行医为业继续从事天地会活动，成为居沪广东籍天地会成员的首领。咸丰三年（1853年），天地会和上海的塘桥帮、庙帮以及两帮合并而成的百龙党、罗汉党等秘密会党合成一个大组织，取名为"小刀会"（对外称义兴公司），并公推刘丽川为首领。

是年9月7日，刘丽川在上海地方官员聚集文庙祭祀孔子之际发动起义。起义军头包红巾从北门和小东门顺利地攻入上海县城，杀知县袁祖德，擒道台吴健彰，整个上海县城为起义军控制。刘丽川建立政权，自称"大明国统理政教招讨大元帅"，并颁布实行了一系列的内政、外交政策。在小刀会控制上海期间，社会秩序井然，人民安居乐业。刘丽川还派出起义军分别攻占了青浦、宝山、川沙、南汇等县城，并以主力军向太仓进攻，计划夺苏州，达镇江，与太平军势力联成一片。

然而，随着中外反动军队的联手夹攻，起义军形势日益困难，最终上海外围尽失，刘丽川只能固守上海县城寻机向清军反攻。由于长期被困，粮草日益匮乏，最后起义军只能以树皮、草根充饥。刘丽川决定北上镇江参加太平军。

1855年2月16日（咸丰四年除夕）夜，刘丽川率众从西门突围，2月17日（咸丰五年正月初一）黎明在上海近郊虹桥与清军遭遇，在激战中壮烈牺牲。

丁日昌（1823—1882年）

字禹生，又作雨生。广东丰顺人。贡生出身。曾任万安、庐陵等县知县。

同治二年（1863年），丁日昌奉调到上海主持火器制造。到沪后入李鸿章幕府，并主持建立一个完全由中国工匠组成、制造新式小火炮的炮局。翌年6月，受命署理苏淞太道，上奏朝廷，主张创办中国新式航运业，以之为国家培养新式水师抵御外患，也可在商业上与洋人争利。李鸿章深为赞许，把筹建船厂具体事务交付办理。年底，丁日昌以6万余两白银购买当时外国工厂中规模最大的能修造轮船和洋枪炮的上海美商旗记铁厂的设备、厂房及库存物资，留用原有工匠。然后又以该厂为基础，并入上海原有两个炮局，于翌年5月底组建"江南机器制造总局"，成为中国第一家近代大型军事企业。在担任制造局首任总办的近9个月里，丁日昌制订了经营规划，明确规定制造局不仅要生产军用设备和武器，而且要制造一些民用机器和轮船，还制订了鼓励学习技术的种种办法。在苏淞太道任内，丁日昌依据中外签订的条约内容，据理与列强一些违约和越轨行为进行抗辩，以保住尚未失去的权利。曾国藩赞他"精思果力，熟悉洋务"，李鸿章说他"洋化更治，精能罕匹，足以干济时艰"。丁日昌还曾任两淮盐运使、江苏布政使、江苏巡抚、福建巡抚，并办南头海防，节度水师，后充兼理各国事务大臣。丁日昌重视培、植人才，同治四年买下境内尚文路李氏吾园旧基筹建龙门书院（上海中学前身）。

王韬（1828—1897年）

江苏吴县人，近代著名的改良主义思想家。从小受传统儒家教育，有匡时济世之志。受隐居甫里的先贤陆龟蒙等人影响，养成清高、孤傲的名士气。早年考中秀才。22岁时，因父亡，生计艰难，不得已移居沪上，在英国传教士麦都思主持的墨海书馆谋事，前后达13年之久。

王韬在馆内主要工作是帮助翻译《圣经》全本，3年完成，"文辞雅达，音节铿锵，与前有马士文、马礼逊、郭士立诸教士译本迥异，是即所谓代表中文圣经"。王韬因之崭露头角，尔后他翻译撰写了一系列介绍西方科学技术的书籍，主要有《格致西学提纲》、《华英通商事略》、《天国天学源流考》、《重学浅说》、《泰西著述考》、《光学图说》。与此同时，又主编了墨海书馆所办的刊物《六合丛谈》。咸丰十一年年底（1862年初），因涉嫌上书太平军事，被清政府通缉，遂逃亡香港，闭门读书著书，辑《毛诗集释》。

同治六年（1867年）起，王韬应邀赴英国译书、讲学。同治十三年，在香港创办《循环日报》，主张变法图强。光绪十年（1884年），得李鸿章允准，回上海负责编辑《申报》，积极参与洋务运动。翌年起，任格致书院山长（即院长），主张"书院既以格致名，则所名主题自当课以西学为主，而旁及时事、洋务，然史论也在所不废"。

王韬平生著（译）述颇丰，有《普法战记》、《淞隐漫录》、《韬园文录外编》、《韬园尺牍》等。特别是光绪六年出版的《瀛壖杂志》，共分6卷，其内容分类与一般的县志体裁接近，详尽地记载了上海的地理环境、古迹时事、风土人情、人物掌故等，堪称"缩本上海志"。

盛宣怀(1844—1916年)

字杏荪,别号愚斋,江苏武进人。同治九年(1870年)入李鸿章幕,任行营内文案兼充营务处会办。

同治十一年,盛宣怀向李鸿章提出"由官设局"、"试行招商",成立轮船招商局。李鸿章遂命盛宣怀拟试办章程,并取得江浙大吏一致赞成。同年十一月,轮船招商局在上海成立,盛宣怀被任命为招商局会办。光绪六年(1880年),盛宣怀向李鸿章建议,仿照轮船招商局的办法筹办电报局,次年获准,盛宣怀被派为电报局总办。光绪十九年,盛宣怀奉命重建被焚毁的上海机器织布局,重新招股,改名华盛纺织总厂,并担任该厂督办。光绪二十二年,盛宣怀创办南洋公学,这是上海最早的新式学堂之一。之后,盛宣怀接办汉口铁厂,获准经办芦汉铁路和包括东南诸路的"督办铁路总公司事务",又获准主持设中国通商银行。盛以李鸿章为后台,借商谋官,以官夺商,独揽全国电报、轮船、银行、邮政、铁路、煤矿、纺织诸大权,其中大部分集中于上海。有所谓"一只手捞十三颗夜明珠"之说,声势显赫。

朱葆三(1848—1926年)

又作葆珊,浙江定海人。家境贫困,10岁来沪当学徒,勤快、好学,17岁时东家起用为总账房兼营业部主任。光绪四年(1878年),在新开河开设慎裕五金号,专营大五金,获利甚丰。以后,在同乡叶澄衷帮助下,在上海市内外陆续经营金融、保险、交通、面粉、丝织、公用事业等多种企业,成为商界巨子。光绪三十一年和宣统二年先后当选为上海总商会副会长、会长。

朱葆三积极参加反清斗争。辛亥革命前夕,协助陈其美策反巡防营统领姜国梁,使姜倒戈反清。宣统三年十一月三日,朱葆三得悉南京督署关于镇压上海革命党、商团的密电,立即密告李平书,使起义军占据主动。沪军都督府成立一个月后,朱葆三继沈缦云任财政总长。上任之时,都督府财政困难,朱葆三用自己的声誉作担保,向外商、钱业及工商业借款,弥补空缺,一度使都督府渡过难关。民国元年(1912年)二月,朱葆三与陈其美共进退,辞去财政总长一职。民国八年,朱以上海总商会会长名义通电支持段祺瑞政府破坏五四运动,受到舆论界抨击,即辞去上海总商会会长职务,退出政治舞台,转而投身于公益事业。民国十五年九月二十二日,卒于西门外斜桥寓所。

张謇(1853—1926年)

字季直,号啬庵。江苏南通人。光绪二十年(1894年)中状元,授翰林院编修。支持戊戌维新运动,列名强学会。光绪三十二年,组织预备立宪公会,任副会长。民国成立后,任南京临时政府实业总长,并组织统一党。

张謇是中国近代大实业家。光绪二十一年起,他陆续开办通州(今南通)大生纱厂、通海垦牧公司、资生铁冶厂等。光绪三十一年,为振兴民族航运,遏止外国势力对上海港码头的瓜分浪潮,与沪绅李厚裕筹建上海大达轮步公司,任总理。高价租下南码头至十六铺沿岸地区,设置钢质趸船数艘,经营码头、仓库业务,建有7座趸船码头,分租给三北、鸿安等各华商私营轮船公司。同年,又在南通天生港设置码头和仓库,成立了天生港轮步公司(后与大达轮步公司合并为大达轮船公司),随即从国外及上海求新厂买进两艘客货两用轮船,往返上海至南通之间。民国十一年(1922年),又从国外买进19艘轮船,航线继续延伸,生意兴隆,盈利甚丰,先后击败了航线上各竞争对手特别是英商祥茂洋行,时称内河航运的巨擘。

张謇著有《变法平议》、《张季子九录》、《张謇日记》、《啬翁自订年谱》等。

朱志尧 (1863—1955年)

字宠德，号开甲。祖籍青浦，生于董家渡。24岁时随三舅父马建忠赴英法美诸国，参观了许多机器厂，了解先进工艺，眼界大开。回国后，经二舅父马相伯介绍，朱志尧先后任轮船招商局的"江天轮"、"江裕轮"买办。业余，他还为盛宣怀主持的织布局设计制造棉籽轧油机，并改造不适用于中国棉籽的洋机，盛宣怀大为赞赏。光绪二十三年（1897年），盛宣怀办德大油厂，委朱志尧为总办。翌年，朱志尧兼任东方汇理银行买办。数年下来，他不仅在上海实业界奠定了基础，而且积累了一笔可观的资金。

光绪三十年，朱志尧在马相伯协助下，租得黄浦江南滩沈姓土地70亩，开办制造机器轮船厂。以"器惟求新"之意，取名"求新"。船厂开办初主要从事修配业务，两年后应江海关预订，造出一条83英尺的海关灯船。随即朱志尧亲自主持设计、施工，又造出一艘客货两用船"大新"轮。至宣统二年（1910年），共制造了轮、兵、驳、趸、载泥船等共40艘，以及海关浮筒、码头等。在造船的同时，朱志尧又不断开拓新产品，扩大规模，努力研究动力机器，制造出新颖的立式与卧式蒸汽引擎，马力25-300不等。还曾制造出66吨的特大型引擎，而且零部件全系国产，令许多前来参观的西方工程师"皆叹赏不止"。求新厂是中国机器史上的创举，人称"我国机器厂中的巨擘"。此外，朱志尧先后创办宝兴铁矿公司、安徽当涂铁矿、长兴煤矿，投资于新城米厂、江西布厂、"尼各志"砖厂，担任华商电气公司、内地自来水厂、申大面粉厂、中国图书公司、苏政公司等董事。

第一次世界大战期间，国内市场上钢铁奇缺，价格猛升，求新厂负债累累，民国八年（1919年）被法商以"中法合作"名义接管。其后朱志尧试图东山再起，但已无能为力。

王一亭（1867—1938年）

王一亭，名震，字一亭，初号海云楼主，后别署白龙山人。祖居浙江省吴兴县（今湖州市）北郊白龙山麓，幼年丧父，举家迁往南汇周浦镇。

稍大，入上海镇余钱庄当学徒，之后在李家开设的天余沙船号当跑街，不久升任经理；业余进广方言馆习外语。由于他聪慧勤勉，年甫而立，即跻身大实业家行列，任日清汽船株式会社上海总代理。辛亥革命时，入同盟会，参与上海起义，并让其长子当敢死队长，营救被江南制造局扣押的陈其美，使陈脱险。上海光复后，王一亭被上海军政府任命为交通部长及商务总长。尔后资助讨伐袁世凯，遭袁氏通缉，转而深居简出，作画礼佛，不遗余力。

王一亭生性儒雅，喜弄翰墨，早年拜画家徐小仓、任伯年为师。1914年，以诗、书、画、印四绝著称的吴昌硕移居上海，王一亭便与他结为莫逆之交，常在一起切磋艺术。昌硕大师赞他"书法醇穆雄劲，酷类平原；画则山水花木郁勃有奇气，更喜作佛像，信笔庄严，即呈和蔼之状"。

王一亭还是中国近代著名的慈善家，同时是一名虔诚的佛教徒，曾任中国佛教会执行委员会常务委员、佛学书局董事长、世界佛教居士林林长。1923年9月，日本关东大地震，死伤惨重，粮食断绝。他闻讯，立即募集救灾物资运往日本，为国际救灾物资的最先抵日者。他还铸幽冥钟赠东京都慰灵堂，灾民誉其为"王菩萨"。然而，1937年"八·一三"事变后，日军侵沪，将王一亭苦心经营的梓园洗劫一空，并将其付之一炬。王一亭痛心疾首，举家赴香港避难。不久由于悲伤过度，在港病倒。他自知在世时间不多，便于1938年11月拖着病躯乘船返沪。回沪后，翌晨就在觉园寓所逝世。

1983年，日中友好协会会长宇都宫德马在王一亭墓前立碑题辞云"恩义永远不能忘"，表达了日本人民对王一亭的怀念之情。

沈缦云 (1869—1915年)

名懋昭，原名张翔飞，入赘沈家后改姓沈。祖籍江苏无锡，生于江苏吴县。少年时入上海培雅书院读书，12岁入基督教。20岁后考中秀才、举人。因父反对走仕途，乃弃官就商。

光绪三十一年 (1905年)，与无锡实业家周舜卿 (廷弼) 共同倡议开办储蓄银行。次年，设于万聚码头的上海信成商业储蓄银行成立。这是中国第一家商办储蓄银行，沈缦云担任协理，主持银行日常行务。由于沈缦云主持得法，该行业务迅速发展，先后在南京、天津、无锡、北京等地设立分行，并有筹设广东、福建、新加坡分行的打算。信成银行获准发行钞票，流通量达110万元。光绪三十二年，沈缦云与人合办上海竟化女子师范学堂，由其妻沈钦苓任校长。同年，沈又受聘为复旦公学校董，并在雨花堂创办上海孤儿院，收容孤儿数百人。

沈缦云曾以1.5万元资助唐才常组织的自立军。信成银行创立后，沈更以商业银行为掩护，筹措大量经费支持孙中山和同盟会的革命活动。同盟会在上海的联络站和同盟会机关报《民立报》的经费均由沈缦云资助；同盟会准备在长江流域组织武装起义，需购买军械，沈为之筹白银4.5万两。上海光复后，成立军政府，沈缦云出任财政总长。军政花费，需款浩繁，沈缦云四出奔走，信成银行前后垫款30余万元，犹不足以应付。不久，沪军都督府派沈缦云另组中华银行，发行军用票及公债，又由他率队去南洋群岛募捐。为此，他辞去财政总长一职，改任同盟会理财干事兼南洋群岛交际员。

"二次革命"失败后，沈缦云被通缉，逃亡大连。袁世凯收买国民党内叛徒，将沈毒死。

陆伯鸿 (1875—1937年)

原名陆熙顺，天主教徒，生于上海南市。18岁中秀才，21岁师从天主教堂龚神甫，学习法语及科技知识。曾参与编纂《法华新字典》，并先后任比利时洋行职员和法租界薄石律师事务所的帮办。20世纪初，曾以上海总商会代表名义，赴美国、意大利、瑞士等国观光考察，受到罗马教皇接见。

宣统三年（1911年），由李平书推荐，陆伯鸿担任债台高筑、濒临倒闭的华商内地电灯公司经理。由于管理有方，数年内南市电灯数由原一千余盏激增至七万盏。公司由此转亏为盈。民国元年（1912年），受李平书之托筹建华商电车公司。为招徕乘客，公司在每辆电车车头上安装"绿、白、红"（与"陆伯鸿"谐音）三色的电灯，乘客为之大增。民国七年，电灯与电车两公司合并，改名华商电气股份有限公司，陆伯鸿任总经理。继而，他又任闸北水电公司经理、上海航业同业公会执委、法租界公董局华董和全国民营电业联合会委员长等职。

第一次世界大战前夕，国际市场钢铁价格猛涨。民国二年十一月，陆伯鸿以和兴实业公司名义集资本银12.5万两，后增至100万两，在浦东周家渡创办和兴化铁厂。日产生铁最高时曾达35吨。民国十年，陆伯鸿又与德商合资筹建和兴钢铁厂，解放后改名上海第三钢铁厂。所产方形、圆形竹节钢，质量及外观可与进口钢媲美。当时上海建造的海关大楼、沙逊大楼、闸北水电厂和法商自来水厂以及南京中山陵，都曾采用和兴钢铁厂生产的竹节钢。陆伯鸿还创办了大通航业公司，借用境内求新厂船坞，造出了"隆大"、"志大"和"正大"三艘客轮。民国二十六年淞沪抗战爆发，陆伯鸿遵照政府安排，将其中一艘轮船自沉于江阴附近长江之中，以阻止日军西进。

陆伯鸿同海外人士交往密切，积极从事宗教活动，关心社会慈善事业。他先后操办了新普育堂、上海普慈疗养院、圣心医院、中国公立医院、南市时疫医院、杨树浦诊疗所、合办北京中央医院七所慈善机构。其中，民国元年创建于陆家浜南的新普育堂，分设学校、工场、医疗、养老、育幼、残废、疯癫等各部，陆伯鸿任主任，请天主教修女为看护。开办后最初的六年，就先后收养男女102 525人次，施医给药达2 194 070人次。此外，他还创办五所男女中小学校。法国作家琼·麦森颂扬陆伯鸿"能以事业上之长才与宗教上之热诚，融为一炉，反映其作为企业家、慈善家的才能"。

民国二十六年十二月三十日，陆伯鸿遇刺身亡。

陈其美(1876—1916年)

字英士，浙江湖州人，25岁来上海同康泰丝栈当助理会计。光绪三十二年（1906年）夏，由其弟陈蔼士资助去日本留学，入警监学校，结交了留日学生中一些革命青年。同年冬加入同盟会。翌年改入东斌学校学习军事。光绪三十四年春受遣回沪，往返浙沪及京津等地联络党人，密谋革命活动。他在上海先后创办《中国公报》、《民声丛报》，并协助于右任、宋教仁等筹办《民立报》，宣传革命。他是上海青帮大头目之一，在酒楼、茶社、戏园、澡堂等场所都有党羽。宣统三年(1911年)，武昌起义爆发后，陈其美"急图响应，奈人械兼克，未易遽变"。

是年10月24日，陈其美与在沪的同盟会员宋教仁、范鸣仙、沈缦云等人讨论行动计划，决定把联络商团、沟通士绅作为起义工作的重心。陈其美通过沈缦云结识了李平书，进而争取了上海城自治公所、上海商团的其他领导人，从而使上海商团成了革命党人掌握的武装。同时，陈其美等人还掌握了中国敢死团、敢死队两支群众武装。此外，光复会上海支部李燮和等人也率部参加了民军(起义军警、商团统称)。至此，陈其美等人已作好起义准备工作。

11月3日，在九亩地召开起义队伍誓师大会。会后，陈其美率敢死队攻打江南制造局，相持不克，他旋下令停火，只身入制造局劝降遭拘。李平书和李燮和闻讯，急令民军强攻。次日凌晨克敌制胜，陈其美得救。上海光复后，陈其美为沪军都督。随后，陈其美与苏(州)浙(江)镇(江)各都督共同组织江浙联军，攻克南京。

民国成立，陈其美曾任工商总长，并任孙中山领导的中华革命党总务部长。民国二年(1913年)"二次革命"爆发，陈其美任上海讨袁军总司令，失败后，逃亡日本，翌年秘密潜回上海。

民国五年五月十八日下午五时，陈其美被袁世凯的刺客暗杀于寓所。老西门曾建有陈英士纪念塔。

刘鸿生(1888—1956年)

祖籍浙江定海，出生于上海。早年就读于圣约翰大学，后入英商开平矿务公司上海办事处充当跑街(推销员)，民国元年(1912年)升为买办，利用职务之便，与义泰兴煤号合作，从事经销开滦煤炭的活动，从中获取巨额利润。

民国七年，刘在境内南码头修建一座木结构码头，翌年创建义泰兴北栈，然后又建立义泰兴董家渡码头南栈、义泰兴白莲泾栈和周家渡水泥专用码头。这些设施减轻了华商对洋码头的依赖，赚取了大笔租金。在煤炭经销中，他以薄利多销、贴补佣金、跌价竞销、赊销等方式向京沪沿线迅速发展业务，所设码头、堆栈、煤号成了广泛的供应网点。不到三年，整个长江下游地区成了开滦煤炭的重要销售地，刘鸿生成为名符其实的煤炭大王。民国九年，刘鸿生成立鸿生火柴公司，所产火柴，挤掉了当时垄断市场的日本猴子牌和瑞典凤凰牌火柴，博得"火柴大王"称号。此后，又开办大中华火柴公司、上海水泥厂、华东煤矿、华丰搪瓷厂等企业。

抗日战争爆发后，刘鸿生曾担任中国红十字会副会长、上海市伤兵救济委员会会长等职，积极投入救亡运动。建国后历任华东军政委员会委员、政协全国委员会委员、全国工商联常委兼上海市工商业联合会副主任委员等职。

黄炎培（1878—1965年）

号韧之，后改任之。出生于川沙县城厢镇（今浦东新区川沙镇）。少年时代就博览群书。光绪二十七年（1901年），来沪入南洋公学，开始接受新学，并结识蔡元培。光绪三十一年，经蔡元培介绍加入同盟会，并接替蔡元培任同盟会上海干事，积极联络同志，从事革命党活动。辛亥革命后，北洋政府曾两次发表其为教育总长，均坚辞未就。袁世凯说他：与官不做，遇事生风。

光绪三十二年迁家上海，居小西门黄家阙路36号和林荫路135号陋室，入南洋公学，研读大量西方教育著作。民国三至四年（1914—1915年），在安徽、江西、浙江、山东、北京、天津等地考察教育，还出访美国、日本和菲律宾。黄炎培接受杜威实用主义教育思想，深感中国旧教育的弊端在于教育与职业分离、学校与社会脱节，提倡融教育与职业为一体的新教育形式。民国六年五月，联合蔡元培、马相伯、张元济等创立中华职业教育社。它是中国教育史上第一个研究、提倡、试行、推行职业教育的全国性机构。翌年六月，黄炎培在陆家浜路建立中华职业学校（即今商业会计学校址），作为推广职业教育和实践的场所，从学校体制、设科、编制、学制年限、课程设置等方面，都作了有益探索。如机械、商科、土木三门主科，就是据生产和流通环节设置的。中华职业教育社初建时创办职业教育理论月刊《教育与职业》，一直持续到1949年12月。

以黄炎培为首的职教界及其所联系和团结的一群人，被称为"职教派"，成为中国政治舞台上的一股力量。抗日战争期间，黄炎培被聘为国防参议员，继又任国民参政会参政员。民国三十年三月"中国民主政团同盟"成立，他被选为常委会主席。民国三十四年十二月，黄炎培辞去国民参政员一职，蛰居上海。民国三十八年二月，黄炎培偕夫人姚维钧前往香港，以后又辗转到了解放区。解放后，历任中央人民政府委员、政务院副总理兼轻工业部部长、全国人大常委会副委员长、全国政协副主席、中国民主建国会主任委员等职。

冼冠生 (1887—1952年)

名炳成，字冠生，出生在广东佛山一个裁缝家，早年丧父，由母亲抚养成人。14岁时来沪，在表兄所开的"竹生屋"饮食店帮伙。几年后在九亩地自设"陶陶居"点心店，但业务清淡。当时上海文明戏盛行，南市"新舞台"戏院演出连台本戏经常满座，冼就试制陈皮梅和果汁牛肉干等在戏院门口出售和场内托盘叫卖。由于风味独特，价廉物美，颇受欢迎。冼又专程回佛山老家，学习制作话梅技艺。重返上海后，他精心制作产品，并用印有"香港、上海冠生园"字样的商标纸包装，美观卫生，颇受欢迎，不多久，在老城厢附近就小有名声。民国四年（1915年），由"新舞台"名演员夏月珊等人出资，冼以商店和设备作价入股，在九亩地开设食品店，取名"冠生园"，冼冠生任经理。由于他经营有方，三年后冠生园改合伙为股份有限公司，资金增至15万元，并设董事会，冼仍任经理。之后，他在局门路建一自产自销的食品工场。冠生园牌子在上海打响，冼又在南京路设总店，九亩地原址改为"冠生园"老店，并在二马路设发行所，经办批发业务。他还在漕河泾建了一座大型食品工厂。

冠生园在上海奠定基础后，冼冠生就积极筹划向外地发展。他稳扎稳打，步步为营，逐步在武汉、天津、南京、杭州等大中城市建立起分店，分店之下再设支店、代理店，同时设一个食品厂，一个发行所，形成工商一体的食品企业，使冠生园在上海食品行业中同泰康、梅林形成三足鼎立之势。

冼冠生热爱祖国。他以"食品救国"为口号,以价廉物美的产品与充斥上海的洋货相抗衡。民国二十六年淞沪战争中,冼冠生加紧劳军生产,将面包、光饼、咸鱼、酱菜等用卡车源源不断运至前线,慰问浴血奋战的将士。为此,冯玉祥赠以"现代弦高"的称号。

解放后,冼冠生继续主持上海冠生园业务,至1952年去世时止。

老前辈中的代表人物

在灿若星河的"老前辈"中,有这样几个人特别耐人寻味和极具代表性。

一是有"潘半城"之称的潘恩、潘允端父子,代表了江南士大夫文化群落。上海这块土地,本就历经东吴、钱越的厚重经营,浸润着吴越文化的学究、风雅和倔强之气。老城厢的后裔一多半还留着这种吴越风格的为人处世,礼俗家训,无论高官还是巨贾,骨子里都还沿留着星星点点的祖宗家法。豫园"孝字当头"的理念就是一个最好的注释。

二是有"徐一角"之称的徐光启,代表着"中学为体,西学为用"的务实开明派。著名学者余秋雨将徐光启尊为上海文明的开创者,并将他身上凸显的中西文化融会贯通的特质形容为:"开通、好学、随和、机灵,传统文化也学得好,社会现实也周旋得开,却把心灵的门户向着世界文明洞开,敢将不久前还十分陌生的新知识吸纳进来,并自然而然地记入人生。"

三是李平书,代表了近代上海实业救国的改良派和领导上海光复的革命派。李平书是一个顺应时代潮流、善于审时度势之人,在上海绅商中,他是最具声望的领袖人物,也是晚清上海地方自治运动的核心人物。

黄炎培在后来回忆说,在上海一群政治意识不完全相同但一致倾向于推翻清廷创立民国的战友,其中以教育界人士为主,包括新闻界、进步的工商界人士和地方老辈,李平书正是这批人的领袖。

四是郁泰峰,代表了儒商、官商,他对晚清上海的沙船制造、航运、金融、文教、城建、商业以及慈善等事业都作出了一定贡献。其家资几可敌国,为上海首富。

"潘半城"与豫园

始建于明朝嘉靖、万历年间的上海豫园,原为上海城内潘氏的宅园,其规模之大,园景之美,甲于东南,有江南第一园之誉。明代上海的世家中,豫园主人潘恩、潘允端父子,名声显赫,是一个望门大族。潘氏原籍常州,元末,潘氏为躲避战乱,迁居上海,成为上海人。潘氏的兴旺,起自潘恩。明弘治九年(1496年)三月,潘恩在上海出生,为潘家长子,下有三位弟弟:潘惠、潘忠和潘恕。明嘉靖二年(1523年),潘恩28岁那年,赴北京参加殿试,考中甲科,成进士。嘉靖四十一年(1562年),其次子潘允端成进士,授刑部主事。嘉靖四十四年(1565年),其长了潘允哲成进士,授新蔡县令。潘恩的三个胞弟,也都是明嘉靖年间的官吏,故有"同胞兄弟四轩冕,一家父子三进士"之说。其门庭之荣耀,在明代的上海真是一时无双,他人望尘莫及。

潘恩于嘉靖二年成进士后,同年冬天任祁州知州,直至嘉靖四十二年"谢政归上海",为官长达40年之久,曾先后任河南巡抚、工部尚书、刑部尚书和都察院左都御史等职。当时的潘宅筑于城内东北侧,方圆一华里许,楼堂毗连,房舍接踵,一派名门望族气概。其宅地,东至今丹凤路,西临今豫园东侧安仁街,北迄今福佑路,南止今梧桐路。而上海县城的周长不过9华里许,可见潘氏宅地之大。

在这宅地上,先有潘允端之父潘恩建的四老堂。潘允端当了大官

（四川布政使）后，又创建世春堂，以及慈保堂、宁寿堂、父母其顺堂，加上在豫园内建的玉华堂、乐寿堂、容与堂、醉月楼、颐晚轩等等，堪称海上甲第之首，江南土木之奇。

在潘氏住宅建筑中，以世春堂最为宏丽，地基高、开间大、柱梁粗、匾额精，屋面庄重，檐廊敞爽。登此堂，顿感大家气魄。其后楼更为讲究，梁柱、楼板全用楠木。梁柱上涂金染彩丹垩雕刻，极尽富丽之能事。楼板上全铺方砖，青砖白缝，坚固厚实，人立其上如履平地。

潘恩在上海自家堂上挂有一副对联，上联是："履富履贵履盛满，如履春冰。"下联则是："保身保家保令名，如保赤子。"兢兢业业、洁身爱物的情态跃然纸上。潘恩一生，海盐抵御倭寇，揭发两藩王，保存东南丰城寺庙，政绩颇多。

潘恩68岁那年，退休回上海老家，"一以读书著作自娱，虽老未尝一

* 世春堂遗迹

日释卷"。明万历十年(1582年),潘恩因幼子潘允亮和其胞弟潘忠相继过世而悲痛不已,不久便与世长辞,享年87岁。经翰林院议,赐谥号恭定。两年后,上海地方人士为纪念潘恩,特地在广福寺内建潘恭定公祠,"祠凡三间,有楼可以藏经,另有二夹室,一仪门,周围筑墙垣围绕",墙上画着潘恩的遗像。广福寺今已毁,其旧址在今上海老街牌坊的路北,现藏宝楼附近。

潘恩的子女中,为官最显赫的当数建造豫园以供其父母颐养天年的次子允端。潘允端,字仲履,明嘉靖四十一年(1562年)中进士后,累官至四川布政使。他于嘉靖三十八年(1559年)在城内安仁里住宅两侧的菜地上,聚石凿池,营造园林。之后,他到天津、淮北一带做官,造园的事遂停顿下来。万历初,他在四川布政使任上,与督师不和,称疾辞官回乡,从万历五年(1577年)起重启造园之事。他精于园艺,亲自谋划,不断扩充园地,逐年增加景物,花了十余年时间,终于造成这座占地七十余亩的江南名园。

19年的营造,慢工出细活,潘恩父子又搜罗江南各地的名石、名木尽显园中。按建成时的格局,园中厅、堂、亭、榭、楼、台、观、轩等古建筑形制几乎一应俱全,各建筑组群之间的构合无一处相同。没有重式的殿堂,没有重景的花园,甚至没有重样的一个窗棂、一个月洞门、一块假山石、一丛植栽、一片纹样地坪。四十多处古建筑,造型多样,装饰精美,有的小巧玲珑,有的富丽堂皇,有的古朴大方,有的轻灵俊秀,有的凝重端庄,一步一景,移步换景,争妍斗艳,仿佛置身于古建筑艺术博物馆。

园中之景,名家谈到该园的点睛之笔在于园中的大假山以及玉华堂前的江南三大名石之一——园中瑰宝"玉玲珑"。"大假山"是张南阳精心设计又亲手参与建造的,用数千吨浙江武康的黄石堆砌而成。山高约十四米,高石下的空隙形成积水潭,如高山深涧,重峦叠嶂,参差错落,涧底游鱼戏石,"丛山"平塘之间又有游廊穿过形成著名的水、山、廊的天然合璧,称作"积玉水廊假山"一景。"玉玲珑"是以"瘦、皱、漏、透"著称的太湖石中的精品冠称海内外。清人有诗赞玉玲珑:"石峰面面滴空翠,春阴去气犹蒙蒙;一霎神游造化外,恍疑坐我缥缈峰。"

当时园内有玉华、乐寿、会景诸堂,颐晚、徽阳、醉月诸楼,涵碧、玉茵诸阁,挹秀、留影、凫佚、含碧诸亭。其他还有鱼乐轩、留春坞等胜景。由于潘允端信佛奉道,园中还有纯阳阁、山神祠、关侯祠、大士庵等寺庙。

潘允端将此园取名为"豫园",是取愉悦老亲之意。"豫"字有安乐、巡游两义。古书用"豫"字多指尊长而言。潘恩去世时,乐寿堂尚未竣工。豫园的盛极一时,是在潘允端经营了20多年以后的事。明代书法家董其昌在《乐寿堂为潘泰鸿寿》的长诗中是这样描述豫园胜景的:

> 森梢嘉树成蹊径,突兀危峰出市廛。白水朱楼相掩映,中池方广成天镜。刷羽凫鹭迎向人,馋嚼游鱼波不定。水北楼台照碧霄,桂为栋兮兰为撩……磴道周遮洞壑深,游人往往迷幽讨。飞梁百尺亘长虹,别有扉林接水穷。名花异药不知数,径年瑶圃留春风……

园成之后,潘允端作《豫园记》时,告诫子孙"惟永戒前车之辙,无培一土,植一木,则善矣",然而名园如江山,建立易,守成难。传说,豫园构造之美,使京中、省里的大员垂涎,告到皇帝那里,要查潘家的财产。潘氏没办法,只得将"九曲桥"和"湖心亭"划到园外,赠给地方,充作公用。

潘允端为建豫园,几乎耗尽了他晚年的心血,豫园建成后没两年,他即于万历二十九年(1601年)驾鹤西去,令后人叹息不已。

潘允端故世后,至明末清初,家道衰落,田庄大半变卖,园景日趋萧条。崇祯末,豫园易主,为潘允端孙女婿张肇林所得。时值清兵南下,张肇林为避清兵骚扰,便在园内主厅塑了佛像,形式上改作寺院,还请僧人来当主持。张肇林死后,园林荒芜,沦为断井颓垣。

当时,有人作诗凭吊:

空林微雨落花红,昔日繁华似梦中。依旧玲珑一片石,更无人倚笑春风。

甲第今年车马稀,断桥流水淡斜晖。可怜芳草萋萋绿,玉燕堂前鸦乱飞。

清康熙四年(1665年),有几个士人修葺厅堂,设清和书院。直至乾隆二十五年(1760年),地方士绅富商见豫园残破不堪,聚资重建,交城隍庙道士管理。因城隍庙有东园(今内园),故命名此为西园,费二十年时间陆续建成。

豫园虽然衰落,却仍能窥见县城鼎盛时期城中世家对于儒家文化的传习与继承。一石一木无不蹈矩汉唐之音,一砖一瓦堆砌而成的建筑意象与"绝对对称"的宅院格局、"绝对自由"的花园空间布置,无一能超脱于中国传统文化的窠臼。豫园的豪奢、精致是中图式的豪奢精致,虽然这个屋顶庭院中的人可能已经闻到西方的气息,品味着西方的书画,然而祖宗家法,长幼尊卑的礼数,骨子里所追求的"圆融"、"中和"、"明达"的正统观念都没有变。如果说上海人文价值观中一向存在着对"正统"、"经典"的崇信的话,那么豫园真的做到了传统建筑与文化的"经典"演绎。

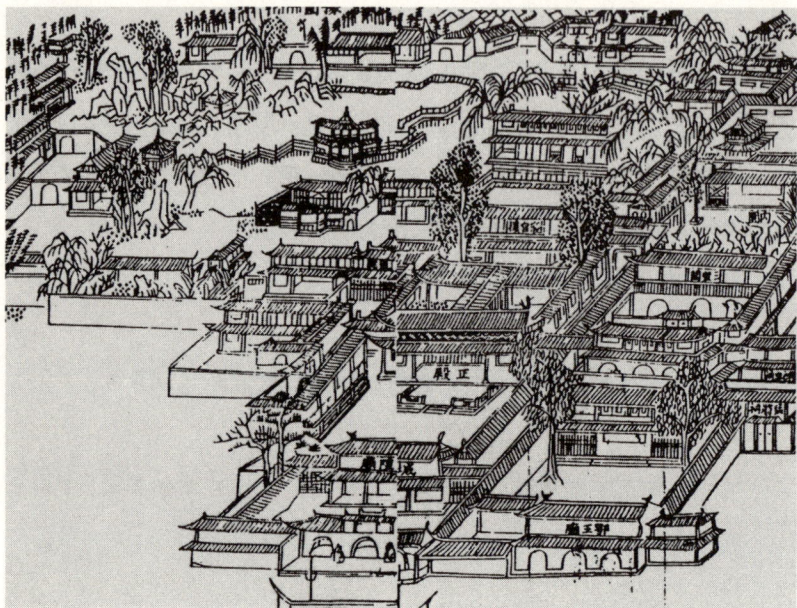

* 豫园手绘图

学贯中西的徐光启

徐光启（1562—1633年），字子先，号玄扈，生于上海城郊农家，后居太卿坊（今光启路九间楼），晚年居大南门外康衢里（今桑园街）。万历二十四年（1596年），徐光启在广东韶关与意大利教父郭居静相识，从此与西学结下终身之缘。翌年，徐光启中解元。又经三年寒窗，他只身赴北京参加礼部考试，途经南京小住，闻听西人利玛窦创办了一座天主堂，便前往拜晤利玛窦，求教人生大事、生死问题，两人谈得很投机。三年后（1603年）新春，徐光启又去南京会见利玛窦，并在南京天主堂领圣洗入教，取圣名为保禄。作为解元郎的徐光启入天主教，这在当时可谓惊世骇俗。徐光启勇于接受西方文化，由此可见一斑。万历三十二年（1604年），徐光启中进士，历任翰林院庶吉士、太子太保、礼部尚书、文渊阁大学士等职。

如果不是因为徐光启，也许天主教不会那么快地在老城厢得到迅速的普及，以后的南市区、徐汇区也不会成为西方宗教在上海最为盛行、教徒众多的两大教区，老城厢也不会成为上海和中国天主教的发源地。

1607年，徐光启丁忧回上海守制，意大利传教士郭居静（仰凤）与之同来，在徐光启住宅（今南市九间楼）创设圣母玛利亚祈祷所，天主教开始在上海传播。郭居静是目前所知最早来上海的外国传教士。因为徐光启在当地的威望，上海随徐光启信奉天主教的人数激增。

徐光启为服父丧，在家守孝期间，在露香园废址开辟一块试验田，试种高产作物和外地输入新品种。翌年，江南大水，"无麦禾"，为了"佐

* 徐光启像

其急，以备异日"，在实验园里移种福建甘薯，进行科学试验，结果"生且蕃，无异彼土"，编写通俗《甘薯疏》小册子向农民介绍种植经验和方法。他还利用在天津屯田的机会，置田八百多亩，开辟试验水田，采用新方法试种北方稻，"大获其利"。其后，他写成《屯田疏》，提议在京东和西北垦田。徐光启在大量科学实验的基础上，写成《农政全书》。全书共分十二门，六十卷，包括农学理论、田亩制度、农业生产、水利、农兵、蔬菜、果树、畜牧、蚕桑等，内容丰富，门类齐全，是中国古代内容最完备的一部农业科学巨著，对中国的农业作出了重大的贡献。

"欲求超胜，必须会通；会通之前，必先翻译。"徐光启认为翻译是弄通乃至超胜西学的基础。万历三十四年，他与弟子孙元化同传教士利玛窦合译欧几里得的《几何原本》前六卷。这是第一部汉译欧洲经典数学著作，梁启超评价此书"字字精金美玉，是千古不朽之作"。徐光启还与利玛窦合译了《乾坤体义》、《同文指算》、《测量法义》、《万国舆图》、《勾股义》（与孙元化合作），并与另一西洋传教士熊三拔翻译了当时欧洲水利工程学精华《泰西水法》。这些著作，大大开阔了中国人认识西方近代科学的眼界。

徐光启晚年感到天文气象对中国的农业、水利都是十分重要的，是推广科学、破除迷信的重要手段，于是，年纪大后，便坐下来致力于天文学研究。徐家汇天文台留下了他的足迹。现在的徐家汇天文台、松江天文台乃至远在南京的天文台，都是他研究学说的传播地，为中国人作出了重要贡献。

他在上海奉旨修《崇祯历书》，事必躬亲，调查研究，不论刮风下雨都亲临观察台观察。一次从台上跌下，未等伤愈又登台。对工作，他主张"所求者每遇一差必寻其故；每用一法，必论其所以之故"。崇祯五年（1632年），他又得到朝廷重用，以礼部尚书参与机务，日理万机，仍关注修历工作。他常在灯下"理其大纳，订其繁节"，甚至重病在身仍"力疾倚榻"，工作不辍。徐光启生前主持修订的《崇祯历书》完成七十四卷，其余六十三卷由他临终前推荐的李天经主持完成。《崇祯历书》的问世，是中国历法史上的一次重大改革，奠定了中国近三百年历法的基础，今天使用的农历，就是在此基础上修订而成的。

徐光启一生刚正清廉，克己奉公。他临终时，家人发现他所剩银子不足十两，盖在身上的是一条被暖壶烫一窟窿的被子。《明史》称："盖棺之日，囊无余资。"

在《上海竹枝词》一书中，是这样歌颂他的功绩的：

西学东来三百年，问谁风气独占先？

术精火器兼天算，有用书推农政全。

集爱国民主于一身的李平书

李平书（1854—1923年），是中国近代史上的知名人物，也是一位与上海关系极为密切的社会贤达。论官位，他只是民政总长，最多相当于上海道台，时间不到一年，此前此后，做得比他大、时间比他长的人有的是。论功名，他只是举人出身，进士没考上，不能算出类拔萃。论学术，他虽有宏论卓识，但也称不上学富五车、著作等身。但是，他的铜像巍巍屹立在湖心亭前，九曲桥旁，千人瞻仰，万人称颂。那是个标志性位置，县城中心，城隍身边，那不是谁都有资格配享的神圣待遇。

上海人把最崇高的敬意献给了他——李平书。

李平书在清末民主运动中的贡献，一为地方自治，二为辛亥光复，两者之间又有内在关联。

李平书自光绪二十六年（1900年）被张之洞赏识并召入幕下后，走上了实业救国之路,曾任湖北武备学堂总稽查、提调。1903年,他离鄂回沪,担任江南制造局提调,活动重心就移到了上海。那时,他与上海、江苏的官僚系统、绅商阶层有相当深厚的关系。他之回沪,直接原因就是张之洞调任两江总督。作为江南制造局提调,他的直接上司是上海道。作为商人,他在上海创办了许多实业,与曾铸、沈缦云、王一亭等有许多共同的利益,有相当良好的关系。他的身份亦官亦商,上通总督、道台,下达各个商帮。他是上海滩上能够呼风唤雨、左右形势的关键人物。地方自治的事情,是他向上海道袁树勋提议的,一说即行。上海绅商在地方自治中能做那么多事情,与上海道的支持密切相关,与李平书的特殊地位密切相关。

宣统三年(1911年)十月,武昌起义爆发后,李平书转向革命。在十一月三日上海光复之役中,他和陈其美、李英石一同担负起领导起义的重任。当时,以李平书为会长的商团公会,有训练有素的团员6000多名,枪械数百支,是当时上海最大的民间武装。李平书接受了孙中山的革命主张后,鼎力组织和动员上海各业千余名武装商团巡逻值勤,协助陈其美率领的敢死队攻下道台衙门、县署及江南制造局。

李平书在上海辛亥光复中的地位与作用,姚文枬在《李平书行状》中有详细的叙述,分先事之戒备、临事之应付、既事之建设三方面,相当周到而中肯。这里要特别强调的是,上海光复三要素中,即民众、军警、商团,民众、商团都与李平书直接有关。特别是商团,核心人物就是李平书。

李平书做过清朝的地方官,在由立宪转向革命的过程中,他没有拘守传统的君臣之义,而是以是否合乎时代进步潮流为最高原则,用他《自叙》中的话,就是"时势至此,不能守闭关之义,当审察情势,以为进止"。这是他开明的地方,也是他能够集爱国、民主于一身的地方。

李平书是个干才，张之洞曾说他是"办事才"。李平书究竟办过多少实业，做过多少实事，大概谁也理不清。仅1908年以前所办之荦荦大者，就能排出一长串：

1903年，任江南制造局提调。

1904年，在制造局后面创立初级小学，招收工匠子弟入学，建造制造局员司宿舍，廉价租给局中员司；与陈莲舫创立上海第一个医学会。

1905年，担任中国通商银行总董，创立总工程局，试办地方自治，创设女子中西医学堂。

1906年，担任华成保险公司经理，领导总工程局接收官办电灯厂，改为商办有限公司，创办昆新垦牧公司。

1907年，领导上海禁烟运动，担任上海商团公会会长；担任上海城厢内外救火联合会会长，担任轮船招商局董事、自来水厂商股董事、江苏铁路董事。

1908年，担任南洋劝业会淞沪协赞会长；担任城自治公所（由城厢内外总工程局演变而来）总董。

清末上海，李平书办事之多，影响之大，士绅中无出其右。1909年《图画日报》刊登李平书画像，历述他所办各事，称赞他"凡政界、学界、实业界以及慈善各事业，无不力任艰巨，殚心经营，海内外人士识与不识皆翕然称之"。

独特的上海意识，是李平书致力于上海城市建设的精神动力。他在1909曾作《上海三论》，系统地讨论过去、现在与未来之上海。其中，关于未来之上海，谈的是上海发展远景，包括建筑、巡警、卫生、进化诸方面。关于现在之上海，论述抵制美货运动，地方自治对民智开发的激励作用，地方自治应做之事。关于过去之上海，是他上海意识的主体部分，反映了他在租界现代化市政刺激下不甘落后、见贤思齐的思想。他认为，在开埠以前，上海在中国的版图上，本没有什么特别之处：

> 上海之县治，设于至元二十九年，上海之商埠，开于道光二十三年；自通商以来，五洲万国莫不知地球上有此繁盛之区，而上海之名，洋溢乎泰西远东，更无论中国二十二行省矣。然当未通商以前，自元迄于本朝道光中叶，遥遥五百年，上海一县，亦如直隶之静海，浙江之临海，广东之澄海，其名不著于中国十八行省，更何论五洲万国乎？

开埠以后，上海才发展为著名大都市："通商以后帆樯之密，车马之繁，层楼之高矗，道路之荡平，烟囱之林立，所谓文明景象者，上海有之。中外百货之集，物未至而价先争，营业合赀之徒，前者仆而后者继，所谓商战世界者，上海有之。"他对此现象进行分析，提出两个上海的观念，即租界上海与华界上海。他认为："文明者，租界之外象，内地则暗然也。商战者，西人之胜算，华人则失败也。"由此，他提出了华人应该觉醒，奋起直追：

> 吾一言通商以后之上海，而为之愧，为之悲。愧则愧乎同一土地，他人踵事增华，而吾则因陋就简。悲则悲夫同一人民，他人俯视一切，而吾则局促辕下也。要之，通商以来，"上海！上海！"其名震人耳目者，租界也，非内地也。商埠也，非县治也。岂非所谓喧宾夺主耶？抑非所谓相形见丑耶？而吾上海之人，数十年来，处之夷然，安之若素，面不郝而心不惭，形若睡而神若醉，主权日见其放弃，疆土日见其丧失；若秦人之视越人，漠然绝不关怀，日惟征歌选色，置酒高会，以行吾乐而已！

他满怀信心地表示，只要华人振作起来，讲求公德，锐意进取，"十年后，法政讲习所，乡约演讲所，分区遍设，加以改良之新戏曲，新弹词，感移人心，无论上等社会，下等社会，人人知公益之当先，私利之当后。其进化如此。他如消防队，义勇队，保卫地方，并佐巡警所不及，若此者，在他年为已熟之果，在今日为方萌之芽，爱护此芽而勤于灌溉，必有发达之一日。"

李平书集爱国民主于一身，视野宏阔，思想开明，脚踏实地，造福桑梓，品德高尚，遗爱民间。他做人立德，做事立功，为文立言，儒家所谓人生三不朽，兼而有之。

1927年春天，李平书得了腹泻症。秋后，病情加重，终于一病不起，于农历十一月二十日与世长辞，享年75虚岁。

上海首富"郁半城"

船王郁泰峰名松年，生于清嘉庆四年（1789年），卒于同治四年（1865年），享年67岁。父郁馥山在上海经营沙船业字号，发了家。道光元年（1826年），其父去世，他助兄掌管家业。咸丰二年（1852年），其兄竹泉也卒，他便继父兄事业亲自经营。这时，郁家拥有近200条沙船和100余家钱庄、商号、典当等企业的郁森盛沙船号，时称"郁半城"，成为上海首富。他对当年上海城在航运、金融、经济和文化等方面，均作出了不少贡献。

郁泰峰以沙船业的同业组织——上海商船会馆为核心，团结其他沙船商，大力开拓航线，使上海港转运南洋海外货物，打通长江、运河航线，形成南货北运、北货南运的繁荣局面，而沙船也因此成为活跃上海港的主力，为上海成为东方大港之一奠定了基础。据史料记载，上海沙船业为上海县政府提供税收，仅厘捐一项就较可观，在1857年前每年就要缴纳40万两银子，以后又增加到每年缴纳60万两银子等等，这给上海城建设提供了资金。又如在1842年鸦片战争时，上海不法粮商趁机哄抬粮价，郁泰峰就派船队从外地运来大批粮食平价出售，制止了粮价上涨；小刀会起义初期，人心惶乱，米价飞涨，也是郁泰峰利用船队外出找粮运沪，平价抛售，平抑了米价。这些举措，都给上海城内的平民百姓以实惠，百姓自然对他感恩戴德。郁泰峰凭着雄厚的资金，还与在沪英商争夺棉布、棉纱、棉花等物品的收购权，以及与晋商在沪竞争开设票号。

清咸丰三年(1853年)秋天，小刀会起义军占领上海县城时，郁泰峰正在乔家路老宅客厅内守护其兄竹泉的灵柩。小刀会知道他是上海首富，便派战士要他捐钱以充军饷。郁泰峰同情义军所为，遂捐银20万两。不仅如此，在清军联合外国洋枪队包围城厢，城内居民断粮以鼠充饥时，郁泰峰又千方百计从城外以重金购粮进城救济饥民，市井民谣咸颂其德。

小刀会起义失败后，郁泰峰还帮助设在其郁家大院内的"南门义军指挥部"将领，避开清军巧妙转移到浦东，使这部分义军安全脱险。清军入城后第三天，即至郁家责泰峰资敌，勒令捐银20万两，修葺在战争中被破坏的上海城墙以及道县衙署和学宫(文庙)。郁泰峰于咸丰十五年，把上海县南半城加固修葺并加高三尺，因此人称"郁半城"。

之后，《黎阳郁氏家谱》里记载，因"又值国家多事之秋，国库空虚"，呈请抚台再"输银20万两，举国钦仰，朝廷议加以殊恩，郁泰峰辞而不受，惟请增府县学额，以广文化而开贤路，奉旨准如所请，并特加盐运使衔，立牌坊于学宫棂星门，并立传邑志"。实际上，此郁泰峰是为摆脱一些人对"郁家养红头"的指责而主动向朝廷捐银两。此举大获成功，郁泰峰不仅得了个"从二品盐运使"的衔头，成了个红顶商人，郁家大院内还有了"回避"、"肃静"的牌子，出门时有人扛着这样的牌子吆喝开道，他坐在轿子里好不威风，哪个还敢指责不是。再说，郁泰峰捐了这笔钱后，皇帝还准两江总督和江苏学政奏，准许上海县每年多取"文童"10名，"武童"9名；松江府也每年多取文、武童各10名，总计新增39名。

府、县居民称这新增的39名文、武童为"郁家秀才"。据说这些秀才高中举人、进士后，要到郁泰峰那里磕头谢恩的。邑人为其建牌坊于学宫棂星门，以示崇敬。

　　清军重新控制上海城的第二年（1856年），郁泰峰经营的郁森盛沙船号又重新活跃起来，在当时上海24家大沙船号中还是名列前茅的。为了克服市面上找零的困难，他还铸造并发行了一种银币（也叫银饼），分一两（九八规元）及半两两种。如半两一种实重五钱，一面铸有"咸丰六年上海县号商郁森盛足纹银饼"，另一面铸有"朱源裕监倾曹平实重五钱银匠王寿造"。由于铸作粗糙，被人仿铸，故发行不久就停止使用，但它作为中国最早的商铸银币，值得纪念。

＊郁泰峰像

郁泰峰道光年间为贡生。继承父兄大产业后，仍自奉节俭，崇尚文化。小刀会占领上海县城达十七个月时期，沙船航运业困难重重，除应付日常业务外，他把主要精力用在收藏宋元佳本上，并请人校勘收集到的残本、抄本，他自己也写一些序文、札记，刻印出书。如他曾校勘重印宋肖常、元郝经的两部《续后汉书》，还刻印戴剡源、袁清容的文集。作为一个儒商，他曾花银10万两之多，搜集历代名著典籍约50万卷，并在他的住宅内建造了一所"宜稼堂藏书楼"，在50万卷中选出精品书籍，编成一部《宜稼堂丛书》，共六种，六十四本，计二百二十四卷。这在当时是绝无仅有的，人们以"功德无量"四字来赞赏。

记日记，也是郁泰峰的一个爱好。他从清道光十七年（1837年）起至同治三年（1864年），前后连续记了二十七年日记，共五十三本，还写了一百多首古体诗。郁泰峰真可说是一位典型的儒商和勤奋的读书人了。

郁泰峰乐善好施，一生举办慈善事业不遗余力，出资经营同仁、辅元等慈善机构，为贫民捐助义冢及棺木，还捐款设立育婴、果育诸善堂。

作为红顶商人，郁泰峰比起那些巨商富贾，更多了些许大气、豪气和霸气。当年最为人津津乐道的是郁泰峰儿子郁荣培迎娶杭州巨贾"红顶商人"胡雪岩的女儿时，其嫁妆用船在军舰保护下由长江进入黄浦江十六铺上岸，吹吹打打、扛扛抬抬的队伍约有二三里长，真是冠盖如云、车马塞途。清朝大官李鸿章、左宗棠等也都来祝贺。其排场创造了上海县嫁娶之最。胡雪岩将孙女也嫁给了郁泰峰的孙子郁钟麟，可见沪杭两位"红顶商人"之间的门当户对的亲密关系。据郁氏家族中的老人传说，郁泰峰儿子、孙子迎娶胡雪岩女儿、孙女时，上海县知县等父母官不但没能作为嘉宾邀请，连登堂入室的机会也没有，只能站在门口迎送来往贺喜的大官。郁家喜庆规格之高，在上海县是罕见的。

郁泰峰在住宅第二进大厅楼上建立"宜稼堂藏书楼"后，引起大江南北名士们的关注。时任江苏巡抚的李鸿章每次来沪总要到该藏书楼寻觅新购珍本，有时甚至还开口借阅、索要某书某籍。时任上海候补道的丁汝昌也经常来藏书楼看书，但不敢开口索要，有时只能偷偷地将爱不释手的书籍掖在袍子里带走。上海名士、洋务派学者王韬等也经常来大院拜会郁泰峰，成为莫逆之交，著名的《王韬日记》中就有很多章节提到郁泰峰与他的亲密交往。

清末民初，时任巡道衙门巡捕的黄金荣来郁泰峰住宅时，只敢站着回话，让他坐时也只敢在厅门口方凳上挨半个屁股。他成名后立志要收一个郁家后人当弟子，以显示自己的尊贵。

郁家大院还掩护过革命志士。抗日战争前，著名的革命民主人士邹韬奋为躲避蒋介石特务的搜捕，曾秘密来大院养病。邹与郁泰峰后裔郁鸿治为挚友。邹的一个孩子就在这座大院里生下的。抗日战争后期，郁泰峰后裔郁鸿顺从这座大院投身革命参加新安旅行团及新四军后改名郁红，后来成为东北新闻界的领导人之一。解放战争时期的上海学生运动中，郁泰峰后裔郁树铨参加革命后改名郁青，利用大院房多又幽深易隐蔽的特点，为地下党刻制印刷各种宣传文件。

第四章

老码头

上海地处长江三角洲东端，位于长江与东海交汇处，具有控江襟海的区位优势。早在隋唐时期，上海地区已有港口，先华亭镇港，后青龙镇港，以吴淞江为出港主航道。南宋末年，港区移至吴淞江入海口的支流上海浦，遂形成上海镇港。明代，黄浦江成为长江支流，港口经济腹地扩展至长江中下游，港区集聚于上海县城东门至南门外浦江西侧。到鸦片战争前夕，上海港已成为全国最主要的江海中转枢纽港，中国对外贸易的重心便从广州转移到上海。上海港从此开始了其作为中国第一大港的历史。

码头溯源

上海的历史是从滨海渔村发端的，之后形成的华亭港、青龙港和上海港，都印证了这样一个事实：上海是靠水养育的，是靠水长大的，水运是它的命脉，港口是它立身之本。没有什么可以比码头更靠近海了，上海上海，流水般的记忆从哪里登陆？老码头一定是最合适的角度。150多年前，当时的外滩，租界还没有兴起，在苍茫芦苇中往南张望，从十六铺至陆家浜，帆樯林立，码头毗连，停泊的各类船只达数千条之多。

一般来说，中国古代社会的城市同西方古代社会城市在形成条件与性质上是不同的。西方的城市是在商业发展的条件下产生的。独立的工商业者首先在水陆交通要道、关隘、渡口、城堡、庙宇等附近兴起集市，然后形成城市。因此，西方的城市是一个国家或地区的贸易中心和金融中心。例如意大利的热那亚和威尼斯是著名的商业城市，米兰和佛罗伦萨则是著名的工业城市。又如法国的巴黎、马赛，英国的曼彻斯特等等。

而中国的城市并非主要由商业的发展促成，主要也不是在集市的基础上形成。中国城市过去是奴隶主、封建制的政治中心和军事屯驻据点。城市中居住的大多是王公贵族、官僚士绅、兵丁吏胥、奴仆、娼妓、流氓等，真正的工商业者只占一小部分。上海地区城市的兴起却不同，是因港立市，因商兴市。作为上海地区贸易中心的华亭镇、青龙镇、上海镇，都是由商港发展而形成的。

华亭港　形成可追溯至隋代。唐天宝十年（751年），吴郡太守奏请朝廷批准设华亭县。至此，华亭镇成为华亭县的治所，从而成为华亭县的政治中心。然而，历史上华亭镇是以其水运港口的优越条件作为上海地区的商业中心、航运中心而存在的。历史证明，上海地区商业兴旺之地都是水运港口城镇。商以港兴，港以商荣，商与港或港与商是密不可分的。

宋代的华亭镇已成为吴会诸邑中较大的城镇，全城有坊巷27处，庙宇46座。在县镇通波塘畔，立有唐代建造的呈八角形、高9.3米的石经幢一座。县南有五代时建成的兴圣教寺。宋熙宁、元祐年间又建了一座四面九级的高塔，是宋代砖木结构，也是全城最高的建筑物。唐陀罗尼经幢和宋塔至今尚巍然屹立。

北宋时，华亭港的航运十分繁忙。据《宋会要辑稿》记载，北宋政和三年（1113年），在华亭"设置市舶务，抽解博买，专置监官一员"。如前文所述，"市舶务"是宋政府设在主要港口、主持和管理对外贸易的机构，"市舶务"之上为市舶司。"抽解"就是政府向商人征收入口商税（宋朝对中国商人输出的货物不征税）。"博买"是对非禁品实行部分政府收购。在华亭县设置的市舶务，至开禧元年（1205年）还存在，至少存留了近百年，说明华亭县对外贸易的兴盛。宋人许尚在《华亭百咏》中写道：

已出天地外，狂澜尚尔高，

蛮商识吴路，岁入几千艘。

华亭县在区域内集市发展、镇市兴起、市场扩大的同时，区域外市场和对外贸易也明显扩大。国内同江苏、浙江、福建、广东、山东、天津、辽海等地都有贸易往来。国外则同日本、新罗（朝鲜）等国有贸易关系。

青龙港　自唐以来开始兴盛。五代吴越国时期，青龙港蕃舶往来之盛况，胜于唐代。宋代是青龙镇商业贸易的鼎盛时期。北宋淳化二年（991年），因青龙港已是船舶往来的重要港口，因此被正式设立为镇，并即驻有税务监官，商船到岸依市舶法抽解、博买。

青龙港北邻吴淞江，东濒大海，踞江瞰海，构成内航海运的优越位置。离镇不远有一条与吴淞江相通的青龙江，是海船停泊的理想港口。1042年（北宋庆历二年），章砚在《重开顾会浦记》中称："直（华）县西北走六十里趋青龙镇，浦曰顾会，南接漕渠，下达松江，舟蝗去来，实为冲要。"

宋代杨潜在绍熙《云间志》中这样描述："青龙镇瞰松江上，据沪渎之口，岛夷闽广之途所自出，海舶辐辏，风樯浪楫，朝夕上下，富商世贾，豪宗右姓之所会。"

据嘉祐七年（1062年）所刻《隆平寺灵鉴宝塔铭》载，进出青龙镇的国内外商船"自杭、苏、湖、常等州旬日而至；福建漳、泉、明、越、温、台等州岁二、三至；广南、日本、新罗（朝鲜）岁或一至"。此时的青龙港航运四通八达，至少有三条航线：

第一条，通过太湖流域诸水系，进而与大运河、长江连接的内河航线。在这条航线上的船只主要来回往返江南各大镇市之间。

第二条，是经吴淞江出海而通往浙江、福建、广东的南方沿海航线。这条航线还包括台湾等地。

第三条，是远及日本、朝鲜和南洋诸国的国外航线。

宋政府重视对外贸易。据记载，早在北宋雍熙年间，朝廷曾派内侍八人，携带敕书金帛，分四路出使南洋诸蕃国，招他们来中国贸易；也鼓励中国商贾出海贸易，只需他们手持市舶司发给的官券即可出海，而且可以定期往来。

这三条航线，沟通了上海地区与海内外的交通，织成了以青龙镇港为辐射中心的航运网络。

宋室南迁，随高宗南迁的北方人民，不少人留居在青龙镇，一时人口骤增，更加繁华。南宋绍兴二年（1132年），两浙提举市舶司从杭州移至华亭县治，统辖临安（今杭州）、明州、温州、秀州及江阴五处市舶务。原设于华亭县治的市舶务则移至青龙镇。

南宋中期以后，青龙镇的海上贸易呈下降趋势。乾道二年（1166年），华亭的两浙市舶司被撤废。青龙镇由盛转为逐渐萧条。

青龙镇由盛转衰主要是自然地理条件的变化。青龙镇的兴盛，得益于其傍吴淞江、青龙江的优良港湾位置和畅达江南各地便利的航运水路。但是，长江泥沙不断地堆积，造成长江三角洲不断东移，势必使位于吴淞江中游的青龙镇离海岸线越来越远。同时，海岸线越远，在泥沙淤积下，吴淞江、青龙江水道也河床淤浅，河道变窄。虽不断组织疏浚，但时浚时淤，海船经吴淞，上溯青龙镇，一天比一天困难。青龙镇的衰落，还有当时的政治原因。南宋朝臣认为，青龙镇离京畿太近，国防的重要性大于海市，于是明令禁止商船停泊秀州。

南宋后期青龙镇衰落之时，现今上海地区范围内，海船能进出的港湾大致有黄姚镇、江湾镇和上海镇。黄姚镇位于今月浦东北长江口，曾一度兴起。南宋时曾设有黄姚买纳场，《宋会要辑稿》称："黄姚税场，系两广、福建、温、台、明、越等郡大商海船辐辏之地……每月南货关税动以万计。"但是,黄姚镇离长江口太近,受江潮冲刷,海岸线不稳,受长江主航道南移影响,江岸坍塌,于明代完全塌陷江中。江湾镇位于吴淞江北支流江湾浦近旁。宋代吴淞江淤浅时,许多赴青龙镇的商船绕道经江湾浦,江湾镇成为商贾经由要冲地。然而,江湾浦河道弯曲,素有十八湾之称,而且浦面并不开阔,一旦吴淞江下游淤浅,即难与外海相通,因此以后未能发展成为一个真正的通商口岸。

与之相比,位于吴淞江支流上海浦近旁的上海镇,却以其优越的自然地理条件,有取代青龙镇之势。

上海港　位于吴淞江支流黄浦及与其相通的上海浦西岸,在青龙镇东南方向,约三十里。上海港旁还有一条宋家浜,也与吴淞江相通。这里离吴淞江入海口更近,而且水深流畅,便于海船出入,也利于海船停泊交易。

北宋天圣元年(1023年)时,这里已形成聚落,渔民、盐民、农民常在此饮酒叙谈,交换商品。至迟在北宋熙宁七年(1077年),这里已成为镇市,酒坊酿酒,酒肆卖酒,也有其他商品交易。这里已设"上海务"。"上海务"是当时秀州十七个酒务之一,起初地位不如华亭、青龙、大盈等务。

南宋咸淳年间(约1267年),在上海镇设置市舶分司,开始了对外的港口贸易。据历史地理学家、已故复旦大学谭其骧教授考证,上海正式建镇,也是在绍熙四年至咸淳三年(1193—1267年)之间。上海镇不久便呈现"海舶辐辏,商贩积聚"的景象,成为"风帆浪舶之上下,岛夷、交广之涂所自出,为征商计吏鼎甲华腴之区"的江南一大贸易港口。由于国内江浙、闽广、山东、天津、辽海等地多种货物在上海集散,政府设置了专管商业贸易的榷货场,更促进了上海镇的繁荣。

当时的上海隶属华亭县,镇署在今光启路处。上海港主要的泊岸及

* 清末帆樯林立的吴淞港

* 十六铺宁波码头

＊昔日码头工人

商业贸易区域,位于今丹凤路、新开河、方浜路一带,以顺济庙及市舶提举分司署为中心的区域内。

沙船的历史贡献

上海是当今中国最大的港口城市,现正步入国际航运中心之列,寻其港口都市形成的历史,三桅沙船是功不可没的。

沙船曾经是上海的主要近海航运船只,对上海港的兴起和上海城市经济的发展起过极大的作用。为此,1990年9月28日,上海市人大常委会通过决议，确定以白玉兰、沙船和螺旋桨组成的三角形图案为上海市的"市标"，并作如下说明："图中心扬帆出海的沙船，是上海滩最古老的船泊，它象征着上海是一个历史悠久的古老城市。"

可能由于宣传不够，许多上海人并不清楚，沙船究竟是什么船，它为什么被叫作"沙船"，以及沙船对上海经济发展到底起了什么作用。

上海位于中国海岸线的中点，而在古代，中国的帝都大多建在北方，北方的经济相对比南方发达，所以，上海的埠际贸易大多以北方的沿海城市为主。习惯上，中国常以长江为界，把长江以北的近海洋面叫作"北洋"，把长江以南的洋面叫作"南洋"。

由于北洋水面多沙洪，当海水低潮位时，有些沙滩会露出海面，给海上航运带来不少麻烦和困难，于是航行于北洋的海船大多设计为平底浅船。由于吃水浅，能在沙洪中航行，一旦被搁浅，船也不会翻掉，可以等潮水上涨时继续航行。于是，这种适宜多沙海面航行的海船就被叫作"沙船"。另一种说法也颇有道理。长江沿海多冲积成陆的岛屿，人们称之"沙"，现在仍在使用的地名还有长兴沙、团结沙、鸭窝沙、老鼠沙、川沙等，今天的崇明岛也是由长江泥沙冲积成岛的，清代以前就叫作崇明沙。崇明沙曾是长江沿海的木船生产基地，由于这种平底浅船大多是崇明沙生产的，于是被叫作"沙船"。

上海沙船的历史已难以详考，但至迟在南宋后期，上海的沙船航运业已相当发达了。中国自秦汉以来，历朝历代都是南粮北运，而上海之沙船业则是元代开始运输粮食而兴起的一个海运行业。据记载，宋末崇明人朱清和嘉定人张瑄是最大的沙船航运商，当元朝攻克临安（杭州市）后，朱清和张瑄就投靠了元政权，并被封为"千户侯"。元朝建都大都（今北京市），元皇帝必须将南京和临安掠来的大批宫廷档案、图书、珍宝运往大都，就派朱清和张瑄承担海上运输，从此开辟了沙船承运中央政

119

* 沙船

权货物的航运任务。由于元朝建都北方，而江南是中国的主要产粮区，元政权必须将从江南征收的大米运往北方，这种米称之为"漕米"，也就是皇粮，承运漕米叫作"漕运"。于是，沙船又成为承担漕运的主要船只。

而从南宋开始，福建、广东、浙江与上海之间的海上贸易也发展到了相当的水平。由于南洋水面多为深海，航道较深，福建、广东、浙江的海船大多为吃水较深的船。这种船不适宜在北洋航行，于是，上海成了南北海上航运的货物集散地和中转站。北方的货物在上海港卸货后，再装上南洋船运往南方，而南方的货物在上海卸货后，再装上沙船运往北方。包世臣《海运南漕议》说："沙船聚于上海约三千五六百号，其船大者载官斛三千石，小者千五六百石。船主皆崇明、通州、海门、南汇、宝山、上海土著之富民。每造一船须银七八千两，其多者至一主有船四五十号，故名曰船商。沙船有会馆，立董事以总之。"海运的客观阻限，就这样为上海创造了绝好的北运垄断机会，由此沙船商成为了上海县城中的暴富群体。到清代，沙船业一直是上海县城内最兴旺获利最丰的产业。由此可见，元代漕运使用沙船运输后，刺激了上海沙船业的发展，同时又促进了上海港的兴起和上海城市经济的发展。也正是这样的原因，元至元二十九年（1292年），上海由镇升格为县，其中沙船和海上航运、贸易起了至关重要的作用。

明代，朱元璋登基后，一纸海禁令贯穿了整个明朝，所以上海港也随着沙船航运业衰弱而衰退了，海上漕运也改道为运河漕运，但明代上海港的重要地位并未削弱。永乐十年（1412年），明政府为便利海船进出长江口，在吴淞口入海处岸边筑起方广百丈、高30余丈的峰堠土山，名曰"宝山"（今宝山之名由此而来），"昼则举烟，夜则举火"，上海商人既可溯江而上，又可沿海北行。

清兵入关后，明朝遗臣拥戴幼主建立南明政权，在沿海继续开展抗清斗争。所以，清初仍然实行"海禁"政策，上海的"海禁"依然相当严厉。明末清初人曾羽王在《乙酉笔记》中写道：沿海的百姓不能到海上捕捞，不能在海边晒盐，清廷还在海边树立"居民过限者，枭示"的警示牌，擅自进入海边者要杀头示众。

康熙中年后，时局发生了很大的变化。二十二年（1683年）清军攻占台湾，标志着沿海反清势力全部被肃清。二十四年（1685年），康熙颁"弛海禁"令，下令放宽对近海航运和贸易的管制，从此结束了中国从明初开始实行的海上航运和贸易禁令，为上海及沿海地区经济发展起了极大的作用。

开放海禁后，上海港又一次中兴。元代的沙船载重在1000石（约50吨）左右，到了清代，随着造船技术的发展，沙船的载重已达3000石到4000石之间。据记载，乾隆年间上海有沙船约3500条左右，年运输能力在30万吨左右。

至雍正七年（1729年），海禁完全解除，海区大开，国内外海船往来逐渐增多。同年，苏松道由苏州移驻上海，直接管理上海海关。乾隆元年（1736年），又将太仓州并入苏松道，改称分巡苏松太兵备道，人们简称苏松太道，或海关道、上海道、沪道。苏松道移驻上海，反映了上海商业贸易的发展和行政地位的上升。

乾隆年间的上海港已相当繁荣了。"凡远近货迁皆由吴淞口进泊黄浦，城东门外舳舻相接，帆樯比栉。""往来海舶俱入黄浦编号，海外百货俱集。"到乾隆中、晚期，停泊在上海港的船舶已渐增至3000多号。其中以江南的沙船居多，南方粤、闽、浙的估船、乌船、蛋船次之，北方山东、直隶的卫船较少，间有日本、朝鲜、安南、暹罗等外国商船。

嘉道年间，上海沙船业已极发达。道光四年（1824年），南黄河水骤长，高堰漫口，自高邮、宝应至清江浦河道浅阻，漕运遇到很大困难。清政府决定重开海运漕粮之路，调安徽巡抚陶澍为江苏巡抚，总办漕运，设"海运总局"于上海；以理藩尚书穆彰阿为验米大臣，会同直隶总督负责在天津验收漕米，设"收兑局"于天津。同时，雇用沙船承运漕粮。道光五年（1825年），苏州、松江、常州、镇江、太仓四府一州装粮驳船陆续开赴上海，在白莲泾等支港停泊验收，然后在规定时间驶至停泊于黄浦江中的沙船交兑。那时，在上海大小东门外黄浦江上，沙船两船一联或三船一联，停泊江心。驳船交兑完毕，沙船也驶离黄浦江，开始清代第一次漕粮海运的航程。关于这次漕运，上海《沪城岁事衢歌》记载其盛况说："丙戌正月，各郡并集，自南及北五六里，密泊无隙。元夜万艘齐灯，寻丈桅樯，高出水面，恍如晴霄星斗，回映水心，上下一色，诚钜观也。"这年共使用500石至2000石不等的沙船1562艘，总共运粮1575714石8斗，途中损失3088石6斗，损耗率不到千分之二，开支运费1400000两。由于海运漕粮，沙船运输业空前发展，从而更进一步促进了上海海运贸易的繁盛和上海港的繁荣。

上海崇明"东乡富户率以是起家，沙船盛时多至百余艘"。康熙年间，上海的沙船业主张元隆，拥有沙船28只，"元隆自置船只，皆以百家姓为号，头号赵元友，二号钱两仪，三号孙三益，四号李四美，五号周五华之类，则其意要沙船百只之说，不虚矣。"在乾嘉年间，类似张元隆这样的大沙船业主不乏其人。当时上海最大的沙船业主号称"朱、王、沈、郁"四家。其中朱家"家资敌国，称之为朱半天"。而王氏文源、文瑞兄弟的"王利川"号拥有沙船上百艘，在十六铺南面自建码头，此即迄今仍被叫喊的"王家码头"。至于郁氏郁润桂有船七十多艘，雇工七千多人，人称"郁半天"。

进入近代以后，机器火轮船的出现，沙船就相形见绌地成为一种落后的交通工具，其被淘汰也成了必然趋势。同治九年(1871年)，朱其昂奉李鸿章之命创办轮船招商局，1877年，招商局购进旗昌轮船公司的火轮投入营运，为保证招商局的航运业务，李鸿章下令将一半的漕运业务划归招商局，这不啻是对上海沙船业的最大打击。由于火轮运输迅捷、安全、方便、可靠、价廉等因素，以后，不仅大部分漕运划归火轮运输，就连其他商号的货物也逐渐委托火轮运输。到光绪中年以后，落后的沙船根本无法与先进的火轮竞争，上海的沙船业也从此走向衰亡。正如《上海郁氏家谱》中讲的："公讳熙绳，号正卿，字亦泉。六世祖考竹泉公次子。弱冠入庠，总管家产。其时沙船已歇，行号犹存，因几番匪乱，市面萧条，营业一落千丈，势必至此。"

开放海禁后的上海港

康熙二十四年（1685年）清政府在攻占台湾并稳定局面后，开放了海禁，并在上海县城小东门内旧察院设立海关。至此，江南沿海诸港又繁盛起来。上海人重操旧业，造船下海，捕鱼贸易，贩货海外。崇明、上海的本地船帮表现异常海跃，私造大船，满载南北货物，终年往来于南洋、北洋，沟通琉球、日本、满剌加、交趾等番地，于是"地方赖以富饶"。

当时所有的远近贸易，都入吴淞口进泊黄浦江，上海县城东门外舳舻头尾相接，帆樯如林，蔚为奇观。"每日满载东北、闽广各地土货而来，易取上海所有百货而去"。闽广浙鲁客商云集，竞相逐利，上海港便迎来了真正的起飞。

嘉道年间的上海港从南门外的南码头、周家渡到大小东门外的黄浦沿岸已形成颇具规模的港区码头。其中北航船只主要集中于南门外南码头、董家渡一带。沿浦之地设有大小铁木作坊，修配船具用件。一些大船主开设的船厂也多在南门外。大小东门外的沿江码头仍是南洋航线海船主要的泊靠地区。因南洋航线海船吨位大，吃水深，常多泊于江中心。嘉庆年间的上海港之繁荣已超过乾隆年间，"其海舶帆樯足以达闽、广、沈、辽之远，而百货集焉"。及至道光年间，更是"迢迢申浦，商贾云集，海艘大小以万计，城内外无隙地"。据估计，至鸦片战争前夕，上海港的航运船只总数已可达4000艘以上，航运总吨位可达42万吨左右。

随着上海港的日益兴盛，形成了通往国内外的几条航线：

北洋航线。包括上海至牛庄、天津及芝罘三条线。

南洋航线。包括上海至浙江、福建、台湾、广东四条线。

长江航线。往来于上海和长江各港，包括汉口以下的九江、安庆、芜湖、南京和镇江等地。

内河航线。主要开往江浙、皖、鲁、冀等地。

国外航线。海禁初开时，上海港有驶往日本的商船。乾隆二十四年（1759年）以后，清政府停止广州以外各港口的对外贸易，但仍允许华侨经营的船舶往来于上海和日本、朝鲜以及东南亚地区。

这里，必须重点叙述一下花布及豆类贸易。造成上海强势贸易中枢的一个关键因素，除了优越的地理位置外，居第二位的就是棉布。

"沙船之集于上海，实缘布市。"上海是海内优质棉的产地。上海出产的棉布，厚实耐用，从元代起就很闻名，"松（江）太（仓）所产，为天下甲"，而上海的棉布又"甲于松太"，明代就行销"秦、晋、京、边"、"湖广、江西，两广诸路"。外国人称之为"南京布"的这种布匹，从18世纪到19世纪20年代，曾大量转销到美国、拉丁美洲和西欧等地，驰誉海外。如1809年从中国运到美国的这种布匹达376万多匹，1819年达313万多匹，英国商人从1817年到1827年每年自中国输入布匹多达80万匹，少也有20万匹，甚至在法国作家雨果的名著《悲惨世界》中也描写了一位穿着"南京布"的长裤的纨绔公子，可见中国手工织造的土布影响之大。

由宋至明，松江府逐步发展成为全国的棉纺织业中心。明正德《松江府志》："乡村纺织，尤尚糟敏，农暇之时，所出布匹，日以万计。以织助耕，女红有力焉。""纺织不止村落，虽城中亦然，织者率日成一匹，有通宵不寐者。""里媪晨抱纱入市，易木棉以归；明旦复抱纱以出。"松江人日以继夜地从事棉纺织业，许多家庭是白天抱着纺好的纱或织好的棉布到街头去出售，再买回棉花或棉纱，晚上在家挑灯开夜工纺纱或织布。《茸城竹枝词》赞道："关山东去复山西，棉布松江尺阔齐。似比蚕桑衣被广，空梭停织唱头鸡。"

正由于不断的普及推广，上海县及其周边的松江府棉纺织业日益兴盛，产量越来越高，质量越来越好，松江棉布在全国声名鹊起。叶梦珠

《阅世编》："吾邑地产木棉，行于浙西诸郡，纺织成布，衣被天下。"《松江府志》载：松江人"俗务纺织，他技不多"，所织的精线绫、三梭布、绫纱方巾、剪绒毯"皆天下第一"，"吾乡所出皆切实用，如绫、布二物，衣被天下，虽苏杭不及也"。

外地商人纷纷到松江来收布，布商挟重资而来，白银动以数万两，多则数十万两，以致明代的小说，如《金瓶梅》等，都有到松江贩卖棉布的情节。松江棉布影响之大可见一斑。

棉布贸易是形成上海南北贸易频繁，"商贾云集，帆樯如织"的重要原因。而在县城东南方形成的第一个大集就是棉花交易市场。南市的花衣街就是当时专营棉布生意的交易街。历史记载，城东南隅，每年八九月份，比户列肆，捆载通海，"市往莱阳者为子花，售洋商及闽广、汉阳、关东诸口者皆棉花，岁不下数万"。近港的棉花交易市场由此形成，并使县城东南一带成为当时上海最为繁盛的地方，县城的东南一带其实指的就是如今的十六铺及董家渡一带。沙船的号子都集中在此，各地运载的南北货物也在这里集散，行号、店铺林立。

其次是豆类贸易。清代开海禁以后，东北和华北等地输入上海的商品主要是杂粮、大豆和豆饼。道光十一年（1831年），东北、华北输入上海的大豆、豆饼约950万担。其中大量大豆和豆饼由上海转运长江三角洲地区，因而上海港前往关东、山东的航线十分繁忙。豆以豆油、豆饼、大豆为主，由牛庄（今营口）、天津等口岸装载。另外，还从山东运回枣子、水果、腌腊制品、线粉丝等土产，而布、茶叶等南货也由沙船载往北方返销山东、直隶、关东一带。这条就是上海港的北洋航线。这条航线货运数量属大品种多，在当时上海各大航线中占据突出地位。北洋航运，除上海本地船户有所参与，较多的还是山东商人，其中，胶州、登州等帮派的船商都具有很强的势力，甚至能与上海税行协议航运贸易规则。道光七年(1827年)，来自西帮及胶帮、登帮、文莱帮、诸城帮等船商代表，连同上海税行共同集议"关山东各口贸易规条"，制定航运贸易规章。

明清时期，豆米业在邑城商业中处于领先地位。各行业向以豆米业的"九八规元"为白银的成色标准。海盐帮冯氏，在清咸丰十一年(1861年)购进集水街(今东门路)平房及空地，翌年开设冯万通酱园，后在豆市街建造酱工厂。清代以后，北方海船将大豆等货品运抵上海，商人又将大豆分散运销江南各地，码头上豆麦堆垛似墙，豆行货栈生意兴隆，于是有了一条因豆市交易而负盛名的"豆市街"。它是上海豆、麦、米、食油批发商行集中地，有致祥、义昌、益康、益慎、恒久等老商号。当时有"几日牛庄船不到，油、豆看涨三分"之说。附近棉阳里、萃丰弄、吉祥里一带汇划钱庄多因豆市而设。

民国二十五年(1936年)，南市有米号44家，抗战后增加到247家，建国初406家，占全市米号总数的20%，可见南市豆市之兴旺。作为豆业集散地的上海，发挥了长江三角洲地区同我国东北、华北等地区经济联系的枢纽作用。

其他贸易大类还有米谷、糖霜、茶叶、烟叶、木料和百货等。通过糖霜及百货等贸易，上海又成为长江三角洲地区同闽粤地区经济联系的枢纽。历史记载，"闽粤人于二三月载糖霜来卖，楼船千百"。广东、福建人把槟榔这些具有南国特色的土产带到上海，其中糖、烟、苏木、染料、药品等类每年运往江南的数量极大。广东的糖在上海占有很大市场，《阅世编》提到："糖蔗，取其浆为糖，产于江右、岭南诸郡，此地从未有也。"

福建泉、漳商人头脑灵活，善于经营，他们还把生意做到了台湾。在台湾与大陆沿海的贸易中，多的便是泉、漳商贾。从上海到台湾，这些福建商"或载糖、靛、鱼翅到上海，小艇拨运姑苏行市，船回则载布匹、纱缎、丝绵、凉暖帽子、牛油、金腿、包酒、惠泉酒"。从上海港运回的这些江南货品深受海岛人民的欢迎。

"商贾造舟置货，由福建厦门开船，顺风十余日，即至天津，上而关东，下而胶州、上海、乍浦、宁波，皆闽广商船贸易之地，来往岁以为常。"乾隆《上洋竹枝词》曾提到闽广船及从那里贩过至上海的物产："东门一带烟波阔，无数樯桅闽广船。""近日上洋风俗改，市人尽效嚼槟榔。"上海的客商属粤商、潮州人多势众，两地又下分帮派，仅潮州一地就有"八邑"之分。福建则以漳州、泉州两地商民最多。浙江毗邻上海，地理相近，习俗相通。浙江素以经商见长，而宁、绍两府之民更因"襟山带海，地狭民稠"，长期以来一直有出外经商谋生的习惯与传统，与上海近在咫尺，宁、绍人捷足先登，早早来到上海开铺设店。他们带来一些咸鱼、干果、笋干、火腿，但更多的是从事区域间转输贸易，买进卖出，从中谋取利润。

但是，令人遗憾的是，直到清代鸦片战争以前，上海未能发展成为对外贸易港口。清政府出于政治、经济原因，在对外贸易上推行"闭关锁国"政策，用政治力量限制进出口贸易，实行广州一口贸易的体制。上海的国外航线仅在清政府允许的范围内发挥有限的作用，清政府允许华

＊ 清末上海港待运的货物

侨经营的商船往来于上海和日本、朝鲜以及东南亚地区。

海上和内河贸易的发展，加快了上海商业城市的形成。自康熙中期到道光初期的两百年间，上海县城得到了前所未有的发展。嘉庆、道光年间，凡远近贸易，"辄由吴淞口入舣城东南隅，舳舻尾衔，帆樯如栉，似都会焉"。嘉庆《上海县志》序文中这样写道："上海，为华亭所分县，大海滨其东，吴淞绕其北，黄浦环其西南。闽广辽沈之货，鳞萃羽集，远及西洋暹罗之舟，岁亦间至，地大物博，号称繁剧，诚江海通津，东南都会也。"虽有溢美之处，却清楚地表达了上海崛起缘由。上海的成长，与江海、与海上贸易的开辟、与港口发展是密不可分的。

海关和关桥码头

十六铺往南外马路一带，俗称"关桥"，沿江的码头也被叫作"关桥码头"。这里不仅是上海主要的浦江过江码头，也是由水上进入上海的水果集散地。据说，上海市场上的水果一半以上是从"关桥码头"入口的，所以"关桥"和"关桥码头"也是上海知名度很高的地名之一。可是，这里并没有什么"桥"，许多人弄不清"关桥"和"关桥码头"是从何而来的。

在老城厢的河流中，有一条叫肇嘉浜，是古代流经上海县城的最大河流，这条河流相当于今天的肇嘉浜路、徐家汇路、方斜路、复兴东路。关桥就是肇嘉浜入黄浦口的一座木桥。因为这里以前有个海关，所以被叫作"关桥"。

清康熙二十四年（1685年）清廷颁布了《弛海禁》令后，上海港也随着"开放"政策而中兴。为了加强海上航运的管理和征税，康熙年间，清

廷在上海崇阙的地方设立了海关,但是崇阙是个落乡地方,根本无法行使海关的职能和权力,仅三个月后,这个海关又迁到了上海县小东门内旧察院,也就是今天新开河黄浦江边。这个海关"专司海船岁钞",并兼管江苏内河航运,所以叫作"江海大关"。当时,上海海关统辖长江南北600余里海岸线内的18处海口。随着上海海运业的发展,尤其是近代以后上海对外贸易额的上升,上海的江海大关年征税额激增,成为清廷财政税收的重要来源之一,其地位和作用也与日俱增。

1853年9月上海爆发小刀会起义,江海大关内藏有二百万两关银,成为小刀会攻打的主要目标,就在这次战争中,江海大关的建筑彻底被毁坏了。

上海的江海大关是清廷税收重要来源之一,而当时太平天国已定都天京(南京),清廷也组织"江南"、"江北"两个大营进攻和包围太平天国，而清廷的财政严重不足，其中江南大营的军需和军饷直接从上海江海大关中调拨，所以，江海大关被捣毁后，直接影响了清军的军费开支，清廷即令上海道立即恢复海关工作。而当时租界及进出上海的外国商人也以中国没有一个完整的海关机构为理由来逃避纳税，他们称"中国海关不能保障外国商人的安全和正当利益，外国商人也没有向中国海关交税的义务"，企图拒绝纳税。而外国的驻上海领事更是棋高一着，他们一方面设立专门机构，向进出上海的外国商船征税，另一方面对上海道声称，他们代上海海关征税并保管，是尽一个驻外领事的职责，他们保证将所征税额妥善保管，并在适当的时机归还给中国政府。但是，中国海关必须建立健全制度，保障纳税人的权力，所以，只有当中国海关能正常工作，并在中国政府有足够的能力保护纳税人权益后，才能将税银归还。在这种情况下，中国政府被迫同意由上海英、美、法三租界各派一人组成"上海关税委员会"，以监督上海海关的运作。此后，这一办法在广州等开放口岸推广，使中国的殖民地、半殖民地化的程度加剧。

上海关税委员会建立后，上海江海大关就分为主管对外贸易和对内贸易两大部分。其中对外贸易管理的海关就迁到英租界外滩13号，即今外滩海关大楼原址上。这个关在原海关之北，所以被叫作"北新关"或"江海北关"。

1855年小刀会被镇压后，上海道即在新开河江海大关原址重建海关，但是，这个新海关刚建成恢复工作后不久，又遇上1860年的太平军东进，海关建筑再次被损坏。而就在此时（1861年），上海道同意法租界的南界从新开河扩展到方浜（今方浜东路），这样，新开河被划进了法租界。1867年，上海道叶廷眷重建海关，就只能将海关建到老城厢的肇嘉浜黄浦江边了。这个海关位于原海关之南，故被叫作"南新关"或"江海南关"，又因其与中国大多数的海关一样——负责国内贸易的征税,所以也叫作"江海常关"。

　　海关是上海地方政府的重要衙署,在海关临黄浦江边建造了一个码头,进出上海的官船即从此码头上下,所以这个码头被叫作"大码头"或"官码头"。由于这个海关坐落在肇嘉浜畔,为方便进出,又在海关的肇嘉浜上建造了一座木桥,过桥即直抵海关。于是,这座桥就被叫作"关桥"。这就是"关桥"和"关桥码头"的来历。

　　上海的海关虽由外国人组成的"关税委员会"负责监督,但海关一直是中国的主权机构,因而,中国仍力图收回外国对中国海关的监视权。民国以后,所有的对外航运管理和征税业务归并到江海北关,于是,"江海南关"就成为单一的国内航运和贸易的征税机构。1929年后,为营建东(门)东(昌路)浦江对江渡,海关的大码头被改建为东门路渡口。同样,由于肇嘉浜也填平筑路,关桥也被拆掉了,只有"关桥"和"关桥码头"的地名依然能告诉后人——这里曾是上海海关所在地。

* 清政府在外滩设立江海北关

中国最大的老码头——十六铺

　　1832年，清道光年间，大清帝国已步入其衰败的十字路口，虽然其"天朝"的光环还在。就在这一年的夏天，两个英国人躲在吴淞口的芦苇丛中整整一个星期，观察着计算着：在这7天内，有多少帆船经此驶往上海？琢磨着估量着：这个地方值不值得英国以武力打破当时中国仅在广州粤海关"一口通商"的限制？英国人为何在中国漫长的海岸线上选择了这个点来落实他们的调查？在他们上交的报告《"阿美士德号"1832年上海之行纪事》里有这么一段话："上海事实上已成为长江的海口和东亚主要的商业中心，它的国内贸易远在广州之上。"而乾隆年以后的十六铺，是中国和东亚最大的码头。这次调查，使得英国议会的决定中含有两项关键内容：不惜以武力打开中国通商大门；一定要清政府开放上海，实行"五口通商"。

　　让我们来回放这一段历史。

　　1832年，英国东印度公司广州分行大班马治平派遣阿美士德号商船从澳门出发，沿中国海岸线北上考察，寻找新的通商地点。全船70余人由船长礼士带领，随员有广州英国商馆办事员胡夏米，德籍传教士、翻译兼医生郭士立。抵达上海后，他们把那艘在中国人眼里怪模怪样的西洋帆船停在吴淞口外，换了小艇，不顾吴淞口和蕴藻浜附近中国炮台的警告，于1832年6月23日下午4时，混在众船中，在十六铺东门外的天后宫处登岸，要求马上会见上海地方最高长官苏松太道的道台。道台以不出事为原则，送菜送肉，优渥款待，还让他们参观县衙、街道和吴淞炮台，竭尽"款夷"之能事，惟坚称无权答应通商，希望其从速离开。

　　两个英国人躲在吴淞口的芦苇丛中观察后发现，"在7天之内，共有400艘大小不同，载重自100吨至400吨的帆船经过吴淞驶往上海"。据此统计，郭士立在《中国沿海三次航行日志》中说："上海是中国最大的商业中心。"400艘船，以平均载货300吨计算，7天之内的到港货物当是12万吨。以春秋两季航行150天计算，全年经吴淞口的海船载货就有250万吨以上。加上经吴淞江到达十六铺的长江及内河船，十六铺的运输量超过500万吨。即使考虑到东印度公司向英国政府夸大的因素，上海港在远东的地位仍然是显赫的。他们在报告中说，如果他们看到的情况是全年平均的话，那么上海港不仅是中国的最大港口，而且是世界的最大港口之一。所以，西方商人说上海原是小渔村，是不符事实的。阿美士德号在上海共停留18天，7月8日才离开。在上海地区，胡夏米等人除了到过上海县，还到过吴淞镇及其周围地区，考察市情，包括军备、物产、贸易、庙宇、民俗。

1843年，英国植物学家福春来上海游览，在其所著《中国游记》中极力称赞上海优越的地理位置。他说：上海在五口通商中，为最北之一埠，人口约有27万。上海城坐落于一优美河流之岸上。此河被一般外国人通称为上海河，其在上海之一段，宽与伦敦桥所在之泰晤士河相等。河之主要航道颇深，苟能知其底蕴，便易于航行。他认为：

> 中国沿海各地之国际贸易，以上海为最重要，故能引起多数民众之注意。鄙人所熟谙之其他都市，均无上海所有之便利。上海为中国之大门，就实际而言，凡至中国者，以上海为主要之入口。溯河而上，以达县城，即见桅樯林立，可知为国内商业云集之所。

经过蓄谋已久的准备，英国终于挑起了鸦片战争，用坚船利炮轰开了中国的海上门户。1843年11月17日，按照《南京条约》，英国首任驻沪领事巴富尔和上海道台宫慕久宣布上海正式开埠，允许英商租地居留。从此，外国的商人"冒险家"蜂拥而至。虽然这些商人"冒险家"和各种各样的投机分子来路不一，其所经营的业务和手段也各异，但他们都有一个明确的共同目标，即不择手段地掠夺榨取、积累资本、发财致富。

首先，上海变成了西方殖民者掳掠、贩卖中国人口的一个重要港口。在《大英百科全书》中，"上海"一词的释义之一，是"被出卖了"。这是因为，上海开埠后，停靠在黄浦江边的西方殖民者的船只，一到天黑，那些被雇用的外国水手纷纷上岸，遇见单身行人，即用布袋连头套住，肩扛而去。在被他们掳掠的中国人中，有男有女，还有小孩。他们把中国人掳上船只以后，就关押在货舱中，开到美洲或澳洲的一些城市高价出卖，赚取大钱。这就是《大英百科全书》中"上海"一词释义为"被出卖了"的由来。

其次，上海变成了西方殖民者倾销鸦片、商品和掠夺中国原材料的基地。1843年，上海已有二三十家洋行，后来洋行陆续增加，如英国怡和洋行、颠地洋行、老沙逊洋行和美国的旗昌洋行等都是臭名昭著的鸦片贩卖行。大量毒害中国人民的鸦片及各种商品，从上海发运全国各地；无数中国人辛勤生产出来的农副产品和工矿原料，从上海孔道流往西方。西方殖民势力的魔爪，也从上海伸向中国的四面八方。

如果拉一根绳子去量量中国的海岸线，上海大致就在这根线的中间，它先天的地理优势，加上后天不断完善的港口条件，使它成为19世纪中叶至20世纪初的东方第一大港，不但承担中国本国的南北货运交融中心，还成为东南亚周边国家大宗商品的物贸交易的集散地。

在中华帝国的贸易地图上，和中国有交往的世界被分为"东、西、南、北"四洋，上海则是交通四洋的圆心。从广州来的"广船"装的是大大小小的"西洋"货，有安南、暹罗的木材和珍奇动物，波斯的香料，西欧的钟表眼镜等器物；福州来的"闽船"装的是"南洋"货，有中国台湾、爪哇、马六甲的糖、燕窝、海参、桐油、银元等;从宁波来的"宁船"装的是"东洋"货,主要是日本关西和九州的铜和铜器等;还有一种天津卫来的"卫船",装有山东、满洲、高丽出产的大豆、油饼、食油和杂粮等,称为"北洋"货。

"生意兴隆通四海,财源茂盛达三江",十六铺的重要,不仅在于外向的沿海和远洋运输贸易,还在于它能够连通内地的"江、河、湖、海"。长江是中国通航距离最长的河流,向西直达"天府之国"成都平原。吴淞江可抵的京杭大运河是中国南北通航距离最长的河流、中央王朝的经济命脉。太湖流域是中国经济、文化的精华地区,"苏松熟,天下足",生产力、购买力最为旺盛。长江口外的东海,水产丰富,宝山、崇明、舟山、嵊泗的舟船交通甚为频繁。处于这样襟江带海的地理条件中,"十六铺"成为中国沿海运输和贸易的中心似乎是必然的。

1843年上海开埠后,加速了十六铺码头和上海港的全盛进程。1849年,英商开辟上海至香港的定期航班。第二次鸦片战争以后,长江对外开放,北部沿海几个城市开放,长江航运业和北洋航运业迅速发展。1861年英商开辟了长江航线,1862年至1864年,上海有不下于20家洋行经营长江航运。与此同时,上海至牛庄、天津、烟台三口的航运业务发展很快。1862年,美商旗昌洋行在上海设立旗昌轮船公司,这是外国资本在上海设立的第一家专业轮船公司。群起效尤的有英商公正轮船公司(1867年)、北清轮船公司(1868年)、太古轮船公司(1872年)、华海轮船公司(1873年)、扬子轮船公司(1879年)。1881年,怡和洋行合并华海轮船公司与扬子轮船公司,组成著名的怡和轮船公司。1872年,轮船招商局成立,这是上海第一家中国资本的轮船公司。到19世纪70年代,上海已形成远洋、长江、南部沿海、北部沿海等比较齐全的航线,成为中国与外部世界的最大物流通道。

太古轮船公司，1872年1月1日由太古洋行行东施怀雅筹资创办，在伦敦注册，总公司在上海。主要经营中国沿海内河的航运，开通至汉口、九江、镇江、香港、天津、营口、威海卫、北海、沙市、宜昌、万县、厦门等埠航线，在上海与日本、澳洲与菲律宾间也有定期航班。初创时有轮船两艘，到1927年已有74艘，1930年有108艘，为外资在上海投资最大的轮船公司之一。

怡和轮船公司，1881年创办，由怡和洋行和华海轮船公司及扬子轮船公司合并改组开办，本部设在伦敦，有轮船13艘，经营长江及中国沿海航运，在上海、天津、汉口、九江、芜湖、宁波、烟台、青岛、营口、安东及香港等埠设分号或代理处。到1935年有轮船62艘，为外资在上海投资最大的轮船公司之一。上海公和祥码头、旗昌码头、董家渡码头、华顺码头均为其产业。

轮船招商局，简称"招商局"，是晚清最早设立的官督商办的轮船航运企业。1872年，李鸿章派朱其昂拟定章程试办，1873年招商集股，正式成立。初由朱其昂任总办，朱其诏、李振玉任会办；翌年又有唐廷枢、徐润等出任会办。名为商办，实为官商合办。大权归官方掌握。总局初设上海永安街，分局设于天津、汉口、广州、香港及国外的横滨、神户、吕宋、新加坡等19处，揽载各地货运业务。初期业务为承运漕粮，兼揽商货，与当时英美轮运企业有激烈竞争。1877年购进美商旗昌轮船公司，包括轮船14艘和码头、堆栈等全部财产，实力大增，拥有大小轮船27艘。

十六铺码头原名金利源码头，1862年后为英商旗昌轮船公司所有。1877年旗昌歇业，金利源码头成为招商局产业，主要作为北运漕米的集中转运站。抗日战争后，招商局将产业转让给美商卫利韩公司，改名为罗斯福码头。太平洋战争以后，为日军占用，改名为江西码头。抗战胜利后，由招商局收回，改名为招商局第三码头。

上海开埠以后，对外贸易发展迅速，1844年直接进出口贸易总值为989千镑，1849年达2 964千镑，翻了两番。1850年后发展更快，1859年比1850年增加近6倍。1853年，上海取代了广州的中国对外贸易中心地位。以后，上海贸易中心地位不断强化，不但遥遥领先于广州、宁波等其他口岸，而且在全国一直充当半壁江山的角色。这一时期，上海进出口总值平均占全国一半以上，1864年占57%，1900年占55%，其中进口通常占六成以上。当然，不同阶段，上海对外贸易增长速度并不一样。1861年以后、1884年以前，上海进出口贸易处于波动不定的增长中，1884年以后，进入持续上升阶段。贸易国别中，英国在上海外贸中比重最高，1860年代，占将近60%，美国、日本、欧洲大陆国家所占比重刚刚超过10%。到1890年代发生变化，英国本土比重下降到22%，美国、日本、欧洲大陆国家的比重上升到40%以上。

在转口贸易、国内埠际贸易方面，上海起枢纽作用。从上海进口的洋货，有70%以上要运到内地其他口岸。从内地运到上海来的土货，有80%以上要出口到国外或运到国内其他口岸。转口贸易地区，以长江流域为主，占60%—70%；其次是华北地区，再次为华南地区。

"十六铺"名震四海，不仅代表了一座码头、一个港口，而且还代表了一个地域，促进了一方的繁荣昌盛，并形成了极具海派色彩的"码头文化"。

探究"十六铺"的来历，有人会以为这里原是上海滩上第十六座码头而得名，也有人认为这里曾开设过十六家商铺而得名……

其实这些说法都不完整。原来，十六铺从来就不是一个"码头"。上海在清代实行图、保的行政制度，规定在县级以下设"图"，"图"以下设"保"。据此，在上海县境内共设217个"图"。上海县城（即城厢）所在地设：四图至十一图、十六图，共九个图；清代中叶以后，上海县城经济发展较快，城内和东门外居民密集，商店、铺号栉比鳞次，成为东南沿

* 20世纪20年代的金利源码头,后为十六铺码头

五方杂处的十六铺 *

海的主要港口城市。1860年,太平军攻占苏南、浙北的大部分城市并向上海挺进,清政府为了防御太平军东进和镇压太平天国运动,下令上海道应宝时及负责上海兵防的杨仿建立一种军民联保联防体制的商业团防,还把上海城厢划分为27个"铺"。所以,"铺"是一种行政地名,而决不是商号的"铺"。"铺"除负责辖区范围内治安、行政外,还须完成上级下达的征饷任务。当时,十六铺是最大的一个铺,它管辖相当于今天的东门路以南、中华路以东、万裕码头街以北、黄浦江以西的地方。由于这里码头多,出入旅客集中,名气也最响。

1906年,清政府为形势所迫推行宪政,各地实行地方自治,于是上海自治公所成立,"铺"这种军民联防制被废除,代之以坊、闾为单位的行政体系。1927年,上海改为特别市,将"铺"取消改为以区为单位的行政体系,但"十六铺"却因名气响、沿用久而被保留下来。

如果以现代港口的商贸格局来看,大吞吐量的港口,一定伴随着的是物流中心、金融中心、商贸中心。清开禁后的上海港也不例外。十六铺就是这样伴随着沙船带来的南北物流交汇而形成的商贸与物流中心。又因为沙船业的大流通与巨额物贸的特点,众多沙船号子的交易与物运都需要巨额资金的支撑,因此带来了近岸钱庄业的迅速崛起,上海县城内遍布一地钱庄,于是老县城就成了当时的金融中心。又是因为沙船的物流交汇,带动了整个城市各行各业的发展,而各行各业的发展又汇集了南北各地的人流、物流、财流。乾嘉时期,"南市十六铺以内,帆樯如林,蔚为奇观。每日满载东北、闽广各地土货而来,易上海所有百货而去。"

城外东南隅一带"店铺栉比,万商云集,百货山积,人马喧阗,万头攒动,摩肩擦背",形成一个繁华的商业区。各行各业在此汇聚:南北货、水产类、杂粮油饼行业、水果行、药材、桐油等,每一个行业类别因为聚类销售之因，几乎都会遍布一整条街，于是在县城内便形成了很多特色街，街名也以所卖的货而定，闻名便知所售货物。例如，近十六铺码头有一条"铁锚弄"，因经营铁锚、铁链、绳索的铺子而出名。另外一大批因船而起的挑夫、水手等脚力市场也遍布十六铺一带。十六铺真成了一个五方杂处、热闹非凡的东方大熔炉。

明末清初时期，上海城墙里的街市是江南二等城市的传统工商业格局，到城外东南的十六铺兴起后，一时成为县城外的闹集。这里聚会八方移民，各地方言杂呈，广东、福建、宁波、山东甚至东西洋语，都在这里交汇，生意兴隆，人口密度高于城里。时有《沪城岁事衢歌》曾描写上海县城南门、大小东门一带，亦即十六铺地区的繁荣状况：

　　一城烟花半东南，粉壁红楼树色参。

　　美酒羹肴常夜五，华灯歌舞最春三。

十六铺的兴起让上海的城墙早在它被拆除前就已经在概念上被推翻，这不再是一个中华地图上的普通县城。走在街上，你听得到广东话、福建话、宁波话、山东话，甚至外国话；你买得到各地小吃，看得到各式举止风俗。忽略行人脑门后的辫子和身上的大褂，将市政建筑格局淡出你的视线，抽象出来的这个地方，移民甚多，步履匆匆，生意兴隆，机会遍地都是又稍纵即逝。有人抱怨着人情冷漠，也同时感到了身心俱醒的自由，这熟悉的一切分明就是现在上海的底色。十六铺造就了这样的一个上海，而这个上海，让东方和西方殖民地商人垂青有加，急不可待。而官方则认为这个地方"商民刁滑"、"市井繁剧"，难以治理。

大量的外来人进驻，带着他们不同地域的文化差异，带着各自复杂的背景，还带来各色人等的百样营生。潮州人买卖鸦片，福建人引入花会赌博,苏州人、扬州人带来妓院,还有地下的青、洪帮会。帮会内部还有各个地区、行业的码头、山头。这里是上海最复杂的地区。一般没有见过世面的内地进士、举人,纵有满腹韬略,也难以管理。开埠不久,江苏巡抚干脆把上海道台的大印卖给了广东商人吴健彰。

清咸丰以后,上海的帮会逐渐本土化,江苏、浙江、安徽人的帮会占据市面。原先是广东潮州帮垄断鸦片贸易,福建泉州帮操纵各种地下营业。这些海上来的移民,多属洪门系统,俗称"洪帮"。至19世纪末,本地籍的江苏各县移民大量进入上海,他们属于运河码头清门系统,俗称"青帮"。码头是帮会的土壤,十六铺是上海青帮的渊源之处。从苏州来上海的南市帮会头领黄金荣,凭其与地方官吏和法租界的关系,掌握了十六铺地区的"三十六股党",最终把鸦片生意从广东人手中夺过来,并自称青帮老头子,在上海广招门徒。

十六铺是中国轮船业的大本营,内河及长江客货运输集中在这里。这些轮船公司、码头,除了招商局是大公司外,其他都是中小型的。但是,因为上海与江苏、浙江的天然关系,这些中小轮船公司的业务最忙。十六铺中资公司经营的内河、长江航运犹如密密麻麻的毛细血管,渗透到外资难以到达的地方。每遇天灾人祸,战乱饥荒,都乘船从十六铺大量拥入上海。

这里是上海最混乱的地区之一。但也因为如此,它具有长久的活力,许多中国内地人士敢于在这里创业。如果说"十里洋场"是外国人的"冒险家的乐园"的话,十六铺就是中国人的"冒险家的乐园"。许多人从一个外地小瘪三,经过十六铺的闯荡,摇身一变,俨然以富翁、老板的样子走进"十里洋场"。"穷人英雄"——上海帮会中最显赫的人物杜月笙,就是十六铺卖水果出身。他带着一帮十六铺徒弟,在法租界、公共租界以及虹口、闸北、杨浦地区翻云覆雨,打下了一片连蒋介石、戴笠都羡慕和无奈的天下。

上海的苏北人和宁波人，对十六铺最有认识。1904年，南通实业家、清末状元张謇在租界找不到码头，就在十六铺创办大达轮埠公司和码头。这是中国第一家民办轮船公司。1907年，宁波商人虞洽卿也在十六铺创办宁绍轮船公司。两位实业家，一为绅士，一为青皮，但都为家乡谋福利，一线牵连南通、宁波，把上海的资金引回去，把南通、宁波建成了"小上海"。同时，大量的苏北人、宁波人在十六铺码头登岸，他们在上海的同乡数量，远远超过上海邻近县份如青浦、昆山、嘉善、嘉兴等地人的数量。张謇死后，对发祥之地十六铺深有感情的杜月笙，利用黑、白、红公共关系，成功地控制了大达轮埠公司及码头的股份，成为董事长。"蛐蟮修成龙"，帮会黑道人物，成为实业家。杜月笙当然不懂什么生意经，但是只有他青帮老头子搭了台，生意行家才敢来唱戏。正是在控制了这家著名公司后，他才摆脱了十六铺草莽的形象，自认为是正经生意人了。

在上海的近代历史上，如果要在口岸商贸与城市发展之间建立某种关系，那么这种联系必然指向一个结点——十六铺。多少年来，十六铺码头一直是进出上海的主要通道。有些人在此惶恐地初涉都市洪流，有些人在此破灭了都市梦境，有些人在此却圆了淘金梦，而有些人在此漂洋过海或重返故里。徐志摩曾在这里登上南京号远洋轮，奔赴大洋彼岸的美国；张爱玲在这里款款上岸，搭上小东门的有轨电车，去往常德路上的那个家。

江水悠悠，时光匆匆。码头是上海无法绕开的记忆。即使在上世纪90年代初，这里仍是当年中国规模最大、设备最先进的水上客运中心。老上海们还能回忆起十六铺客运码头的鼎盛时代：每天4万多人次，每年670多万人次，白天航班平均半小时就有一趟……

最直观的记忆背后，是学者们冷静的口吻：十六铺码头在上海近、现代腾飞进程中扮演了至关重要的枢纽之角色。相当长一段时间内，这里是人流、信息流、物流和资金流交换的唯一节点，逐步奠定上海的航运中心地位。

董家渡还在，王家码头路还在，甚至穿雾而来的汽笛，仍然仿佛许多年前乡愁萦绕的一声叹息。但十六铺码头有史以来最华丽的"转身"已经开始了。不用等多久，这里会成为一个以游艇码头为核心的大型水上休闲空间。在设计者的蓝图上，一组被喻为"浦江之云"的玻璃棚，将飘浮在新十六铺码头的景观平台上。

请留意一个意味深长的细节：在景观坪上外挑逾10米的中心平台地面上，将饰以老十六铺地图的纹样，供临江眺望的人们抚今追昔。

欢迎登陆十六铺码头，观望上海的前世今生，没有比这里更合适了。

第五章

老会馆

上海自元代建县以来，商业发展，竞争加剧，促使商品经营细分，形成多种行业。商业活动主要是通过各地商帮贩运，他们一手从各地进来，一手销往各地。来自同一地区的移民群体因为与上海本地居民及其他省的移民间存在一定的隔阂，相互缺乏认同感和信任感，需要有一种内聚的集体组织，可以互相帮扶共御外部势力，于是纷纷建立了以同乡同业为基础的社会组织。伴随着社会生产力的发展，会馆作为一种新的历史产物应运而生。

清初，各地商贾云集上海县城，他们按地域、行业结成帮口，进而组成会馆、公所。至开埠（1843年）前夕，上海城厢内外由各地工商业者设立的会馆、公所已达27个。上海开埠后，中西文化的碰撞与对接、交流与融合，使聚会议事讲究规章和"契约"，更注重公益事业和社会活动，从而形成了具有海派色彩的"会馆文化"。联商情，敦梓谊，重慈善，凝固着中国近现代史上一段可圈可点的时光。"总集福荫，备至嘉祥"成为老城厢一道厚重的流风遗韵。

从习惯来看，一般对同乡组织称"会馆"，同业团体称"公所"。但实际并非完全如此，很多同业组合与地域帮口交织在一起，会馆或公所往往是一种通称。例如康熙五十四年（1715年）建立的商船会馆，是由沙船业主和码头业主（多数也造船）组成的，是一个行业团体，但却叫会馆。又如，由旅沪绍兴籍商人组成的浙绍公所，是地域商帮组织，应属会馆，但也称公所。有的一个组织两种称呼都通行，如由徽州、宁国商人组成的徽宁公所，也称徽宁会馆。实际上，由于旅沪商帮大都是同一地区的商人，集中于某一个或某几个行业，因而造成当时的同乡团体会有一定的同业组合因素，而在同业团体中形成若干地域帮口。四明公所被人们公认为同乡团体，但其内部行业小团体很多，遍及木业、土业（泥工）、漆业、渔业、蛋业、海味业、银楼业、酒业等将近一百个行业。这些行业小

团体都是以团体会员的资格加入公所,从而使四明公所的组织构成又具有浓重的同业组合色彩。

上海早期建立的同乡团体,主要来自山东、山西以及浙江的宁波、绍兴,安徽的徽州、宁国,福建的泉州、漳州、汀州、建宁,广东的潮州等部分地区,其成员从业范围大致有沙船业、茶业、糖业、洋货业、豆饼油业、纸业、钱庄业等几个行业。这反映了上述一些行业集中在少数几个旅沪商帮的势力范围内。商帮维护行业的利益,保护行业的发展,反过来行业的发展又巩固和提升了商帮的实力、地位。

在当时诸多同乡团体中,势力最强的是山西、福建、广东三个商帮。山西帮也称晋帮,山西帮以票业(银票兑换业即金融业)为后盾,具有较强的经济实力。在鸦片战争前,建立了山西会馆,支持票号业,使山西票号业后来成为东南地区经济实力最强、能够驾驭商市的一支重要力量。福建商人在上海的商事活动,历史也比较悠久,他们在宋代,就通过发展海上运输,贩运木材、漆器、砂糖及部分洋货,在上海商界有较大的势力和影响。

泉州、漳州两府的旅沪商人于乾隆二十二年(1757年)建立了泉漳会馆,据《会馆财产勒石序》记载:"盖尝观泉漳会馆之创建,在上邑城东之外,滨于黄浦。规模宏广,基地巩固。前后两进,造起庙堂,前则恭祀天上圣母,后则恭祀协天上帝。之右设有敦叙堂,堂之左右有厢房,次第布置,均得其宜,而泉漳仕商往来驻足之区在是焉。庙之后环绕两傍房屋达于街道,为泉漳买卖之地。"据说该会馆,"其规模之宏远,气象之堂皇,横览各帮,洵无多让",会馆周围,上下通衢多是该帮商人。以后随着到上海贸易人数众多,陆续添置公产,到道光十一年,该帮在官府登记的房产多达226间,田地26亩,仅司月就有金协盛等51家商号。次年,会馆重修,捐款者除了司月和公估产局,还有商号4家、船号41艘、洋船7艘,共捐银元1633元。光绪二十六年,登记在册的房产50余号、房屋650余间。房产如此之多,可以想见该帮实力。

潮州商人代表广东帮。乾隆二十四年(1759年)初创潮州会馆时,仅由该府所属海阳、澄海、饶平三县商人组成,至嘉庆十五年(1810年),集潮州府八县旅沪商人,重组潮州会馆,声势扩大。潮州人素以"善经商"著称,时人认为:潮州商人为他帮商人所"不可及者","为商业之冒险精神,其赢而入者,一遇眼光所达之是,辄悉投资于中,万一失败,犹是自主;一旦胜利,信护其赢,而商业之挥斥乃益雄"。至于宁波帮,当时虽已建立四明公所和浙宁会馆,但其势力范围还很有限。其大发展是在上海开埠以后。

总而言之,旧时代上海的同乡、同业公会,是一些处在政府和民间之

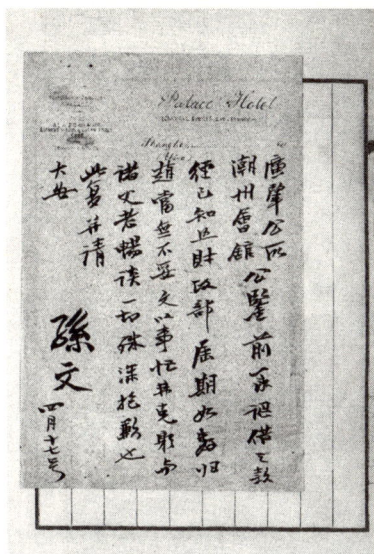

间充当中间管理职能的组织。他们帮助新到上海的同乡找房子住,仲裁成员之间的财产纠纷,出面协调各方关系,制定行规行价,制裁违规人员,抚恤同乡、同行的遗属,把死者的遗骨送回家乡等。逢年过节,各会馆还在馆址中请客、请看戏,承担市民文化、娱乐生活的费用。商船会馆还主持天后宫中的祭祀,请妈祖娘娘保佑航海船民。

西方中世纪城市有"行会",它是近代西方国家民主、自治制度的起源。有人认为,南市、十六铺的同乡、同行会馆,相当于西方的行会,是中国的"基尔特"。这有一定的道理。在上海,会馆公所董事们做的事情远比县官多,他们在同乡、同行中享有的威信也较城中官吏和乡间绅士为高。会馆领袖们一声号召,同乡同业揭竿而起。小刀会起义的时候,刘丽川、李咸池等人都是各自会馆的董事。但是,上海的会馆公所和全国的同类组织一样,受到官方社会的压制。他们不能像西方城市市民那样决定社会上的重大事务,他们享有的是有限的、内部的民主和权利,他们自治的是繁难的社会事务。正因为这样，中国式的"行会"——会馆公所，终于没有发展成像公共租界的"工部局"、像法租界的"公董局"那样的市民自治机构。原因很简单：西方的市民是城市的主人，中国的市民依然是国家的臣民。

钱庄和钱业公所

钱庄是我国一种旧式信用机构，主要分布在长江流域。它起源于商业资本内部的货币经营业务（收付、差额平衡、往来账目、货币保管等），在一定程度上独立化为货币经营资本，并且有借贷资本的职能。

上海的钱庄历史悠久。明末，上海地区已有官府核准的"钱铺"、"兑店"，发行类似信用汇划的"会票"。在当时的上海同北京等地之间，已有用会票汇兑银钱。清前期，上海商业日益繁盛，刺激和带动了上海钱庄业的相应发展。约在乾嘉年间，在上海经营煤炭店的绍兴商人顺应商业的需要，率先在本业之外兼营银钱兑换，并代客商保管现金，经营小规模存放款业务，从而成为清前期上海最早的钱庄。由于各方称便，业务日益兴旺发达，因此，相继效仿开设者日众。经过一段时间的发展，遂在上海商业界形成了"钱庄"这一专业。

到1858年，上海的钱庄已达120家之多，当时的兴旺可见一斑。

穿过九曲桥走进豫园，可以找到旧时上海钱业公所的所在地。清乾隆四十一年在豫园内园成立的钱业公所，是由上海、绍兴等地的钱庄主创办的，可以被认为有据可考的上海最早的钱业公所。1797年（清嘉庆二年）的石碑上刻着的《内园碑记》告诉我们，上海的钱庄始于1776年前。碑文上刻有从1776年到1795年间（即清乾隆四十一年至六十年）

上海106家钱庄的名号,还有12位钱业公所董事的大名。

清乾隆、嘉庆年间,上海已经成为"江海之通津,东南之都会"。"江海之通津",是明清时期上海水路交通重要枢纽地位的真实写照;"东南之都会",则是上海港口发展带来的必然结果。偏偏明清货币制度又特别紊乱,银锭、银元、银角、铜元、制钱、纸币俱成为通行的货币,省与省间、城与城间的货币流通因此相当不便,必须经过兑换方能行使。除国内银两外,还流行国外银元,称为番银或花银,也称洋钱,有西班牙银元、葡萄牙银元、威尼斯银元、墨西哥银元、法国银元等。道光三年(1823年),清政府按照墨西哥银元的图案,开始铸造鹰洋,后来鹰洋在各都市成了标准货币。各地商贩和其他人士,携带着各种货币,须在上海存放、兑换。中国银两的成色各有不同,各国银元与中国银两、银制的比价时有升降,也须有专业人员办理兑换,遂不得不仰赖专家。

当时,上海的经济中心恰在南市,于是南市的钱庄躬逢其盛。肇家浜东门外(今白渡路)的沿江地带行号林立,在各业集中之处,就以行业作为街道的名称,如豆市街、糖坊弄、油车码头街、竹行码头街等等,比比皆是。经济的发展,带来兑换、收付的频繁,为钱庄的产生提供了前提。因当时上海的贸易输入以大豆、油脂、豆饼为主,为方便有关行号收付往来,因此钱庄就集中开设在豆市街一带。《竹枝词》所谓:"青蚨兑出换银洋,小车经营亦立庄。南北纷纷开愈广,零星收放往来忙。"每天设早、中、晚三个钱市,摆足了"南市钱庄"的派头。

南市钱庄的早期情况,有说是起源于上海开埠前甬商所创的借贷,有说是起源于殷商富户的外库,有说是起源于清朝中叶的现兑店。另一种比较共同的说法是,南市钱庄的发展与豆米业、沙船业的关系甚为密切。这一点可以从几个钱庄资本家的发家史中得到证实。

如浙江镇海方家,早在清嘉庆年间就开始经营粮食。后来,又发展到上海经营食糖和土布的贩运、买卖，并自制夹板船运输经营货物。为了调度和融通资金方便，到了方家第二代，由方性斋（上海人称他为方七老板），于1830年开设"履和钱庄"，又称"南履和"，以区别于后来在租界开设的"北履和"。从履和钱庄开始，方家集团陆续在各地开设钱庄达30余家之多。

又如镇海李家，其祖先李也亭于1822年来上海，先在南市南码头曹德大糟坊当学徒。他每天送热酒到停泊在南市大码头的船上去，船上的老大（专管航行）和耆民（专管买卖货物，类似经理）见他勤恳老实，就劝他到沙船上去工作。李也亭到了沙船上工作后，一面做工，一面用少量本钱附带货物，继又由带货而投资，积资渐多，遂独资开设久大沙船字号，并发展到拥有十多只沙船，买下久大码头（与万聚码头并列，位于右侧）。李也亭经营沙船，从上海购进土布，运往南北销售，再从北方运回油、豆等，从南方运回木材等货物，需要资金颇巨。当时，得到曾在钱庄当跑街、后来当上钱业董事的赵朴斋很多帮助。李也亭发迹后，就投资、支持赵朴斋开设钱庄。接着，又自行在南市开设立余钱庄，并在北市开设慎余钱庄和崇余钱庄。

清康熙开放海禁后，上海逐渐形成了内河航运、长江航运及沿海的北洋、南洋航运和国际航运等五条航线。贸易的繁盛，更刺激着商业资金融通需要的增强。自道光二十六年（1846年）起，上海钱庄出一庄票，交于掮客或华商，由其转交予洋商，洋商以之存入外国银行，届期由外国银行向钱庄收款，华商则待货物售出，付本息与钱庄。据估计，19世纪下半期，上海大宗之交易买卖，约有百分之七八十以庄票支付。由于庄票流通，钱庄地位提升、信用加强、业务扩张，渐由功能狭小之传统金融机构发展成为资助对外贸易之金融组织。豆市一街，对民间游资转投工商企业可谓贡献良多；而上海钱庄，也终于逐渐由传统的金融机构转化为其有买办性质及现代化银行功能的金融机构。

如今，上海钱业公所的遗迹仅存两处，都在豫园地区。

一在豫园的内园，原是上海钱业的总公所。上海开埠后，一部分钱庄业移至租界，形成北市钱庄，成立北公所。1883年，南市钱庄业于大东门外北施家弄成立南市钱业公所。六年后，北市成立钱业会馆，由沙船业起家的宁波籍商人李也亭捐建，会址在钱马路（今河南北路）。于是，上海钱业出现了南北对峙的局面。为了协调南北两市钱庄业主的利害关系，设在内园的钱业公所遂成为沪上钱业总公所。正如1921年况周颐在《重修内园》中指出："上海一隅，百业皆瘁，唯钱业尚能振厉，南北两市操赢制余，各有挟持，而斯园实为集思广益，出谋发虑之地。"

20世纪初，随着外国资本的大量涌入，钱业公所的职能转而以维护同业利益为重点。据光绪三十二年（1906年）刻的《重建南市钱业公所碑记》载："中西互市以来，时局日新……顾商战之要，业欲其分，志欲其合。盖分则竞争生，而商智愈开；合则交谊深，而商情自固。"碑文中所阐发的分业以竞争、合志以联群的主张，是很合当时时宜、颇有见地的。

说来有缘。1974年，闸北因市政建设之需，将年久失修的钱业会馆拆除，豫园管理处得知后，遂出资将其中的古戏台按原样移建于内园。可以说，闸北钱业会馆古戏台是回到了"娘家"。

移建之古戏台，由于紧靠民宅，余地很小，一时难成景点，无法对外开放，重门深锁达12年之久。1987年，豫园动迁部分居民，邀请上海著名古建筑专家陈从周教授主持设计，并委托常熟市的一家古建筑工程队施工，历时一年。参照三山会馆的建筑格局，在古戏台两侧增建仿古双层看廊（俗称看楼）；古戏台与原内园之二层楼阁——还云楼，南北遥遥相对；中间是一个由石板铺成的长方形庭院；古戏台前地坪为一块方形的特大京砖，每边长123公分，厚16公分，比北京故宫的京砖还大，从而形成了完整的一组古戏台建筑体系，面积达600平方米。陈从周教授题名"曲苑"。

豫园地区又一个钱业公所的遗迹在古城公园，它就是当年的沪南钱业公所。沪南钱业公所肇基于清光绪癸未（1883年），为南市钱庄业主的"议事之所"。20多年后，此公所"宋楹倾敧，垩丹无色"，遂进行重建，耗时14个月，"縻白金六千两"。斗转星移，该公所历经百年风雨后残圮不堪。2000年，沪南钱业公所因旧城改造而拆除。其建筑构建拆卸后暂存在库房里。2001年区政府在建古城公园时，决定将其移建过来，以恢复当年原貌。区文管会专门成立补缺构件小组，奔赴苏、浙、皖、赣六县市，终于将公所门厅、饰物等基本补配齐全，从而使"沉睡"在库房里的沪南钱业公所重新修复，展示了其作为"上海金融的历史坐标"的地位。

* 沪南钱业公所

公所占地800平方米，三进院落式建筑，前为砖雕门楼，中有茶厅，后为大殿。风格古朴而典雅，落地长窗，雕花梁枋，显现出非凡的气派。尤其精彩夺目的是那三脊牌坊式砖雕之"福在眼前"图，西侧镶"和合生财"，东侧嵌"刘海金蟾"，寓含着这座古建筑的属性。两厅所悬匾额均为清代遗物，一为"务滋堂"，语出《尚书·泰誓》；而"集庆堂"则为明末书画大家董其昌手笔。尤为值得一提的是，一对深烙岁月伤痕的抱鼓石和一对明代石狮子，雄镇公所大门。原汁原味的风貌，似乎又让人回到百年前的老上海。

沪南钱业公所旧时又俗称为"财神殿"。财神殿内至今供奉着东南亚最大的通体贴金的"财神菩萨"。敬请财神之时，由全国各大名寺得道高人开光，场面空前。经考证，晚清、民国期间，钱业公所香火旺盛，每逢大年初一和年初五财神生日之时，更是人头攒动，香火日夜缭绕，不乏社会名流，布衣百姓当然更众，有求生意兴隆的，有祷家人平安的。相传，历年在此敬香心诚之士当有福光回报。此乃民间佳话也。

历史上曾南北相持的钱业公所终于叶落归根，令人颇生感慨。它们作为上海钱业公所的见证者和历史的守护者，将永垂老上海的史册。

大同行与小同行

俗话说"先进山门为大"。在商业发展中，那些最先开设的店铺，往往就成为后来行业发展的领头人或行业的老大，左右着市场的动向。

银楼业是一个富贵的行业，人们称为"金饭碗"。黄金这东西具有两重性。一方面它具有同其他商品一样的属性，不过是贵重商品；另一方面属于硬通货，可以代替货币在国际流通。所以买卖金银饰品开银楼是一个稳赚大钱的行档。上海自乾隆三十八年（1775年）开设第一爿银楼——杨庆和以后，至嘉庆年间（1796—1821年），先后又有庆云姓记、景福元记、裘天宝德记、方九霞等银楼开设。到咸丰七年（1857年），上海已有9家银楼，他们都根基扎实，实力雄厚，独资开设，其资金在2万两银至10万两银，在消费者中信誉卓著。

开埠以后，南市三次兵灾，居民拥入租界，租界经济发展，北市场兴起，商市北移，一些银楼移资到租界设分店，新的银楼不断出现，竞争加剧。有些商店为追求高额利润，弄虚作假，低进高出，在成色上做手脚，在价格上弄玄虚，让顾客吃亏上当，使行业信誉扫地。

光绪二十二年（1896年），为了保护自身利益，维护行业权威，树立名店、老店信誉，杨庆和、裘天宝银楼发起，9家老字号联合，在大东门花园街建造了"同义堂"银楼公所，并且打出了"大同行"招牌，定章程、订规约，协调行业内（9户）行动，商定业务规范。譬如，有实力的商人在租界抢摊，开设银楼，南市一些老字号也要进入租界开分店。为了保护大同行权威，9家银楼会商对各店开设2家分店进行了平衡，9块招牌只分设16块牌记。杨庆和福记银楼照章分设以记和发记，凤祥裕记银楼分设和记与德记，老庆云姓记银楼设北庆云仁记，老宝成振记银楼设裕记和德记，裘天宝银楼设德记和礼记，景福银楼元记、方九霞成记、费文元裕记。这样，这些"老字号"除了原来设在南市的商店可以不动，还可以分出一爿至两爿到南京路等闹市开店，从而控制了上海市场。

又譬如，黄金饰品中的金项链、手链、脚链等都是焊接而成，焊金不是纯金，有些银楼在卖出时不"扣水"按足金卖出，在回购时就要"扣水"。大同行会商研究后决定，9家入行银楼的带焊件的足赤产品卖出、回购一律不"扣水"，照足赤计量，9家银楼的产品可以互换。这条措施对消费影响很大，许多消费者认为"到底是大人家（指大同行），做生意硬,出门认货,说明货真价实,买这种黄白货就是要找大同行"。这样,大同行在市场销售中占了很大的份额,挤压了中小店铺的生意。

1900年后,虞永和、源康德记等10余家处于中等地位(资本金在6 000元–10 000元之间)的银楼组成了"凝仁组",称为新同业公所,设在福建路虞永和银楼内。他们规定每一家银楼可设两块招牌,结果除了宝康、万生等少数未挂两牌外,其余的如虞永和、源康德记、义和仁记、周万成、庆元春记、宝丰慎记、祥和恒记、德和仁记、宝庆发记、福和仁记、宝

新凤祥银楼 *

157

兴文记、庆华、于震泰、周万兴、乐祥云等共有18块招牌。他们的焊金饰品处理同大同行完全一样,收兑下来在同业中也可互换,因而在消费中也树立了一定的影响,但比起大同行来,自然要逊色不少。

大同行、新同行两个不同档次的银楼分别都按"门当户对"成立同业公所,这一来就苦了户多量大的小银楼,被排挤在行业公所以外,得不到消费者的重视,自然也就得不到销售份额。为了在同业中争取一席地位,力争消费者的支持,扩大销售,他们"小小联合",组织起称为"小同行"的"仁义组"的同业公所。他们采取店小点多、分散包围的策略,同"老字号"、"新同行"展开竞争。你们限牌(一店只能挂两牌),我不限,你们集中占领闹市中心,我就分散到各区,你们抱西瓜(做大生意),我拾芝麻(小生意),积少成多。这些办法,也很管用,小银楼也照样做到了生意,得到了发展。

据1906年出版的《华商名行录》资料,当时上海(不包括各县)有银楼60户(不包括金铺),1930年65户,至1947年,全市(不包括郊区)银楼达152户,其中南京路14户中,大同行占12户(占大同行总户四分之三),这说明了大同行户数没有增加,但它集中在闹市中心,控制着上海金银饰品零售的主要阵地。

珠玉汇市与仰止堂

城隍庙地区有一条侯家路,它北起福佑路,南迄方浜中路,全长360米。一些老人习惯把侯家路叫作"侯家浜"。侯家路是在清光绪三十三年(1907年)填原河道——侯家浜而筑成的马路。原侯家路的西侧26号,是上海珠玉业同业公会的所在地,而在其东侧的25号有新珠玉汇市,73号侧有振兴珠玉汇市的机构。确实,历史上的侯家浜或侯家路就是上海的珠宝玉器市场。所谓"汇市"就是一种商贩设摊、有统一管理的市场,它既区别于独家经营管理的大商场,又不同于混杂的地摊。

珠宝玉器是贵重消费品,珠宝玉器的消费对象主要是富人,因此,只有在经济发达的大城市才有珠宝玉器的加工作坊和商店。鸦片战争以前,上海的城市经济虽已发展到一定的水平,但是与江南其他发达城市相比,就显得落后多了。所以,1840年之前上海几乎找不到专业的珠宝玉器商店,上海人要买珠宝,必须赶到二百里外的苏州才行。

南京是六朝故都。明初,朱元璋在南京登基称帝。永乐后京畿虽已迁往北京,但南京仍是王朝的陪都,是江南的政治、军事、经济、文化中心。"上有天堂,下有苏杭",苏州的政治、军事地位虽不及南京,但几千年来苏州一直是江南最富裕的地区。南京和苏州原是江南最富裕的城市,珠宝玉器的消费量大,也是珠宝玉器业最发达和集中的城市,并形成了京(南京)帮和苏帮珠宝业商人。

1843年上海开埠后,已有少量的珠宝业商人进入上海。咸丰三年(1853年)太平天国攻占并定都南京之后,因珠宝业主要为达官贵爵、巨商富贾服务的,所以,珠宝店就成了太平天国最先打击和剥夺的对象。在太平军进入南京时,就有大批珠玉业商人随同逃难者进入上海。

1860年时,忠王李秀成率领的太平军发动东进,先后攻陷了镇江、常州、无锡、苏州等城市,于是,又有大批苏帮珠玉业商人进入上海。他们落脚老城厢后,发觉城隍庙四美轩一带游人如织,买卖兴旺,便萌生了在此开店设辅的念头。这些商人在老北门内季(计)家弄、侯家浜(路)、长生街、石皮弄、吴家弄、和尚浜(紫华路)等处租赁房屋,因陋就简作为工场,并将伙计、学徒迁来上海。

于是,同行之间感到最好有一个能集合营业的地方,有必要创建一个宽敞适宜的公所（市场）。咸丰十三年（1863年），以沈时丰为首的几家苏州籍较有实力的店号发起共同集资捐助，在侯家浜买了三间平房，稍事修葺，取名"仰止堂"。时至今日，侯家路上的珠宝玉器厂西北角一段老旧围墙上还保存着完整的刻有捐助人姓名以及出资银两的几块石碑。

这个"仰止堂"名取得非常得体。《诗经》中有"高山仰止，景行行止"的名字，其大意是："伟人崇高的品德，犹如高山令人敬仰，他的品行永远是我们学习的榜样。"同时，"玉出昆冈"，美玉产自大山，是石的灵魂。"仰止"即告诫珠玉商人应该有玉石一样的高尚品德。设在侯家浜的珠宝业公所仰止堂也是珠玉市场的管理机构，章程规定："不论珠宝翠玉，凡属赝品，概不准携入销售，致为本汇市名誉之累。"绝对禁止伪劣商品进入汇市。仰止堂还是一个珠玉的鉴定和仲裁机构，客人如对该汇市出售的珠玉质量和价格发生疑问，可以到仰止堂的指定机构重新评估和仲裁。珠宝业公所仰止堂及珠玉汇市的建立，改变了上海珠玉商业的形象，促进了上海珠玉业向健康、繁荣的方向发展，同时，也有利商人的守法经营。

侯家浜珠玉汇市的兴旺，又吸引了原来分散经营的京帮珠玉商向侯家浜转移。由于京帮商人不受制于苏帮的仰止堂约束，于是，京苏两帮的矛盾开始发生，并日益深化。光绪中期，珠宝业公所仰止堂计划创办一所同业子弟学校，要求各帮商人根据营业收入交付捐款。部分京帮商人认为京帮商人子弟入该校求读者不多，拒绝交付捐款，于是双方发生争执直到冲突。上海知县为了维护市场和社会秩序，只得下令关闭汇市。1908年秋，新上任的上海道蔡乃煌出面组织调停，双方才达成妥协。协定规定：京帮承认珠宝业公所仰止堂以及珠玉汇市属苏帮产业；苏帮同意，以5年为期，京帮必须建立自己的汇市。在京帮汇市建立之前，苏帮同意京帮商人仍在珠玉汇市中设摊营业。就在此协议生效的第二年（1909年），侯家浜填河筑路工程完成，沿路有若干空地。于是苏帮即集资二万六千余两白银购进原汇市对面的空地重建汇市——新珠玉汇市。为避免与京帮的冲突，又另建了珠宝业公所韫怀堂。"韫怀"一词出自西晋文学家陆机的《文赋》，讲"石韫玉而山辉，水怀珠而川媚"——藏有美玉的大山才显辉丽，怀有宝珠的深水更显妩媚。几乎在此同时，京帮也集资购进原仰止堂的北面建立自己的汇市和公所，公所即沿用原珠宝业公所仰止堂的旧名。

民国以后，根据《公会组织法》之规定，上海同业中必须建立同业公会，以替代原来的同业公所，于是原珠宝业公所仰止堂和韫怀堂同时解散，另外建立统一的上海市珠宝业商业公会，地址在今侯家路26号，即以前的上海玉石雕刻厂厂址。原汇市分别称振兴珠玉汇市（今侯家路73号）和新珠玉汇市（今侯家路25号）。

"八·一三"事变后，上海沦陷。珠宝业公会迁至租界办公，南市的新、老公所则成了难民临时避难处。有些同业便借机在南京路、汉口路等地开设店铺，招徕生意。最盛时期全市大小店铺达120余家。南市老城厢旧校场、障川路（今丽水路）一带就有像天发、顺昌、振昌、三鑫、杨天祥和恒昌祥等11家，城隍庙里又有王锦秀斋等珠宝店三五家。以珠宝玉器行业为生的直接、间接人数有八九千人之多。到公私合营以前，上海共有珠宝店和工场12家，个体经营摊商145家，居间人230人。当时，经营珠宝首饰工艺品的人数尚不下800人。

在过去很长一段时期内，珠宝玉器都是在大城市开设的银楼里作为附属买卖的生意，直至形成珠宝汇市之后，珠宝玉器才脱离银楼，成为一项独立的经营。

解放后，珠宝玉器行一度被认为与新社会国计民生不相适应，因而无保留的必要。1958年7月1日，在珠玉汇市的原址上把从事珠宝饰品生产的八九个作坊合并成上海光明玉模工艺品厂。"文革"期间，珠宝首饰被视为封、资、修的奢侈品，光明玉模工艺品厂又转为生产晶体管元件。

1982年1月，有关方面正式命名上海珠宝玉器厂，昔日的珠玉汇市重现生机。2000年，豫园商城通过出售和出租部分楼面，引进了几家珠宝玉器店，其中后起之秀张铁生于旧校场路沿街开出了一家颇具规模的珠宝玉器店，经商城公司授权同意，打出了"珠玉汇市"的招牌。此后，随着黄金饰品和珠宝玉器行业在福佑路与丽水路、旧校场路交叉口及沿线形成的品牌集聚效应，"珠玉汇市"犹如枯木逢春，迎来了花团锦簇的盛世。

上海最早的会馆——商船会馆

位于南浦大桥中山南路引桥下，会馆街38号的商船会馆，不仅是上海最大的会馆之一，也是上海最早的一座会馆。它又是上海开埠前航运业发达的实物例证。

当时，由于船商们为了争揽业务而竞相压价，引起矛盾，甚至互相械斗，加上外籍船只纷纷驶入上海，抢夺生意，为了调解同业间的纠纷，同时为了确保同业"肥水不外流"，上海崇明船商集资在董家渡马家厂置地建造了商船会馆。

会馆于1715年（康熙五十四年）竣工，并于1764年（乾隆二十九年）对其大殿进行重修、增建。会馆占地约20亩，被誉为"极缔造之巨观"。整个建筑显得气宇轩昂，入口的门头由高大的方砖砌成，十分考究，双叠式出檐椽，砖雕斗拱、砖雕梁枋、砖雕挂落，雕出莲、荷、梅、菊、如意等图案，门匾也用方砖浮雕。正门酷似一座城门，两侧陈列着两只龇牙咧嘴的大石狮子,门头上的大方砖上悬挂着立体的"商船会馆"字样。

　　会馆主体建筑是一个约200平方米的双合式大殿,前设抱厦,面阔五间,单檐歇山式,屋脊高耸,正脊有"国泰民安"四字,垂脊上多塑文臣武士。柱、梁、桁上的雕花和鎏金彩绘,金碧辉煌。神龛内祀天后,南、北厅分别祀成山骠骑将军滕大神、福山太慰诸大神。殿前有两层戏台,上有八角形漆画藻井,用八块木板拼成,乃宋代式样,称"斗八藻井",梁枋上有一副鎏金的双龙戏珠浮雕,这在全上海248座公所会馆中实属独一无二。站在戏台楼上望去,大殿屋脊巍峨。戏台前还置有大钟、大鼎,可说美轮美奂,气势恢宏。殿后有集会议事的大厅,殿右有两层的会务楼。

　　商船会馆的大沙船主,如原老城厢的郁家、郭家是传统会馆中声望最高的,他们主持天后中的祭祀,请妈祖保佑航海船民,请戏班子在城隍庙唱戏,逢年过节周济急难之人。直到今天,商船会馆还剩下较完整的门楼、戏台和大殿。

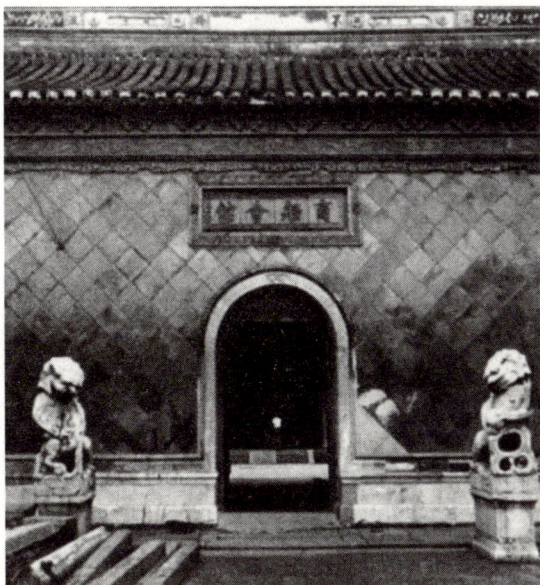

＊昔日商船会馆大门

当时，会馆的正殿供奉着航海保护神——天后，因此商船会馆也被称作为"天后宫"。每逢三月二十三日天后诞辰日，各号船主剧演敬神，热闹非凡。

康乾年间，漕运改为沙船海运后，商船会馆实力居上海各会馆、公所之首。机器火轮兴起后，沙船业衰落，商船会馆地位随之下降。1828年（道光八年），沙船商重修商船会馆，天后神像加戴重48两的点翠金冠。光绪三十三年附设商船小学，后名商船商业补习学校。同治初年，商船会馆曾作为筹建江南制造局（今江南造船厂）的办公处。后来，由于曾经驻扎过英法军队，会馆内的建筑多遭毁坏。

商船会馆于1987年11月被列为市文物保护单位。

【相关链接】

1. 浙宁会馆：又名"天后行宫"，位于小南门外荷花池弄。1819年（清嘉庆二十四年），由宁波船商集资创建，于1881年（光绪七年）重建。浙宁会馆的建筑相当精美，馆内的门楼、东西厢楼、大殿都十分精致，墙上镶嵌的砖雕逼真动人。正楼称"正谊堂"，殿前有一荷花池，夏季"荷花飘香，观者如云"。池旁有一对高1.2丈、直径2尺的石柱，上面雕有两条镂空的巨龙，令人过目难忘，据说这两条巨龙是一位老工匠花了半生心血雕成的。同治、光绪年间，浙江海运局曾设此。漕运业务归轮船招商局后，会馆渐趋衰落。民国时期，会馆房产大部成为仓库。1956年9月8日，会馆里的一家印花布厂不慎起火，把会馆化为灰烬。

2. 木商会馆：1898年（清光绪二十四年），由木商业先驱集资购地，在生义码头街建造上海木商会馆，木商公所同时成立，形成一个业外人不易插足、在华界内颇有影响的社会团体。木商会馆为殿堂式结构,颇具规模。大厅内的布局与已迁至松江县方塔园内的、原河南路桥堍的"天妃宫"极为相似,金碧辉煌,肃穆端庄。神位对面为一戏台,全部为木结构,雕梁画栋,镏以金箔,所刻花鸟人物,形象生动,百戏陈杂,颇有观赏价值,可与豫园内之戏台媲美。砖木雕刻除神仙、鸟兽、花卉外,还雕有女子坐黄包车、官僚狎妓、洋人牵狗等,这些精致异常而富有社会气息的雕刻,在上海所有会馆公所中绝无仅有。

3. 潮州会馆:始建于清乾隆二十四年(1759年)的上海潮州会馆位于阳朔路(旧名洋行街),靠近黄浦江畔的十六铺码头。最初的潮州会馆,在背井离乡的潮州人之间起着联络同乡、"同郡邸舍"的作用。在此后长达近两百年的时间里,特别是上海、汕头相继开埠后,两地商贸活动迅速发展,旅沪潮人激增,并在糖业、钱庄、典当、抽纱等行业中占有很大的份额,形成了足以与江浙帮、徽帮等鼎足而立的潮州帮。潮州会馆的功能也开始向维护潮商利益、维护正常商业秩序、调解本帮矛盾等方面转化。民国元年,国民政府以孙中山先生名义委派人员向潮州会馆及广肇公所等商借经费,曾得到有力支持。1954年,潮州会馆经政府批准结束,原洋行街馆舍归海平小学使用(后改为人民路第一小学)。如今,这所小学已人去楼空。

三山会馆

坐落在中山南路1551号的三山会馆是上海为数不多的保存完好的会馆之一。会馆由福建旅沪水果商人于清宣统元年(1909年)集资兴建,至民国二年(1913年)竣工。之所以称三山会馆,是因福州城中有三山:"东南曰于山,西南曰乌石山(一曰道山),北曰越王山(一曰闽山）。"所以，三山即福州市和福建省的别称。

红砖白缝的三山会馆，远看像一座封闭式的城堡，颇有气势。其大门呈月洞形，上部半葫芦状的装饰又具西方风格，颇有海派建筑特色。从门楼入内，便是大殿，画栋雕梁，金碧辉煌。当年大殿前有个用巨木搭成的"雨棚"，在本市会馆公所中是罕见的，惜已毁废。大殿内的柱子，下半部用粗大的花岗石，上半部用杉木拼接，并在每根石柱上都刻有对联，庄重别致。原大典内供奉一尊湄州天后女神像，故在门楼外面墙上嵌有"天后宫"三字的石雕和图案。上海的会馆公所，凡与海运有关的一般都供奉天后神。相传，天后女神（在闽、粤称妈祖）是专司保险航海安全的，"时显灵异，护庇海舟"。大殿前两根青石柱上刻有一副对联：上联为"天与厥福遍梯航，同沾雨露"；下联是"后来其苏抱忠信，稳步波涛"。

大殿正前面有一座古戏台（也称打唱台），戏台上有一个螺旋形的藻井，其下部饰有当年上海城的8个城楼模型，十分逼真。戏台前两根石柱上刻有一副对联："集古今大观，时事虽异；得管弦乐趣，情文相生。"

戏台后为两层楼房，楼外为石板地坪天井，其前为两层楼的东西两厢看楼。戏台上演戏，人们坐两厢看楼上观看。楼房东西两边风火墙上饰有"将军帽"（亦称马头墙），为福建古建筑的一大艺术特色。

这座三山会馆还是现存上海工人第三次武装起义的唯一遗址，属上海市级文物保护单位。

1927年3月20日，北伐军抵达龙华，中共中央决定举行第三次工人武装起义。23日，三山会馆成为南市工人纠察队总部。当天下午，在三山会馆举行了"上海总工会工人纠察队南市总部"成立大会，并在《时报》、《申报》上刊登广告，宣布自3月23日起在三山会馆公开对外办公。王若飞曾在此办公，周恩来也曾来此指导工作。

当时,蒋介石见上海工人的武装力量迅速壮大,十分害怕,便于1927年4月12日凌晨发动反革命政变,派军队将三山会馆包围。南市工人纠察队员依托会馆高大、厚实的围墙,进行英勇抵抗,但终因寡不敌众而失败。经战火洗礼后的这座会馆,更显雄伟壮丽。

根据上海市城建规划,市政府于1985年决定,辟通中山南路,而三山会馆正处于新辟马路的慢车道和人行道上。经上海市有关方面研究,决定将三山会馆按原样南移10多公尺。为此,由市政府及市文管会拨款,动迁73户居民及2家工厂。移位搬迁工程于1986年开始动工,历时3年竣工。三山会馆因此成为上海保护建筑拆除重建的一个成功例子。三山会馆戏台是一木结构传统戏台,如拆除重建,势必损坏建筑，影响外观。工程技术人员通过多次研究后决定，采用新技术将戏台整体移动30米，这也是上海历史上出现的第一次大型建筑整体移装工程。

1989年10月30日，上海市领导胡立教、汪道涵等同志亲自为三山会馆青少年爱国主义教育基地揭牌。馆内常设"上海工人三次武装起义史料展"、"王若飞生平事迹展"。1999年"五四"前夕，为纪念王若飞诞辰100周年，原在人民路、大境路口的王若飞纪念像迁入三山会馆，并举行隆重落成仪式。

四明公所血案事略

小北门人民路852号处，矗立着一座用红砖砌成的月洞门式高大门楼，上面镌刻着定海贺师章书写的"四明公所"四个雄健端庄的金色大字。这就是当年宁波会馆所在地。

这座门楼和公所是在清嘉庆、道光年间，由旅沪的宁波同乡陆续筹款建成的。

筹款是从1797年（嘉庆二年）发起的。发起的口号是"一文愿捐"，即每日捐一文，360文为一愿。1798年（嘉庆三年），建成20间寄柩用房，并置义冢。

1803年（嘉庆八年），建正殿五楹、庑殿两厢，正殿供关帝。是年，四明公所宣告正式成立。

1809年（嘉庆十四年），又增建房屋30间，旁建祠堂，奉祀社神。1831年（道光十一年），重修殿堂，添造房屋50间，并设赊（棺）材局，让贫穷的宁波同乡可先领棺木以殡殓，以后再量力付款。

道光二十九年（1849年）法租界建立时，四明公所被划在其中。法租界公董局对四明公所的棺材和墓地非常反感，认为"这些坟墓是传染疾病的巢穴，特别是在炎热季节"更为严重。他们一直想把它除掉，因遭到四明公所的反对而未果。

　　1873年，法租界公董局准备开筑两条穿越四明公所的马路。四明公所多次向法方提出请愿，希望他们能改变路线并表示愿意分担因改变而需的费用，均遭到蛮横的拒绝。

　　1874年5月3日上午，法租界公董局总董华成等人到四明公所坟地上踏看，准备强行拆除。当日下午一点半钟，愤怒的群众聚集公所周围，不准他们动手，并前往法租界路政管理所工程师佩斯布瓦住宅表示抗议。佩斯布瓦不但不答应，还站在楼上朝人群连开数枪，当场打死1人、打伤1人。群众更是愤怒，放火烧毁法国殖民者的住所，还打了佩斯布瓦的家人。法租界出动巡捕前来镇压，群众反而包围了公董局，并向内抛掷砖石。法舰"水蛇"号水兵奉命前来镇压，又打死6人。此时，上海知县率员赶到，驱散了群众。

　　这是上海近代史上的第一次四明公所血案。

　　事后，经法国公使与清廷总理衙门多次交涉，于1878年8月达成协议：中国赔偿法国37650两白银；法国给被杀的七名中国人家属恤银7000两；法租界放弃原筑路计划；四明公所及其所属地方免纳捐税。

　　四明公所在第一次血案中保住了，墓地的四周筑起了高大厚实的围墙。但是，法租界的筑路计划并没有真正放弃。

　　1898年初，法国驻沪领事白藻泰照会上海道蔡钧，提出扩展租界的要求，其中包括拆除四明公所。蔡钧断然拒绝，并提醒他们"四明公所之事20年前已有协议"。5月，他们借口建造学校和医院，企图强行征收四明公所，仍未得逞。在多次碰壁后，法租界决定采用武力夺取。

7月16日（光绪二十四年五月二十八日），法舰"侦察"号八十多名水兵在法国领事指使下登陆。他们各持军械，护以两炮，突然强占四明公所，拆毁三段围墙。群众上前阻拦，法军竟然朝人开枪，两名中国人当场被打死，更多的人被打伤。顿时，鲜血成河，四明公所成了法军杀人的场所。

　　7月17日晨，法租界当局又在租界内增设兵力，严加扼守。他们在十六铺新桥上置炮一尊，并封锁各个路口。上午10时左右，法军用水龙头向聚集在十六铺小东门一带的群众喷射，后又开枪打死群众四五人。与此同时，盘踞在四明公所内的法兵也向外面的人群射击，又打死群众四五人，法舰又用霰弹炮连续向人群轰击。顿时，大法马路（今黄浦区广西南路）、十六铺一带，尸横遍地，血流如注。

　　旅沪的30万宁波人群情激奋，掀起了反抗的怒潮。从第二天起，全上海的宁波人一齐采取抗议行动，商店罢市，工人罢工，水手上岸，所有被西人雇用的宁波人一律罢职。

　　愤怒的人群抛砖投石，击碎路灯，致使法租界当晚一片黑暗。法兵疯狂开枪。这一天，共有17名中国人惨遭杀害，伤者无数。

　　这是上海近代史上的第二次四明公所血案。

　　后经中法双方交涉，于7月24日达成四项协议：确定法租界的扩张；维持四明公所土地权；四明公所坟地不得掩埋新尸或停柩，原有旧坟应陆续起送回籍；在四明公所上可以开筑交通所需的道路。

　　法方通过两次四明公所血案，实现了他们扩张租界的目的。1899年6月，法租界的新界址得到议定。法租界的面积由原来的1023亩扩展为2135亩。一下子翻了一番多！

　　通过四明公所的两次血案，人们也意识到了团结联盟的必要。于是，宁波同乡会也就呼之欲出了。经过210余年的风雨，四明公所仅存

门楼一座,但其凝结的反帝爱国主义精神永垂上海史册。

　　随着经济和社会的发展变迁,会馆公所在完成历史使命后,大多走向消亡,其职能为政府和新社会团体取代,而介于政府与企业之间的社会团体——行业协会应运而生。当今社会,行业协会对健全市场管理,加强行业自律,维护消费者权益,协调会员间的相互利益,防止无序竞争,促进行业发展起着重要作用。它起到了政府职能部门所不易起到的作用,成为社会主义市场经济条件下的新"会馆公所"。

第六章

老学堂

老城厢是上海文化教育的发祥地。书院是改革镇学、县学的产物，同时它又是孕育现代学校的胚胎。上海在南宋咸淳年间（1265—1274年）在今丹凤路左近始有镇学，到了元至元三十一年（1294年），即建县后的第三年，在今小东门内聚奎街建立了县学。元、明时期，上海县城内的文化教育又有了新的发展，出现了许多书院。其中著名的有在淘沙场街的沂源书院、清忠书院（院址无考），今聚奎街附近的仰高书院，今光启路旧县署东北的启蒙书院等。这些书院都按宋代朱熹创办的白鹿洞书院的规制行事，教学都采用问难论辩式，在某种程度上体现了"百家争鸣"的精神，受到文人学者的好评。

至清代，全国各省普遍建立书院。当时老城厢内的著名书院有：初在梧桐路，后迁聚奎街的敬业书院；在今凝和路的蕊珠书院；在今尚文路的龙门书院；在今乔家路北巡道街的求志书院；在今梅溪弄的梅溪书院；初在城内老学前街，后迁制造局的广方言馆等。

在上海近代化过程中，受到新学文化的影响，有些书院开始步入应变的行列，有的受教会学校的启发，开始创办新式学堂。据《上海县续志》记载："同治中业，大乱初平，当道注意教育。主讲席者，皆当代硕儒，士风丕变，咸知求有用之学，不沾沾于帖括。当时以广方言馆，龙门书院为盛。"书院的变革，传承了中国式"传道、授业、解惑"的办学宗旨，逐步实现近代教育模式的转型，形成了具有中西包容的海派学堂和书院文化。

文庙古今谈

上海文庙是上海中心城区唯一的一座祭祀中国杰出的思想家、儒家文化创始人孔子的圣地,同时也是上海中心城区唯一的一座庙学合一的儒教载体、县学学宫。中国自封建社会以来,特别是汉朝武帝以来,儒学占统治地位。州县修建文庙,始于唐贞观九年(630年),太宗李世民下诏"州县皆作孔子庙,四时致祭……"宋真宗大中祥符元年(1008年)加封孔子为玄圣文宣王,后又改谥至圣文宣王,享受帝王之礼遇。

饱经沧桑　几度废兴

南宋咸淳三年(1267年),上海正式建镇,士绅唐时措兄弟于方浜长生桥东北(今丹凤路西)购韩姓房屋并改建为梓潼祠,画孔子像于祠中,又增建古修堂,作为诸生肄习之所,上海始有镇学。元至元三十一年(1294年),知县周汝楫将原镇学改作县学,并令县教谕在县署东首营建

文庙孔子像 *

文庙,未竣。次年,由乡贵万户长费拱辰出资建成,有正殿、讲堂、斋舍等建筑。元大德六年(1302年),松江判官张纪、县丞范天桢又添筑殿轩,增设大门、学门,重绘至圣先师像于大成殿,再绘先贤像于两庑。知县辛思仁又筑墙130尺,前通泮水,架桥于上,文庙规模具备。元至大三年(1310年),两浙盐运使瞿霆发捐肇家浜(今复兴东路)北岸县衙(今学院路)土地,兴建新文庙。四年后(1314年),县丞王珪又将文庙迁回原址,庙制更加扩大,有天光云影池,池中有芹洲,洲上有止庵、杏坛、盟欧渚、舞雩桥、洗心亭、酸窝、古井和焦石堂诸胜,并植古松梧竹无数。元至正十一年(1351年),知县何缉还在庙左建明伦堂。僧觉元捐田荡600多庙,作为修葺费用。

明正统四年(1439年),提学御史彭勋、巡按御史肖启命、知县张祯拓展文庙,遂建射亭、戟门、修斋舍、馔堂、殿庑、仪门等。明正统九年(1444年),巡按御史郑颙增建东西两庑。明成化二十年(1484年),知县刘琬建尊经阁于明伦堂后。明嘉靖九年(1530年),皇帝诏天下厘正祀典,改大成殿为先师庙,又建启圣祠。

清顺治二年(1645年),诏封孔子为"大成至圣文宣先师"。先师庙重又改称大成殿。清康熙十年(1671年),教谕陈迪建名宦祠、乡贤祠。清雍正元年(1723年),诏改启圣祠为崇圣祠,封孔子五代祖先为王,故崇圣祠又称五王殿。清雍正八年(1730年),巡道王澄慧移驻上海,择文庙东南隅建魁星阁。清咸丰三年(1853年)9月4日,以刘丽川为首的小刀会发动起义。起义军冲进文庙,杀了正在祭孔的知县,宜布建立大明国。刘丽川在明伦堂设行辕,指挥战事。清咸丰五年(1855年),小刀会起义遭镇压失败,文庙作为小刀会起义军总部被炮火所毁。当年,在学院路旧址重建文庙时,大梁未上便遭火灾,于是觉得原址建庙不利,便决定移建西城原明代海防道署遗址,历时一年(1855年7月—1856年7月)

竣工，占地计17.3亩，这即是今天的上海文庙。清咸丰十年(1860年)，太平军压境，上海县官、绅商为防不测，共邀英、法兵入城协防，将文庙作为西兵驻屯场所。清同治三年(1864年)六月，西兵撤防，但庙内建筑被西兵毁损大半。事后，巡道丁日昌令知县修缮文庙。

民国三年(1914年)，上海县公产经理处筹款修建文庙，并拓大成殿月台，置祭器、舞器、祭服以备祭典之需。民国十六年(1927年)，上海特别市工务局向市政府备案，拟将文庙改建为文庙公园。民国二十年三月，开始兴建文庙公园，一、二期工程于十月完成后，余下工程因资金不继而作罢。之后，移交市教育局管理。同年十二月，将文庙改为上海市民众教育馆。民国二十一年六月，将文庙尊经阁改建为上海市市立图书馆，内有藏书15 300余册，它是上海市首家公共图书馆。

* 民国时期的文庙（棂星门）

新中国成立后，上海市民众教育馆由上海市军管会接管，并建立上海市沪南人民文化馆。十年动乱中，文庙被改作"武庙"，成为南市区体委及其属下的训练场馆。1979年动乱结束后，上海市文物管理委员会拨款重修大成殿、明伦堂、魁星阁、崇圣祠，还重建东西庑殿，并疏浚天光云影池。1997年，南市区人民政府拨巨款对文庙进行全面整修，历经三年，终于全面恢复了文庙在清代最盛时期的风貌，并于1999年9月24日举行了盛大的上海文庙修缮竣工开放仪式。同时，文庙被上海市人民政府批准为上海市文物保护单位。

布局严谨　设施独特

上海文庙的建筑采用群体组合方式，简称建筑群体。它是中国古代建筑群的典范之一。在整体布局上，文庙是严格按照两条纵轴线展开的。其中一条为祭祀线，包括棂星门、泮池、大成门、大成殿、崇圣祠。而大成殿前东、西两庑殿，则在纵轴线两边，以衬托大成殿的恢宏壮丽。另一条为学宫线，内有学门、仪门、明伦堂、尊经阁。而明伦堂前东、西两侧建有听雨轩和杏廊，它们都在纵轴线两旁作明伦堂的陪衬。此外，还有一条庙园线，在这条线上建有魁星阁、天光云影池和儒学署。

上海文庙建筑群体中的主要建筑有六处：大成殿、明伦堂、尊经阁、魁星阁、儒学署和崇圣祠。它们都是儒家文化的载体和象征。换句话说，儒家文化精神贯穿于文庙建筑，是文庙建筑的生命和灵魂。反之，儒家文化精神又通过富有表现力的建筑语言和人文景观展示出来。这也就是上海文庙建筑艺术特色。

大成殿是文庙的主体建筑，面积为260平方米，高14米，面阔三间，是由一个矩形和一个大三角形组成，使人感到稳重、端庄，而歇山重檐式的大屋顶又易使人感到沉重和压抑，幸好大成殿屋脊生动的弧线和两边的飞檐翘角却如振翅欲飞的大鹏，化解了这份沉重和压抑，尤其是屋顶上装饰着奔走跳跃的狻猊、辟邪等动态十足的小动物,使庄严肃穆的大成殿又充满了生命的气息,强烈地表现出东方建筑艺术的个性魅力。

明伦堂为文庙学宫线上的主要建筑。堂为古代宫室建筑之一,用于进行讲学、演讲的场所,是儒家思想文化的宣扬之地。堂名"明伦",语出《孟子》:"学则三代共之,皆所以明人伦也。"人伦是指父子有亲、君臣有义、夫妇有制、长幼有序、朋友有信这五伦。

尊经阁是一座二层楼的阁式建筑,宽敞、高爽。原是贮存六经、御制诸书及百家子史之地。这里曾是上海特别市最早的一家市立流通图书馆。今天,其底层为"奇石、赏石陈列室"。其上层为贵宾接待室,内悬一幅由著名人物画大家戴敦邦创作的《孔子问道》图,描写孔子向老子虚心求教的场面。此阁之前有个宣廊,廊内置有"上海县籍进士名录碑",上面刻有自元朝至清末荣登进士的279人姓名、考中日期和被任命官职。

魁星阁是文庙古建筑群中的艺术珍品,共三层,高约20米,外观呈六角形,阁内六根金丝楠木柱,自底层直通阁顶却没有一根铁钉。从前登临此阁可以俯瞰老城厢全景。此阁始建于清雍正八年(1730年),原供奉奎星神。据古籍记载,奎星乃二十八宿之一,"屈曲相钩,似文字之画",故有奎主文章之说。后人遂将奎星演化为文官之首,说孔子乃是天上奎星,所以文庙中必建奎星阁。至于奎与魁通用,原出于顾炎武著的《日知录》:"神像不能象奎,而改奎为魁。"魁星神头部像鬼,一脚向后翘起,如魁字中的大弯勾;一手捧斗,如魁字中的斗字,一手拿一枝如椽朱笔,意在用笔点中应试人的姓名。现阁内悬有两幅魁星图,供人瞻仰。

儒学署在风光秀美的天光云影池北侧,为一幢两层小楼。旧时,此署为掌管文庙祭祀和生员教育的场所,其官员称教谕。上海县学首任教谕为上海镇学创办人、教育家唐时措。今天，此署底楼为历代茶具陈列室，二楼为文庙会议室。署前右侧有听雨轩，三面临池，边置吴王靠，中置石桌石凳，供人憩息，小巧玲珑，清幽雅致。轩名取自古诗句："秋阴不散霜正晚，留得枯荷听雨声。"十分贴切。

崇圣祠在大成殿之后，为一座四合院式的悬山式建筑。前为门墙，中为庭院，东、西两厢，后为大厅及耳房，为供奉孔子父母等五代祖宗的祠堂，今作文庙办公之用。

弘扬儒学　交流平台

近年来，上海文庙已举办多次儒学研讨活动，其中有：上海首届儒商研讨会和上海第一届、第二届儒学研讨会等。在中外文化交流上，文庙也迈出了可喜的步子。在已举办的两届国际儒商研讨会上，吸引了不少华侨企业家。中国的古体诗词，受到海内外诗人词家的青睐，其中尤以来自日本诗词家的喜爱，因而上海文庙多次举办"中日吟诗会"。台湾台北市孔庙官员率领有关人士前来上海文庙，在大成殿前举行"两岸释奠文化交流"活动，台北孔庙表演了"八佾舞"，上海文庙表演了"孔子乐舞"新编。

文庙在古代是上海县的最高学府——学宫，是培养秀才进而为乡试准备人才之地。文庙为延续"学宫"这一功能，并结合时代需要，已在东、西庑殿创办了"上海文庙书画展览殿"，业已推出"上海文庙儒家书画艺术展"，展出描绘孔子及其部分弟子的画像，以及花鸟画、山水画等近百幅，在培养中青年书画家方面已初显成效。上海的大中小学也充分运用和发挥这一基地的作用，经常组织学生在大成殿月台上的孔子青铜佩剑铸像前举行青少年"18岁成人仪式"、大中学生"毕业典礼"、"新教师宣誓"等仪式，把文庙建成尊师重教和对青少年进行优秀传统文化教育的校外课堂。

"诗书逢盛世,经义赖传薪。"孔子重教化,教化需要图书。在文庙大成殿前大院中创设的"文庙星期日旧书集市",创办于上世纪80年代,已成为申城一道著名的文化风景线。

每年年末的撞钟祝福活动,已成为文庙的一大民俗保留节目。文庙虽不是宗教场所,但与上海龙华寺、玉佛寺等佛教场所的撞钟祝福活动一样,被列为上海五大传统撞钟活动景点之一。特别是在"2005全球联合祭孔"活动中,文庙崇古趋今,独出心裁,约请著名诗人桂兴华创作表演了大型情景配乐诗朗诵《走近孔子》,由一人扮演孔子,30多学生扮演孔子弟子,只有一女大学生扮演现代人,通过朗诵,进行间隔两千多年的时空交流,大受各界人士欢迎。

作为儒学圣地和东方文明天然博物馆的上海文庙使千千万万前来祭拜或参观者在景仰中受到中国优秀文化的熏陶,在感知中磨砺振兴中华的雄心壮志。

上海最老的学校——敬业中学

上海现存历史最悠久的名校为敬业中学。敬业中学创建于1748年(清乾隆十三年),距今已有250余年历史,其前身为敬业书院。据清嘉庆《上海县志》记载:"敬业书院初名申江书院,在县署北,明潘恩宅也。"原来,潘恩在明嘉靖时以左都御史致仕,其子允端官至四川布政使,父子俩曾权重一时。其时,潘恩父子在上海兴土木,建造府第,其中包括现在的豫园和申江书院的旧址世春堂(即今梧桐路安仁里一带)。1745年(清乾隆十年),江苏按察使翁藻曾驻上海,公务之余,常集诸生讲解经书,并积极筹措创建书院。后因奉调江西,创建书院计划暂且搁置。两年后,翁藻调还江苏,1748年(清乾隆十三年),与当时上海知县王伾率先捐俸,将世春堂修缮一新,改建为讲堂斋舍,定名为"申江书院",作为举贡生童每月会课的场所。1770年(清乾隆三十五年),巡道杨魁集资大兴土木重建书院,改名为敬业书院。

"敬业"出自《礼记学记》中的"三年视敬业乐群"之句。朱熹解说:敬业者,专心致志以事其业也;乐群者,乐于取益以辅其仁也。每岁除正月、十二月外,官师各占十课,由巡道出题。知县间月轮流出题阅卷,师课由山长出题阅卷。书院既有饱学宿儒授业,又给学生发一定的"膏火津贴"和书籍以奖励学业,开了上海书院制度之先河。于是上海本地与外地有志于学业者纷纷慕名而来。

据史志记载:道光年间任两江总督的陶澍,十分赞赏敬业书院,并

以"果行育德"四字为书院题额。林则徐任江苏巡抚，到上海视事时，喜欢在敬业书院居住和办公。他对该书院治学之严谨、教员之诲人不倦和学生之孜孜以求也赞誉有加。有一次，他还高兴地挥毫题写了"海滨邹鲁"四字。所谓邹鲁者，是指孟子为邹人，孔子为鲁人也。其意是盛赞敬业书院，是一所为东海之滨培养出类拔萃人才的学府。

书院山长向以名流贤士充任，如道光进士、近代维新思想家冯桂芬也曾于1860年至1862年间出任敬业书院的山长。1862年，署布政使吴煦迁书院于旧学宫基（今聚奎街一带）。1871年（清同治十年），敬业书院开始作考棚，每年举办两届县试。

1902年，即在清政府正式颁布"癸卯学制"的前一年，上海知县汪懋下令改敬业书院为新式学校，定名为敬业学堂，以姚文枬、叶景沄、李鸿膏、刘汝曾为董事，张焕纶为总教，并于同年4月1日开学。叶景沄，松江府学廪膳生，早年就读于敬业书院，光绪元年县试第一名、府试第三名，后又于甲午科江南乡试取中第十五名举人，为当时上海县邑儒学闻人。1902年（清光绪二十八年）叶景沄任敬业学堂董事后，与黄炎培等人奉派赴日本考察教育，回国后，致力于创建新式学校的工作。1905年，敬业学堂采用校长制，由叶景沄任首任校长，并改校名为"上海县官立敬业高等小学堂"。

景沄先生是一个睁眼看世界的先进中国知识分子，非常推崇西方近代科学。1905年至1913年他任敬业校长期间，在课程中最早设置"西算"、"理化"、"博物"等学科。当时，书院的"策论"课题有：《戚继光平倭论》、《问中国印花税有无流弊》、《格致之学中西异同论》、《开源节流策》、《问西法设警察部界合于周礼司市诸职否》、《商务利弊策》等。这些课题所研讨的内容已跳出以往只钻研经书的学究式学习方式，而将视野转向有关富国强民的学问上。

1913年，据"壬子癸丑学制"，敬业改称县立第一高等小学。1923年改办初中，称上海县立敬业初级中学。1929年添办高中，设普通科与师范科，更名为上海特别市市立敬业中学。抗战时期，敬业中学成为上海学界抗日救亡运动的中心之一。

1937年11月12日，上海除租界之外皆沦于敌手，敬业中学奉令停办，迁入租界，改组为私立南方中学，由陈霆锐任主任董事，徐梦周为校长。校址在静安寺路斜桥弄75号（今吴江路75号、77号）。太平洋战争爆发当天，日军占领租界，学校已无法上课，但多数同学还是到校。当时，学校负责人王美中擅自代表学校向汪伪注册，激起广大师生的满腔义愤，南方中学也就停办关闭了。时任南方中学地下党支部书记的乔石提出，要动员南方中学的老师和同学，另外组织"四维学社"，借他校上课，并在校内组建了学校委员会，全力稳定老师和学生的教学情绪，争取合法化，免遭日伪破坏，取得了成果。

1945年8月抗战胜利后，南方中学复名为敬业中学，成为被国民党控制很严的一所"市立模范中学"。1946年6月，敬业中学重新成立了中共地下党支部，负责人王关澄（王一明）组织敬业学子参加了1946年"6·23"反内战大示威。上海解放前夕，地下党了解到国民党正在胁迫敬业中学校长陶广川到台湾，便派年方19岁的地下党支部书记胡彭年到陶校长家中做工作。果然，陶校长坚决拒绝了国民党胁迫他到台湾去的要求，并且把学校的钥匙交给军代表陈云涛。

250多年来，从敬业毕业的无数学生中，涌现出许许多多的优秀人才。其中，敬业书院时期有文史学家陆锡荣和以诗文赢得"乾嘉江南七子"称号的赵文哲、黄文莲等。然而，最杰出的学子，当数叶景沄之子叶企孙了。

叶企孙1907年入敬业高等小学堂读书，后创建清华大学物理系，成为开创中国现代物理学的先驱。"两弹一星"的功臣王大珩、王淦昌等23位科学家，绝大多数都是叶企孙的弟子及再传弟子。令人遗憾的是，建国以后，叶企孙却因莫须有的罪名一直受到不公正的待遇，至1977年1月13日去世。当时，叶企孙逝世的消息不准见报，有关方面"按人民内部矛盾处理"，于1月19日举行了"追悼会"。著名科学家吴有训中途愤然退出会场，以示对追悼会规格与悼词的不满。直至1987年2月26日，《人民日报》刊出《深切怀念叶企孙教授》的纪念文章，才正式恢复了他的名誉。1998年6月，敬业中学举行叶企孙铜像揭幕仪式，钱伟长、李政道等著名学者专程赶来参加。

除了叶企孙之外，敬业中学还有众多学子在政治、军事、科学、艺术、文教等各个领域作出了杰出的贡献。

敬业中学部分著名校友：

乔石，全国人大常委会委员长；朱学范，全国人大常委会副委员长；丁石孙，全国人大常委会副委员长；叶企孙、陈星弼、阮可强、邹志炎、沈珠江等为中国科学院院士；谢友伯、钱七虎、庄松林等为中国工程院院士；蒋学模，著名经济学家；陆谷孙，复旦大学教授；林元培，桥梁设计大师；谢绳武，上海交通大学校长。

从龙门书院到上海中学

上海中学的前身乃龙门书院，龙门书院的原址为李氏吾园。吾园主人李筼嘉因家道中落，将园出售于杨姓，杨将园名改为托园，后园渐废。1865年（清同治四年），杨的后嗣将该园废基卖给上海巡道丁日昌。丁日昌就在该处筹建龙门书院。

龙门书院正式开办以后延请的山长(又称院长)前后计有三位:一为顾广誉,号访溪,浙江平湖人,清咸丰辛亥年举孝廉方正,壬子优贡生;1865年(清同治四年)任该院主讲。二为万明轩,号清轩,湖北省兴国州人,1857年(清咸丰七年)钦赐国子监学正,1866年(清同治五年)任该院主讲。三为刘熙载,号康斋,江苏兴化人,道光甲辰进士,翰林院编修,侍讲学士,广东省学政,1867年(清同治六年)任该院主讲。

　　书院初创时,书写朱熹白鹿洞学规于堂中,作为管理准则,购置经史典籍,供学子学习应用,并别筹常款为肄业者久远膏火之计,于是规模初具,当时该院有廪生20余人,旁舍俱满。书院学子按月分课,以性理精义,小学近思录等书命题,兼及经解史论,本经义治事立斋之意,而不以

* 龙门书院

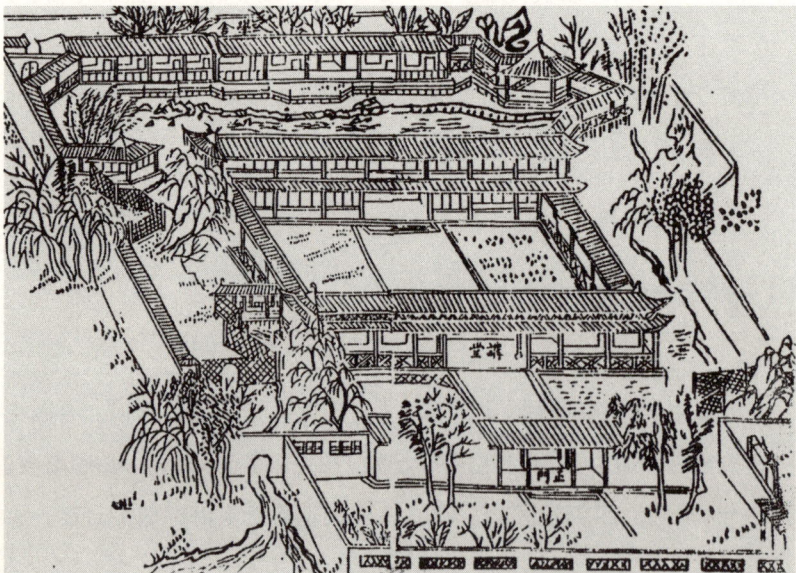

诗赋列入课程。考取入院者,每月别给膏火之资(即如现代的奖学金)。

自购入李氏吾园故址,到龙门书院营建完成,用去银9677两,此款皆郎中郭学玩所捐助。落成后,有讲堂、楼廊、舍宇共41间。并有双龙石坊一座,坐西向东,坊上锦龙各一,作腾跃状,有"龙门书院"四字,字红色,甚艳丽,取"一登龙门"之意。

龙门书院在初创时,其办学宗旨在应宝时为书院所作的序文中可以得知:"夫书院者,所以储人才备国家之用也。"曾任龙门书院山长的刘熙载说得更是明白:"为学当求有求于身,为人当求有益于世。在家则有益于家,在乡则有益于乡,在邑则有益于邑,在天下则有益于天下。斯乃为不虚此生,不虚所学。不能如此,即读书毕世,著作等身,则无益也。"

正因为龙门书院攻读的是与国计民生息息相关的经世致用之才,关心的是国家的安危和民众的福祉,所以该校毕业的学生,如胡铁花(胡适之父)、李平书、姚文枏、张焕纶等,或成为地方能吏,或成为推广新学之先驱。

1876年(清光绪二年),巡道冯焌光因原有院舍不敷使用,复添学舍十间。1880年(清光绪六年),巡道刘瑞芬重定章程,增住院额为36人。1888年(清光绪十四年),龙门书院购亭桥西张氏屋为院长燕息之所。当时,龙门书院环境优美,环绕书院的溪流,可通小南门外薛家浜,带水环回,院舍宛然在水的中央。

1905年(清光绪三十一年),龙门书院改名为苏松道龙门师范学校,并增建楼房31幢(计中式房屋24幢,西式房屋7幢)。学校设本科一个班,定期三年毕业;简易科两个班,定期一年毕业。并将刘公祠街(解放后改名柳江街)原二十二铺小学堂,改为龙门师范学校附属小学堂,以便师范生实习。

1906年（清光绪三十二年），龙门师范学校兼管的黄道婆祠的头门、戏楼等俱毁，遂于梅溪弄前面先棉祠南弄另造一别祠。至此，黄道婆祠与龙门师范学校脱离兼管关系。

1910年，龙门师范学校改名为江苏省立第二师范学校（简称"省二师"）。原刘公祠的附属小学堂改名为江苏省立第二师范附属小学校一部。同时将尚文路首府弄门旧址翻建校舍，为江苏省立第二师范附属小学校二部。

1915年（民国四年），省二师范校长贾季英因办学成绩卓著，由江苏省教育厅厅长郭则云授予嘉禾奖状及嘉禾勋章。

省二师所聘教师中，亦多博学之士，如国文教师贾叔香、贾季英兄弟，其国学成就为社会所称誉。说文解字教员朱香晚，为专门研究这一学科的专家；英文教师朱树蒸（字企云）、数学教师沈方涵，在教学上均有成就；白话文教师吴寄尘，为章回小说作家，在上海报界中很有声誉。

省二师校址甚广，约20余亩，广场作为体操场，东北隅有风雨操场，下雨雪时可在此操练，场西隅有大型花房，种植四时花木。花房后有校舍一排，上下各6间，靠近吾园处，建成走马楼式宿舍一排，计上下各12间，足供住校学生之用。

1927年6月，江苏省立第二师范学校改名为省立上海中学（简称"省上中"）初中部，海潮寺东隅的江苏公立商业专门学校改名为江苏省立上海中学高中部（设普通高中、师范、商业三科）。省立上海中学的校长郑通和平易近人，崇尚改革，办事有魄力，故其办学成绩卓越。省立上海中学不仅称誉于省内，亦为当时全国闻名的中学之一。

1932年，省立上海中学筹建校舍委员会，陆续圈购上海县吴家巷附近民地五百亩，标卖尚文路及陆家浜路原校两处基地，以充建筑新校舍经费。上海地产公司标买了学校的两处基地,并将尚文路基地分块出售给买主建房,故该处所造住房造型不一,大小不一,各具式样。建成以后,题名"龙门村",以志不忘原地为龙门书院。

"省上中"在上海县吴家巷的新校舍落成后,将原初中部、高中部两处一并迁入新址,结束了两处分办的局面。1949年,江苏省立上海中学校名又改称为上海市上海中学。

上海最早的外语学校——广方言馆

广方言馆,原址在今城内四牌楼路学院路口,于清同治二年正月(1863年3月)由江苏巡抚李鸿章奏请清政府批准创办。它是上海最早的外语学校。

1840年至1842年的鸦片战争中,西方列强以洋枪利炮轰开了自我封闭了几百年的中国封建帝国大门,迫使中国逐步走上对外开放的道路。随着在军事、政治、经济、文化上对外交往的频繁,大清帝国被迫放下架子,接受了"以夷之长技以制夷"的建议。同治元年(1862年),以教授外语为主的"京师同文馆"正式成立,这是在中国大地上出现的第一所"国立"外国语学院。"同文"取义于秦始皇的"书同文"——以汉字为全国统一通用的文字。以后,中国历代王朝均设有名为"同文馆"的机构,其职能就是将他国与中国往来的外交文件统一译成汉文,供皇帝批阅。清朝建立的"同文馆"与以往历朝的"同文馆"不一样,是教习中国学生学习外国语言文字,以适应日益发展的国际交往之需求。

实际上,早在京师同文馆建立之前,1861年客居上海的苏州翰林冯桂芬就提出：宜在广东、上海设翻译公所，选颖悟文童，住院肄业，聘西人课以西国语言文字，并习经史算学。冯桂芬的提议得到李鸿章的首肯，"同治建元（1862年），岁次壬戌，苏抚李鸿章题准，就上邑设立广方言馆。时新移敬业书院于旧学宫基址，乃即院西隙地，起造房廊，制极宏敞。"（《墨余录》卷一"广方言馆"）冯桂芬也被举任广方言馆院长。长期以来，中国以汉语为全国通用的统一语言和文字，由于中国幅员辽阔，即使在汉族地区，也通用和流行带有地方口音的汉语，称之为"方言"。与京师同文馆一样，广方言馆就是推广、普及地方语言文字的意思，把外国语当作"方言"，多少还带有"老大自居"的味道。

冯桂芬上任后，拟定了广方言馆《试办章程一十二条》，对学生条件、学馆组织、教习聘用、课程设置、学生待遇、奖惩办法等均作了规定，他拟的一十二条办法以后基本被贯彻推广。

在当时来讲，广方言馆不论是组织形式、教师结构，还是教育方法和教习课程，都体现了是一所全盘西化的学校。但是，在当时的中国，科举考试仍是国家选拔官吏、学生走向仕途的主要途径。许多学生在学校和教师的强大压力下学习外语和自然科学，但一旦教师放松管理，他们又偷偷地去背四书五经，尤其是到了每三年举行一次的乡试到来之前，已经获得附生资格的学生就顾不得任何人的反对和压力，几乎一律放弃外文和广方言馆的其他课程，拼命背诵乡试必读的四书五经。所以，到了光绪五年（1879年）时，广方言馆订出了更加严格的措施和实施办法，规定凡不听劝告、不学西学、只攻科举者一律裁退。

广方言馆学制分上、下两班，初进馆者入下班，授算学、代数学、对数学、几何学、重学、天文、地理、绘图及外国语言文字。期年甄别，择其优秀者入上班，专习一艺，计分7门：辨察地产，分炼各金（属），以备制造之材料；选用各金（属）材料，或铸或打，以成机器；制造或铁或木各种；拟定各汽机图样，或司机各事；行海理法；水陆攻战；外国语言文字，风俗国政。嗣后改正科、附科，分英文、法文两馆。后又设东文馆，因学员少而停办。

广方言馆开办时，学生定额为40名，以后陆续有所增添，最多时有80名，鼎盛时全馆学生达200名。入学年龄从起初的14岁以下改为15岁以上、20岁以下，由有名望的官绅保送至监院报名，经上海道面试后，择优录取。一经录取，免费住读就学，伙食费也由馆方供给。学习成绩优秀的学员，馆方可加发膏火银，以资奖励。该馆经费，由海关征收外国船税项下拨发。

该馆学制3年，毕业时能独立翻译一本外文书籍，且能达到"文理成章"的要求。学生毕业后，由中方、西方教师推荐到"通商衙门考验，请奖为附生"；对不能达标的学生则作佾生。

广方言馆创办6年后，迁址于今制造局路的江南机器制造局旁的新馆，有楼房、平房共74间，并以楼上24间作为翻译馆，平房及楼下50间用作广方言馆；另建厨房3间，小屋2间。新馆环境优美，"重楼杰阁，门外种竹万余竿，浓荫夹道，幽雅宜人"。

当年广方言馆的教师，都有相当水平。如算学馆的刘彝程，天文馆的贾步纬，翻译延请西方教师傅兰雅、玛高温、伟烈亚力，与中方教师徐寿、华蘅芳、王德均等对译西书。他们在清末培养了一批外语人才，成绩卓著。

上海广方言馆成立后的42年中，为中国培养出第一代精通西学的中国学生。如1872年8月11日，陈兰彬、容闳率上海广方言馆第一批30名14岁幼童赴美国留学；1874年9月19日，上海人祁兆熙率广方言馆第二批幼童赴美留学。几年以后，那些赴美幼童成为中国近代第一代精通西学的外交家和科学家。其中，近代著名铁路工程师詹天佑即第一批赴美幼童,唐绍仪为第二批赴美幼童。正如该馆一位学员所说:"一馆之中,极勋位于首辅,展奇韬于秘府,遍使节于环球,振古以来未有若斯之盛也。"总计有9人位至公使,2人位至外交总长,2人代理过国务总理。这是晚清上海任何一个学堂都不能相比的。

清同治八年(1869年),清廷在江南制造局(今江南造船厂)开设了一个专门从事自然科学翻译的翻译馆,并择制造局空地大兴土木,营建馆址。广方言馆也在这一年迁入江南制造局,与翻译馆共同使用新建的馆舍。据《光绪上海县续志》卷十一中记叙:"(光绪)三十一年(1905年),总督周馥以各省已设学堂兼习外国文字,足备译才,而工商各业尚无进步,改广方言馆为工业学堂,工艺学堂亦并入焉。十月,陆军部定名兵工专门学堂及中学堂。"进入20世纪以后,各地学堂为适应形势的需要,纷纷在普通中学堂中增开外语课,因此,上海的外语人才已相当充足。但是,由于工业或商业的专门学校数量明显不够,原广方言馆于1905年便改组为工业学堂。同年10月,工业学堂又直接改组为陆军部直辖的兵工学堂,它也是中国人自创的最早的兵工专科学校之一。1913年,受"二次革命"的影响,兵工学堂也停办了。从此,真正结束了上海广方言馆的历史。

中国第一所近代学校——梅溪小学

上海的梅溪小学是由中国人自己创办的第一所近代学校。这里须对该校的创办者张焕纶先作一个介绍。上海著名士绅李平书曾说:"上海地区,积学之士,首推经甫。""经甫"是张焕纶的字,张焕纶因创办"梅溪小学"(校址在今蓬莱路128号)而成为我国近代小学的创始人。

张焕纶早年就读于龙门书院,师从著名学者刘熙载而成为上海名儒。他深刻认识到"国家盛衰,系乎风俗人才,而风俗人才尤急于蒙养",认为教育是强国之根本,而合乎社会需要之教育方式又是教育之根本。1878年(清光绪四年),张焕纶邀集同窗好友沈成浩、徐荃德、范本夫、姚天来等人,筹集资金,兴办"正蒙书院"。姚天来出资最多,而张焕纶则将自家的部分厅堂、庭院,拨作校舍。书院初办时,民众对这一西式学堂颇有疑虑,不敢送孩子前来就读。经校董教师反复动员,甚至把自己的孩子送到书院,这才招到了40余人,分大、中、小三班。课程有国文、舆地、经史、时务、格致、数学、诗歌等。

1882年,邵友谦走马上任上海道。他在视察了正蒙书院后,肯定了办学绩效,同意拨款扩建校址,改善师生条件。张焕纶也主动将书院改为官办,重订教育制度,学生扩展为近百人。学校扩建校舍,因该校位于"梅溪故址"故改名"梅溪书院",增设英法外文。1909年改为"官立梅溪学堂"。

张焕纶创办梅溪书院的业绩,不仅在于时间早,主要在于设立了新的学科,创造了新的教育方法和新的管理模式。管理方式,改变了旧学馆的教学和管理,开全国风气之先,为现代教育创造了原型。梅溪书院所有教师,纯尽义务,不取报酬。师生同吃同住,学生建立自我管理组织。班置班长、斋设斋长。教学以"讲解与记忆并重"。注重体育,并把军事训练引入校园,开创学校军训之先。

1883年,中法战争爆发,张焕纶组织学生接受军事训练。晚上,带着学生夜巡城厢。《上海县志》载:居民深夜"闻屧声皆知其为梅溪学生矣"!

张焕纶曾亲自制定校训和校训歌。八首校训歌,都以"立志要做好男儿"为主题,发扬"一奋无难事"的蓬勃向上精神。1904年(清光绪三十年),张焕纶逝世。其四弟张焕符继任校长,继续贯彻张氏办学宗旨。张焕纶创办的学校和在其后的发展过程中,创造了第一个军事训练、第一个男女同校、第一个成立童子军、第一个举办勤工俭学以及师生共同投入"五四运动"等等的历史记录。

1912年学校改建校舍。新校舍于年底落成,还开辟了操场。校门也由梅溪弄移至蓬莱路。1915年,徐艺洲出任校长。他要求女儿徐宏芳考进梅溪就读。校内出现了唯一一位女生,上海也迈出了男女同校的第一步。

1919年"五四运动"爆发后的第四天,即5月7日,上海民众在西门外的公共体育场召开"国民大会",声讨段祺瑞军阀政府的卖国行为。梅溪师生120人参加大会,被编入第23队。梅溪体育教师黄腾白曾参加奥运会田径赛,回校后,在学校内组织了全市第一个童子军组织。

1946年学校改为"上海市第四区中心国民学校"。解放后,先后改名为"蓬莱区第一中心小学"和"蓬莱区第一小学"。该校成为上海市首批建立中国少年先锋队的学校。1984年,已有73年历史的旧校舍全部拆除。1986年高达五层的新校舍落成,建筑面积1903平方米。学校恢复原名:"梅溪小学"。

老城厢的梅溪小学因是中国创办的第一所近代学校而在中国近代教育史中具有特殊的地位。近百年来,梅溪小学培养和造就了一大批杰出的文学家和科学家,为中国近代事业的发展作出重大贡献。诚如朱树人在《梅溪学堂记》中所讲的:

> 中国无小学校久矣,欧美东来基督教士之在中国开学堂者,
> 往往而有若中国自立之学堂者。十年以前殆无闻焉,惟吾师张先

生之创梅溪学堂乃在光绪四年之春，距今二十有七年矣。方是时，士大夫或醉心帖括，或仇视新学。先生独奋于流俗之外远，师古小学教人之遗法，采泰西小学之成规，联同志数君子通力合作，聚徒数十人，分曹讲习，规制烂然，一中国四千年来最先改良小学校也。

上海第一所新型小学——实验小学

上海市实验小学原名万竹小学，为1911年上海市政厅委派李廷翰创办，坐落在老城厢西北明顾氏名园——露香园万竹山房遗址。它是上海地区最早由中国人自己创办的公立新型小学,首任校长为前清秀才李廷翰。

李廷翰主张贫民教育,初办时招收的学生多为附近贫民,并组织教师访问附近家庭,进行"劝学"。办学方针,对男生提出以"勤勉、亲爱、刚直"为校训,对女生提出以"纯朴、信爱、奋勉"为校训。万竹小学初创时,乃一初等小学,分为男女两部。男部分初等小学、商业小学两科;女部由李廷慧任主任,分初等小学和幼稚舍两科。男部之校门东向临露香园路;女部北向临万竹街。

这所学校对师资要求十分严格。当时该校男教师多为龙门师范毕业生,女教师多为务本女塾毕业生。《民国上海县志》记载:1919年教育部公布全国有11所"优秀小学",万竹小学为其中之一。该校素以治学严谨、基础扎实、成绩卓著而称誉海内外。

1921年春,李廷翰辞职,万竹小学改男女两部为两校,行政经费从此划分。1927年8月,上海特别市教育局成立,委任程劲寒为校长,将两校合而为一,仍分男女两部。1937年抗日战争爆发,校舍为日伪占据,学校迁入法租界,成立万竹小学借读处,后改名为阜春小学。1945年抗日战争胜利,原在阜春小学工作的教师绝大部分回原址复校,发动广大海内外校友募捐筹款修复校舍、操场和增添设备。万竹小学复校后改名为上海市第三区中心国民学校。

解放后,学校改名为上海市邑庙区中心小学。1956年改为上海市实验小学。学校对学制、课程、教材、教法及德育等工作作了一系列的改革和实验,积累了丰富经验,形成了自己的办学风格。学校继承了"万竹小学"的优良传统,涌现了以蒋卓蓁、刘元璋为代表的优秀领导,以蒋师昭、袁瑢、林有禹为代表的优秀教师群体。学校多次荣获上海市及全国先进集体称号,还曾被列为全市唯一一所国家教育部所属的重点小学。

在从万竹小学到上海市实验小学的近百年历史中，学校培养了一大批优秀人才，如著名科学家周培源、"中信公司"总经理徐昭隆、女企业家汤蒂因、香港商会副会长张永珍、实业家虞兆兴、美国匹兹堡大学教授兼国内交通大学等五所院校顾问施增玮、美国著名教授计算机专家朱祺瑶、世界银行顾问李祥甫、著名学者吴元晃等等。另外，在万竹小学曾经读过书的还有蒋经国、蒋纬国、钟龙滔等名人。

吴馨与老城厢的第一所女子中学

务本女子中学是近代中国人自办的第一所女子中学，创办人吴馨不仅是中国近代著名教育家，而且还是一位在上海近代史上作出过重要贡献的人物。

吴馨，字畹九，原籍安徽歙县。大概在清兵入关时，他的祖先就随难民队伍进入上海。两百多年过去，吴馨已经算是上海人了，所以，许多书称他为"邑人"，就是上海城里人的意思。光绪二十八年（1902年），吴馨购进"南市黄家阙路旧营地十三亩有奇"，创办了务本女塾，其课程设置就参照西方女子中学。

吴馨创办女校后，成为上海的名人。1905年上海成立南市城厢总工程局时，他被推选为董事会成员，主要负责上海的教育和卫生工作。宣统二年（1910年），他又被推选为"上海县视学兼劝学所总董"，这个职务就相当于现在主管教育的副市长兼教育局局长。第二年，他当选为城厢自治公所的议长。1911年冬上海光复后，他当选为上海县民政长。同年，全国一律改县的"知县"为"知事"，于是，他成了上海的第一位"知事"。

1916年，吴馨当选上海教育会会长，而当时老城厢的大多数学校没有操场或操场狭小，不能开展正规的体操课，举办运动会。吴馨首先捐赠巨款，并动员各界认捐，创办了上海公共体育场（即今沪南体育场），这也是中国人创办的第一个公共体育场。以后，他又先后担任童子军联合会会长、劝学所所长。鉴于吴馨为上海教育事业作出的杰出贡献，他被北洋政府授予"五等文虎章"。民国以后，吴馨主动把自己创办的务本女中捐给政府，被授予"一等嘉章"和"三等嘉禾章"，南京政府还特颁"兴贤毓秀"匾。除主持上海的教育事业外，吴馨还主持测绘《上海县全境图》，修《光绪上海县志》，领导上海的水利工程建设，可惜许多项目"未及实施而卒"。上海各界为吴馨举行了隆重的追悼会，并在公共体育场为他塑像立碑。遗憾的是，他的塑像和碑已无从找寻。

吴馨于1902年创办的务本女塾是近代中国人自创的全国第一所女子中学。初创时分"寻常、高等、特班"三级，"寻常"级就是初中，"高等"级就是高中，"特班"就是专修课。1904年时，改"特班"为师范专科，也分师范和寻常两种。据当时人记叙：吴馨"设务本女塾，为全国女学校首创，就学者众，北至内外蒙古，南至南洋群岛，莫不有务本女生踪迹"。务本女中开设的师范科为全国乃至海外侨人居住区培养出许多优秀的女教师，其在中国近代教育史中的地位是显而易见的。

1912年吴馨将务本女塾捐给上海政府后，校名即改称上海县立第一女子中学。1928年，又改称上海特别市立务本女子中学。"八·一三"淞沪战争中，务本女中校舍被日军炮火夷为平地，学校只得迁入租界内上课。为了避免汪伪接管学校，改称"私立怀久女子中学"。太平洋战争爆发后，日军进驻租界，学校毅然宣布停办。一直到1945年抗日战争

* 上海市立务本女子中学校

胜利,校长杨明晖奉教育局命恢复务本女中,而当时黄家阙路的校址已被夷为平地,难民在这里建了许多棚户,已不可能在原址重建。于是,由教育局拨永康路200号原法国人学校址复校,1952年后改称上海市第二女子中学。1968年取消女中,改称上海市第二中学。

苏氏教育世家和民立学校

原籍福建的苏氏家族堪称教育世家。20世纪初在南市创办的民立中学、民立女子中学和民立幼童学校,都是由苏氏兄弟姐妹集资兴办的。

早年,苏氏兄弟梦渔和绍柄自福建永定县迁来上海。梦渔常说:"欲图兴国,非推广教育不可。"他的这一"教育救国"的思想对后代影响极大。梦渔有四子四女。四子为本炎、本立、本铫和本浩;四女为本西、本农、本清和本楠。长大后,四个儿子协力办男校,四个女儿齐心办女校,一时传为佳话。

苏氏四弟兄和叔叔绍柄原来住在邑庙东安仁里(今安仁街硝皮弄),为了办学校,他们义无返顾地搬出来,各自另觅栖身之处,而把住处改成了校舍。然后,又在旁边空地上造起了四幢楼房作为教室。1903年,民立中学正式成立,组织校董会,公推苏本炎之岳父曾铸等为校董,苏本炎任经理,苏本铫任校长。1909年,在大南门附近(今民立街东首)新建校舍迁入。

由于上海民立中学的毕业生能在上海商界谋取到一份好的职业,许多上海人希望将子女送入该校读书。但是,民立上海中学原是一所半义务性的宗族学校,不论是经费或场地均无法接纳更多的学生。两江总督获悉后,就同意每年从库中拨款二千四百两作为教育补贴。由公家对私立学校进行补贴,这在近代教育史上是不多见的。

民立中学是清末民初上海知名度很高的学校。该校的外语课,有英文、法文,都须兼习,英文由英国人教,法文由法国人教。国文教师中有一位孙经笙,江苏吴江人。柳亚子的夫人郑佩宜,就是他的女弟子,后苏氏延请他来上海,任国文首席教师。当时陆澹安和周瘦鸥,便是他的得意学生。每星期作文一次,每月举行班会期作文,前三名的文卷揭布示范、澹安、瘦鸥所作，必名列前茅。春秋两季，举行运动会，临时出《运动报》，那是油印的，也由陆、周担任编辑。又有《民立月报》，陆、周更连篇累牍地写稿。逢孔诞及校庆，举行文娱活动，澹安编《循环的离婚》，情节曲折，演出时博得全座喝彩。其他如郑正秋、汪优游也是民立学生，后来都成了著名的戏剧家。

1906年，苏本炎帮助自己四个妹妹和堂妹苏本绮在西门外白云观源寿里（今方斜路）创办民立女子中学堂。苏本嵒任校长。本农教授家政，本绮兼任国文，本楠负责美术和音乐的教育。民立女中是一所富有特色的女校，有自己的校训、校歌。1935年的校歌歌词如下：

立言立行立人立己，维我民立新精神。外患日亟国难方殷，读书救国在我身。师生相敬同学相亲，桃李春风化育成。服务社会造福家庭，为我女界放光明。

* 民立女中的课间活动

苏本炎妻子曾泽新也没闲着。她曾在本炎创办的民立幼童学校任校长。遗憾的是,这所地处江南制造局附近的幼童学校在1913年讨袁的"二次革命"时毁于炮火。

苏家办学的经费主要来自本炎经商所得、其岳父曾铸资助和弟兄们的凑款,也有一部分来自政府部门的拨款和民间的募集。上海地方政府为表彰苏氏兄弟姐妹的办学精神,曾授予苏本炎"富教兼施"额,奖以金色一等嘉祥章。授予苏本清"孝思锡类"额,奖以金色三等褒彰。苏本嵒和苏本楠也分获金色三等褒彰。

1918年,民立中学被江苏省教育会评为全省第一。当时,人们将民立中学和浦东中学、澄衷中学誉为"上海私立中学"的"三鼎足"。新中国成立后,民立中学一度改为"上海市第六十一中学",现已恢复原名(现校址静安区威海路681号)。民立女子中学改为"上海市第十女子中学",现为"上海市第十中学"(现校址黄浦区永宁街45号)。

誉满杏林的中医专门学校

在老城厢南石皮弄,即现在的河南南路458号,曾有一所人才出众的中医学府,这就是上海近代历史上颇具声誉的上海中医专门学校。

这所学校是由海上名医、中医理论家、临床家、教育家丁甘仁会同当代名中医夏应堂、谢观等发起创办的,并于1915年向北洋政府备案,经过两年筹备,1917年正式开学。首任校长即发起人之一的谢观,所聘教师均系有名望的医家,如曹家达、丁福保、陆渊雷、祝味菊、黄体仁、余听鸿等。创始人丁甘仁从学校开办至其逝世的十年间,始终是学校的主要负责人,付出了不少心血,花费了许多人力物力财力。在他实际负责的十年期间,学校学生除在校学习外,又是跟随他临诊的门人,理论与实践紧密结合,学以致用,学用相长。

为了让在校学生有更多的实习机会,丁甘仁还四处奔走,筹集资金创办沪南、沪北广益中医院,既为学生提供固定的实习基地,又为嘉惠贫民实行施诊给药。学生们在老师带领下,在这里轮流侍诊,教师则边诊边教。由于主诊的医师都是专门学校的教师、名医,医术高明而收费低廉,每诊仅收小洋一角或十五个铜元,还免费发给煎药一帖,因此医院门庭若市,前来就诊者日以数百计。这对学生来说,确是一个难得的学习锻炼场所。对学校来说,这也是一种培育人才的有效方式。

丁甘仁治学严谨,他出诊归来,虽晚犹必参考各书,躬亲批改课业,夜不稍倦。他的学生追忆:先生所授学生,皆定期布置课作医论;夜宵则籝灯自予批改,评定成绩,十年如一日。

1926年,一代名医丁甘仁先生逝世,其亲手创建的上海中医专门学校和广益中医院,皆由他的次子、丁氏第二代名医丁仲英接替,并担任学校校董、医院院董。这位新任董事,忠实地秉承其父遗志,在竭力办好学校的同时,还亲自主持烦琐的医院工作,并以广益医院南院为主开设病房。其中有高等病房,每日每房收费一二元,由程门雪担任主任,负责医疗事务,屡挽危症,颇著声望。二等病房每日只收几角钱,然对重病患者亦由主任诊治,克尽医责。三等病房,多为绅商捐款所设,收费更低。

1931年,学校改名为上海中医学院,并由丁济万继任该院院长,程门雪为教务长,教师有秦伯未、戴达夫、王耀堂、包天白(包识生之子)、余鸿孙(余听鸿之孙)、黄通甫、黄文东、刘左同等,他们都是丁济万的同学。之后,教务长程门雪引退,由黄文东接任,直至1947年学院停办为止。

抗日战争期间,该校由原南市迁往当时的公共租界,抗战胜利后又迁返原址。新任院长丁济万系学校创始人丁甘仁的长孙、丁仲英的侄子,是丁氏第三代名医。他在医界前辈的熏陶下,博采各家学说之长,尤以祖父亲教侍诊,耳提面命,诊治各种疾病,深得乃祖真传。他每天诊病一二百号以上,下午还有三四十家出诊,可见病家对其信仰之深。他虽然业务繁忙,但对学校工作亦关顾备至。特别在抗战以后一段时间,那时币制屡易,物价飞涨,学校经费困难,他以自己的诊金收入独任其艰,为莘莘学子免遭失学之苦而煞费心机,真是其德可歌。教务长黄文东先生,在学校艰难时期,能尽力维持,亦功不可没。

从1917年到1947年30年间,这所学校为国家为社会培育了一批又一批医学人才,其中有相当一部分成为中医界的出众之才,他们为祖国中医药事业的继承和发展作出了卓越的贡献。解放前,人称程门雪、秦伯未、章次公为海上医界三杰。他们都是丁甘仁的门人、上海中医专门学校的早期毕业生。其中,程门雪是该校的首届毕业生,由于学习勤奋,成绩优异,遂留校任教,并担任教务长兼附属广益中医院医务主任。他从事中医教学工作达40年之久。解放后,曾出任上海中医学院院长,在贯彻执行党的中医政策、培养中医人才、继承发扬祖国医学等方面,作出了重要贡献。1956年,他被选为上海市人大代表,以后又当第二届、第三届全国人大代表,并担任上海市卫生局中医顾问、上海市中医学会主任委员等职。他既有高深的中医理论研究,在许多著作中有其独特之见,又有丰富的临床经验,辨证精确,立法严谨,方药合理,疗效显著,因而医名远扬,深得病家敬仰。

秦伯未则为该校第三届第一名毕业生。他著述的中医著作不下五六十种,其中尤为著名的有《秦氏内经学》、《内经类证》、《读内经记》、《内经病机十九条之研究》、《内经知要浅释》等,章太炎先生称他有整理医学之内功,海内同仁誉之为"秦内经",又称"铁锥",意思是可以锥开中国医学宝库之奥秘。当时上海各医学院争相延聘,学生奉为宗师。解放后,他应聘担任第十一医院中医内科主任,1955年应卫生部聘任去北京担任中医顾问,兼任北京中医学院教授、院务委员会常务委员、中华医学会副会长、国家科委中药组组长、药典编辑委员会委员,并先后荣任第二、三、四届全国政协委员,多次出国讲学。

章次公,早年就读于上海中医专门学校,亲聆丁甘仁先生教导。毕业后,又师事江阴名医曹颖甫和余杭章太炎先生,深得名家传授。他对中医内科各种疑难杂症、慢性病、温病及妇科疾病,均有独特经验。1955年去北京,任卫生部中医顾问,1958年秋兼任北京医院中医科主任、中国医学科学院院务委员,并被推选为全国政协委员。他在临床和教学工作中积极勤奋,为培养中医后继人才,发展中医药事业,作出了很大的贡献。

黄文东,该校首届第一名毕业生。他在随丁甘仁去广益中医院临诊过程中,表现出非凡的才华,因而深得丁师赞赏。1931年应丁济万校长邀请,返母校任教务长,亲任《本草》、《伤寒论》、《金匮要略》、《中医妇科学》、《中医儿科学》等课堂教学。前后凡17年,至1947年该校停办为止。解放后,历任上海中医学院中医内科教研组主任、附属龙华医院内科主任、上海中医学院院长、中华医学会上海分会副会长、上海市中医学会理事长、中华全国中医学会副会长、上海市政协委员等。

三十年间,这所学校培养的毕业生共有869人,除上述诸位名震全市的名医外,还有严苍山、许半龙、张伯臾、石幼山、王一仁、张耀卿等,都是中医界出类拔萃的人才。他们在医学理论上有扎实的根底,著书立说,充实了祖国的医学宝库;在教学上,将丰富的经验传与后代;在临床时,凭独特才华和胆识力挽重病、急病于濒危,成为众多病家深为信赖的良医。

教会办学拾遗

通过办学校传播上帝福音,是西方传教士普遍采用的传教方式。在上海办学校是鸦片战争以后外国殖民主义者通过条约攫取的特权。但同时也应客观看到,教会学校的兴办,促进了上海乃至中国近代教育的发展。晚清上海的教会学校比较出名的就有33所,如徐汇公学、裨文女塾、清心书院、中西书院、圣芳济学堂、圣玛利亚女校、震旦大学、圣约翰大学等。其中在南市和老城厢创办的教会学校有如下几所:

现坐落于方斜路上的上海市第九中学原来是一所女子中学——上海市第九女子中学,它的前身又叫裨文女中。该校建于1850年,是上海的第一所教会女校。该校创办人裨治文出生在美国马萨诸塞州贝尔彻城的一个基督教家庭。1829年,他受美国基督教公理会差会之派遣启程来中国,第二年2月22日到达澳门,三天后又到了广州。他是第一个抵达中国的美国基督教传教士。裨治文认为:"教育肯定可以在德育、社会、国民性方面,比在同一时期内任何陆海军力量,比最繁华的商业刺激,比任何其他一切手段的联合行动,产生更为巨大的变化。"从此,裨治文把主要精力集中在发展中国教育文化事业上。

1839年,裨治文在澳门创办马礼逊学堂,中国近代著名思想家容闳和中国近代第一位名西医师黄宽等就是裨治文的学生。1845年,裨治文与格兰德相遇,并在香港教堂举行了婚礼。有了这位贤内助的帮助,裨治文在事业上有了更大的创新。1847年,裨治文奉美国基督教公理会差会之命来上海组织成立"圣经委员会",并于6月3日抵达上海。1850年,在裨治文的帮助下,夫人格兰德就在西门外肇嘉浜畔购地创办了一所教会女校,因为"裨"字有补益的含义,于是,格兰德夫人即以丈夫华名裨治文的省略,将学校取名"裨文女塾"。这所女校成了上海的第一所女子学校,也是中国的第二所女子学校。

格兰德夫人对创办教会女校的意义有独到的见解,她认为,与男子相比较,中国妇女的地位是很低下的,她们不能同男子一样接受教育,中国甚至鼓吹"女子无才便是德"的谬论,而身为人母的女子又是对子女影响最大的人,因此只有先改变妇女,提高妇女的文化修养,再通过他们去影响子女,这将是改变中国的一条捷径。即使在今天看来,格兰德夫人创办女校的思想还是有可取之处的。

裨文女塾初创时只设启蒙课,还针对中国的特殊情况,增设家政、刺绣等课程。于是,裨文女塾创办后不但没有遇到中国封建士大夫的反对,还有不少富裕人家也将女孩送入该校读书。大概到1860年后,该校增开了初中,分为初等小学、高等小学、初级中学三级,成为老城厢著名的教会女校。

1931年,裨文女校向上海市教育局注册,还在武定路开设"北校"。1951年取消教会学校,该校改名为沪南女子中学;1953年又改名为上海市第九女子中学;1966年取消女中,改称上海市第九中学。

今天的市南中学和市八中学原名分别为清心男校和清心女校,它们也是上海最早的两所美国基督教教会学校,是由美国基督教北长老会牧师范约翰夫妇创办的。

美国基督教北长老会是进入上海稍迟的基督教教会。1842年,一位出生于美国参议院家庭的北长老会传教士——娄理华只身来到澳门,并在澳门创办了一家以印刷《圣经》为主的"花华圣经书房"。1844年他考察过广州、厦门、福州、宁波后,认为宁波有较大的发展余地,就将花华圣经书房从澳门迁到了宁波。1847年他又来到了上海,认识到上海比宁波更有发展潜力,尤其上海的租界是发展基督事业最理想的地方。他讲："凡是外国人聚居的地方最终会成为同中国本土很不一样的租界，而且，每一件事都表明，若要对改变中的中国能有一个影响它的总部，这里正是理想之地。"于是，他计划将设在宁波的花华圣经书房迁到上海。可惜，在他从上海赶往乍浦再从乍浦乘船去宁波途中遭到海盗抢劫，并被抛尸大海，他的计划也由此被耽搁下来了。

娄里华的弟弟娄理仁听到哥哥的噩耗后，旋即携妻来到中国。在宁波处理了哥哥的产业后，也来到了上海。他购进了沪南陆家浜北的一块空地，在这里建造了一座小教堂——清心堂，并在沪南一带布道传教。北长老会的工作刚有点成绩，不料娄理仁1860年在上海逝世。三个月后，他的妻子也返回美国。北长老会的工作一度停顿了。于是，这一年春，长住宁波的北长老会牧师范约翰夫妇奉命来到上海，在娄理仁旧宅及他创立的清心堂兴办了清心书塾；第二年，范约翰夫人范玛利也收容若干女童创办了清心女书塾（初创时名范玛利女校）。范约翰夫妇分别任男校和女校校长。

清心男、女学校主要是为收容孤儿而创办的学校，所以这两所学校初创时曾得到应宝时道台的拨款。当然，这两所学校的早期学生大多是难民，初创时仅是一个扫盲班加收容所。以后，随着上海局势的平稳，该校的建设也逐渐走上正规化。

1910年，清心中学为动员校友捐款扩建学校，成立了"联旧会"（即校友会），并由联旧会选举产生学校董事会，清心校友郭秉文被推选为会长（1925年改由高凤池接任）。就在这一年，该校依靠校友的资助扩建了校舍，并重建了教堂（该堂由鲍华甫先生捐款兴建，故称"思鲍堂"，但习惯上仍称清心堂）。1925年"五卅"惨案发生后，中国人反帝排外情绪高涨，1926年就由校联旧会决定，聘请中国人张石麟为校长，从此结束了清心中学由外籍人任校长的历史。

"八·一三"淞沪战争爆发后，清心中学校址遭严重毁坏。学校先后借南京路惠中中学进修补习学校上课；1946年1月又迁回沪南的原校址上课；1953年改名市南中学。

和清心中学一样，清心女中校长也长期由范约翰夫人担任。清心女中初创后的一段相当长时期里，教育并无太大的成就。1909年起，该校改董事会制度，1918年得到校友和社会的支持，购进陆家浜南面土地26亩重建新校址，兴建了同门厅及庚申学会两大校舍。1926年张蓉珍任校长，后又添加建了庚午校舍、食堂、景行厅，其规模和质量均超过了清心男中。

"八·一三"淞沪战争爆发后，为保障学生安全，该校一度迁协进女校（址为今公安局静安分局）上课，后又购进静安寺路591弄5号（今南京西路第一小学）上课。太平洋战争爆发后，学校被日军强占，一直到1946年2月才迁回原校址（小学部仍留在南京西路，解放后改称南京西路第一小学）。1953年改称上海市第八女中；1966年取消女中，改称第八中学。

由教会创办的学校还有蓬莱中学。清咸丰三年（1853年）天主教耶稣会在董家渡设立明德女校，至民国八年添办初中，名仿德女子中学，后又添办高中。清咸丰十三年（1863年），天主教会又在董家渡创办正修中小学，新中国成立后与仿德女中、新申初中合并为蓬莱中学。

第七章

老教堂

都说老城厢是个"五教俱全"的地方。这个方寸之地，曾经有过广福寺、积善寺、青龙禅寺和城隍庙、关帝庙等110余座寺庙宫观，还有文庙等儒教圣地。然而，到了明末清初之后，随着西方传教士进入中国，随着回教民众进入上海，老城厢密布的街巷中出现了天主堂、耶稣堂、清真寺。可以说，没有五方杂处，就没有五教俱全。老城厢的这种襟怀，正是上海这个万国都市数百年聚成的海纳百川、中西包容的特点的溯源。宗教文化的逐步发展，尤其是开埠后西方宗教文化的传入与本土宗教文化相融合，成了海派文化孕育的摇篮之一。

这真是一个人神共欢各得其所的地方。然而不该烧的都烧了，不能毁的也都毁了，我们还能寻访得到的已经不多了。

上海最早的天主堂

上海最早的天主堂在老城厢大南门内，即今徐光启故居"九间楼"西侧，由徐光启出资于明万历三十七年（1609年）营建，为一座仅容数十人的中国厅堂式建筑，俗呼小圣堂，后名圣母圣堂。堂中上方有卷篷，下铺方砖，中奉圣母像，左为圣达尼老像，右为圣雷斯像。

"小圣堂虽小，有圣母则灵。"意大利传教士郭居静司铎，曾于这一年的12月25日在此小圣堂中举行耶稣圣诞弥撒，徐光启也率领教友参与此瞻礼盛典。之后，此小圣堂为徐光启家属每日早晚进行祈祷的场所。清康熙、雍正年间，小圣堂售与清末著名企业家陆伯鸿的先祖，陆氏改小圣堂为市房出租给别人。现此处房屋已面目全非，很难辨认。

除了徐光启的小圣堂之外，城里艾家弄还有一处始建于明末的天主教布道堂。由于该堂在清政府禁教期间仍坚持宗教活动，而且秘密私藏被驱逐出境的西方传教士，为此在近代以后得到罗马教皇的嘉奖，并特许上海天主教会大学——震旦大学每年必须向上海艾氏提供两个全额奖学金的名额。

艾家弄是因艾姓在这里居住而得名的。明朝初年，有一支艾姓从抚州迁往江南。至明嘉靖年间，艾氏出了不少名人，其中以艾可久最为著名。艾可久累官至南京通政使时，就把家眷从浦东迁到浦西城里，并在"虹桥"（今复兴东路光启路口）附近购地建宅。

艾可久为官刚正清廉，受到百姓称赞。他病故后，万历皇帝曾赐七块御碑，并念及艾可久祖父艾洪有"保障之功"、"启佑之泽"，赠予"奉天诰命"一件。

艾可久的长孙叫艾庭槐。艾家和徐光启家靠得很近，约明末清初，艾庭槐娶徐光启的孙女为妻。徐氏家族全部是天主教信徒，根据天主教教规，非教内人士不得通婚。为了艾徐通婚，上海的艾氏也举家信奉了天主教。从现有的资料分析，艾氏是继徐（光启）家第二个全家加入天主教的家族。艾家是大户人家，而又娶了徐光启的孙女，于是，他们也在祖宅的一个楼房上设了一个供圣母的家庭教堂。这个教堂是私堂，平时只供艾氏家庭成员使用，遇到重大宗教节日时也对外开放。

艾可久的后几代没有出现杰出人物，到了明末以后，上海的这支艾氏家族已日趋衰落了。但是，艾家是上海天主教的中坚力量，清初到近代，艾氏对上海天主教事业所作出的贡献是相当大的。

康熙五年（1666年），清廷以汤若望之事而发起"教难"，下令取缔天主教，所有外籍传教士逐出境外。已在上海老天主堂司铎多年的外国传教士潘国光就曾在艾氏家中躲身，后来才被迫离开上海，暂居广州。潘国光到广州不久就逝世了，又是艾家获耗后将其遗骨迁回上海，葬在城南的"圣墓"里。

这里还得介绍中国最早的天主教牧师吴历和艾家的关系。吴历擅长山水画，笔墨苍润朴茂，后人把吴历、恽寿平、王时敏、王鉴、王翚、王原祁合称"清六家"，也称"四王吴恽"，可见他在中国画坛之地位了。大概是康熙二十年（1681年），年已51岁的吴历告别了两个儿子，随比利时传教士柏应理到了澳门，并正式加入天主教。后来又到了罗马。他大概是最早到过罗马的中国籍天主教传教士。58岁时，吴历来到上海，并在上海任牧师之职。由于艾家是上海忠实的天主教徒，吴历在上海期间经常住在艾家。

据《江南传教史》记载，在1844年恢复天主教合法地位之前，1842年10月，潜入上海的三位外籍传教士南格禄、艾方济和李秀芳就由上海的信徒偷偷接到艾家私堂，住了将近一周以后再赴佘山张扑桥的。按天主教制度，神父只在主教座堂主持弥撒，为了感谢上海陆费和艾氏两家私堂在教难期间为天主作出的奉献，罗马教廷还特赦神父于重大节日在这两个私堂举行大弥撒仪式。同时，为答谢上海艾氏，天主教江南教区还特颁，上海的天主教震旦大学每年必须向艾家提供两名全部奖学金名额。当然，今天的不少艾氏老人也是震旦毕业生。

改革开放后，艾氏传人艾祖华先生曾实地走访了艾家弄的艾氏旧宅。艾家的旧宅分老宅和新宅，老宅即当年艾可久建的住宅，相当于今虹桥街54弄和艾家弄2-68号，占地约三亩。这里的建筑已面目全非，倒是那座艾家小教堂还在，除了一个祭台还能让人想象出旧貌外，其他一无所剩了。新宅在老宅之西，即艾家弄66-68号，大概是清道光以后艾氏家族添建的。

现今，上海艾氏中不少人还是忠实的天主教信徒，艾可久第十五代孙艾祖章曾是徐家汇天主堂的牧师。解放前被称为"法租界外国大律师"的艾祖麟先生也是艾可久的第十五代孙。他早年就读于震旦大

学，1924年赴法国巴黎大学攻读，获法科博士，回国后与法国人普莱梅在法租界朱葆三路（溪口路）26号合开法律事务所。由于艾氏与法国天主教有特殊的关系，艾祖麟就凭借自己的地位和关系，在法庭上帮助不少中国人打赢外国人，"法租界外国大律师"艾祖麟在昔日是颇有口碑的。

敬一堂（老天主堂）

讲到敬一堂或老天主堂时，必须提及外国传教士潘国光。潘国光系意大利耶稣会传教士。据《上海研究资料》载：潘国光原名P.Franciscus Braucati，明崇祯十年（1637年）来到中国，不久即来上海传教。

潘国光来到上海后，一直借用徐光启私家小教堂进行宗教活动。由于场地狭小，不敷应用，便于崇祯十三年（1640年）在徐光启第四个孙女的帮助下，购得豫园主人潘允端的世春堂旧址，即今梧桐路137号，改建成一座中国庙宇式的天主堂，取名敬一堂，以后俗称老天主堂。"敬一堂"，寓唯敬天主，不敬他神之意。那时，中国社会风俗男女授受不亲，男女教徒不同堂参加宗教活动，为此，潘国光将徐光启私家小教堂改为女堂，专为女教徒之用。

堂高四丈六尺，宽四丈八尺，进深三丈六尺，堂西侧建神父居院。潘国光懂天文，故在院内特地筑一座"观星台"。台高两三丈，用湖石垒成，极玲珑嵌空之致。前铺紫石为阶，湖石上刻黄赤道及经纬躔度，并设有日晷、旧沙漏、千里镜、自鸣钟等仪器。清朝顺治年间（1644—1661年），清廷礼部委潘国光测候东南躔度，即日月星辰运行度。每年秋天，潘国光在居院观星台作实地测量，为礼部提供数据。

当时的外国传教士顺从明、清朝廷，尊重中国礼仪，且潘国光又会讲汉语，懂得中国习俗，服装和语言本地化，因而受到数任上海地方官的褒扬。松江府推事李瑞和曾作《敬一堂记》，说潘国光虬鬓深目，炯炯有光，道风高峙，给人印象相当好。有一首反映清代传教士形象的《上海竹枝词》写道："牧师神父效华装，还学方言计亦良。大袖宽袍长马褂，居然小辫挂中央。"据载，当年潘国光在上海注意入乡随俗，深得教徒群众拥戴，洗礼入教者日多，"每年外教之付洗者，约有二三千之数"。据新编《南市区志》载：潘掌敬一堂28年，除城内传教，还在上海各乡建小教堂数十所，发展教徒数万人，被称为"德业事功、道路口颂"的奇人。

清雍正八年（1731年），敬一堂被没收，改建为关帝庙。乾隆十三年（1748年）在庙区创办申江书院，即今敬业中学前身，天文台始废。同治

敬一堂旧貌

20世纪50年代,敬一堂成为梧桐路小学

元年（1862年），关帝庙和书院迁出，重新改建为老天主堂，门前原安仁里便称为天主堂街。

清政府从对敬一堂的没收到归还重建，显露出其衰落的一面。一位法国人描述了中国人把敬业书院和关帝庙迁出时的情景：

> 道台经过再三考虑，乃决定归还老天主堂教产。战神（外国人弄不清关帝是何神，见其手持大刀而误为战神）塑像决定搬到西门附近的另一所庙里。搬运前人们谨慎小心地把红纸条封住塑像的双眼，说是为了掩住他的眼泪，也有人说这是象征他流的泪是血泪。

而与此相反，老天主堂复堂仪式却十分隆重和热烈。"这一天早上九时，由大十字前导的迎宾大队，从圣堂出发到法国兵营所在地的豫园湖心亭茶室，迎接孟斗班将军及其随从军官。"一位记者描述得更为活龙活现：

> "我幸福地联想到大十字架的辉煌胜利，它从遭窘难，被迫隐藏在黑暗之中，而今日却能庄严地在满是外教人的城中心的大街上巡回游行。这些教外居民目睹我们庄重的教礼教仪，十分惊讶，满怀着崇敬。"年文思主教在仪式上向法国军官致谢："老堂的归还，说明了教外人的战神已被教友的保护神战败，迫使他不得不归还这不义之财。"

——确实，这是近代中国之悲剧。

董家渡天主堂

　　董家渡天主堂坐落在今董家渡路175号, 于清道光二十七年十月 (1847年11月) 举行奠基典礼, 动工兴建, 至咸丰三年二月 (1853年3月) 竣工。该堂建成之后, 正式定名为"圣沙勿略天主堂", 上海市民则习称为董家渡天主堂。这是中国第一座可容纳两千余人的大型教堂, 其规模之大, 为当时全国之首。

　　董家渡天主堂原占地约30亩, 教堂外观造型具有西班牙风格, 属于

文艺复兴时期的巴洛克式建筑，但装饰较为简洁。教堂正立面为三段式。下段以四对奥尼克柱划成三个大门入口。进门旁的双柱中间有砖砌的中国式对联，外端的两对立柱间则塑有神龛；中段墙面正中嵌入一只圆形大时钟，其上两端各耸立一座钟楼；上段山墙做成具有典型巴洛克气质的卷涡式样，中央辟出一额，直书"天主堂"三个大字；顶上竖起铁十字架，长近四米，重约一吨。大堂内墙面高处装饰有莲花、仙鹤、宝剑、葫芦、双钺等中国民族形式的浮雕图案，生动体现了中西合璧的特色。更为独特的是，堂内有一根方形的粗大立柱，内部建有一座转梯，唱经班可步入转梯直上唱经楼，而堂中却不见扶梯。堂顶采用双层结构，内顶呈拱形，辅之以青绿藻井图案构成的天花，唱经时起共鸣作用，使声调更显和谐、悦耳。

当年，董家渡天主堂与徐家汇耶稣会同为江南教区的两大重镇。而且，上海天主教世家都住在董家渡附近，其中有青浦朱家（如求新造船厂厂长、上海总商会会长朱志尧）、丹徒马家（如震旦大学、复旦大学创始人马相伯）、上海陆家（如上海华商领袖陆伯鸿）等。所以，位于老城厢的董家渡和卢家湾、徐家湾，是上海三块受法国文化影响最大的社区。传统文化和西方文化在老城厢里共存，是上海人兼容并存心态的佐证。

"文革"时期，教堂建筑受到损坏，1984年得到修复。乳黄色的墙面配以土黄色的浮雕，富有中华民族特色。教堂两座高大的钟楼尖顶全部铺设青铅屋面，原来的四口与教堂同龄的铜钟，仍悬挂在钟楼内。教堂顶上那长逾4公尺、重达1吨的铁十字架，又重新高高地竖立在山墙顶端。2000年9月17日，由金鲁贤主教主持复堂大礼弥撒。2003年11月3日，李方圆神父和教友们庆祝了圣堂建堂150周年庆典。

基督教清心堂

据《民国上海县志》载：清心堂原名沪南清心堂，中国北长老会，在上海城大南门外。清咸丰五年（公元1855年），由美国范约翰、中国黄文澜创办。清光绪二十六年（1900年）重建新堂，另设男女清心中学各一所。这就是上海最早的清心堂。可见基督教清心堂历史悠久，从初创算起，至今已有150多年的历史了。

另据《南市文史资料选辑》载：清光绪三十三年（1907年），李恒春牧师担任清心堂牧师之后，信徒日增，奉献收入也随之增多，且李牧师又任职商务印书馆，家中生活较富裕，故打算集资自建教堂，把教会从学校中迁出来，以逐步减少洋教士的控制。民国八年（1919年），"五四"运动兴起，李牧师依靠华人信徒募集资金，在大佛厂街（今大昌街）30号建造新的清心堂。经工程师精心设计，工程于当年奠基兴建，历时三年，于1922年竣工，并于1923年元旦举行新堂落成奉献礼拜。

这座清心堂，富有当年的时代特色和建筑艺术特色。沿街是一排两层红砖楼房，拱形大门上面建有一座四层钟楼，顶端立一十字架。花园式的院子南边为一座匠心独具的两层楼礼拜堂，正门关圣台距离较短，两翼呈长方形，圣台为扇形，两边为露天扶梯，拾级而上可进入左右两侧厢楼。楼上楼下无一根柱子，人站在高处向下俯瞰，主建筑前为圆圆的头部，后为展开的两张翅膀，似在空中翱翔的一只大蝴蝶。从楼下堂口仰视，整座教堂又似一把打开的扇子。礼拜堂底层面积为329平方米，二楼面积为196平方米，分左右两边就座，并各有一条扶梯上下。究其原因，当时桑园街的陆家浜路路北为清心男校，路南为清心女校，便于男女生分两翼就座，又同堂做礼拜。这在上海乃至全国极为少见，故成建筑学家、历史学家研究的对象。

小桃园清真寺

上海自清代咸丰二年（1852年）起就开始有清真寺了。小桃园清真寺在今复兴东路、河南南路拐角处，坐落于小桃园街52号。

小桃园清真寺，旧称"西城回教堂"，又称"清真西寺"，故俗称"西寺"。据寺内碑记载，寺始建于民国六年（1917年），由上海清真董事会董事金子六出资一万两千余银元购置一幢占地二亩四分的花园住宅，捐作清真寺。民国十四年，拆除旧房重建，形成今日的规模。

这是一座具有西亚伊斯兰建筑风格的清真寺院。寺的大门向北，上额嵌书"清真寺"三字，门头提嵌《古兰经》的经文一节。进入大门，便是一长方形的庭院，比较宽敞，分上下两层。上层称作二殿，钢筋水泥结构，总面积约500平方米，可容纳500人同时做礼拜。大殿门额为"开天古教，显场正教"八个大字。大殿有3扇正门，门间镶有两块红木的阿拉伯经文对联，上额砌有《古兰经》经文一节，12扇钢窗各配有25块花纹的玻璃。大殿内有4根八角圆柱，顶部用25块乳白大方格石块嵌砌，每格装一圆灯。殿内上方有一座五个踏步高的"闵白楼"，这是教长用阿拉伯语宣讲教义的所在。礼拜大殿、二殿在春冬季节铺上骆驼绒毯子，夏秋时节则铺上草席。

大殿的层顶为一大平台，平台四角有4座阿拉伯式拱形圆顶，西南、西北两角各有石方台1块、长凳4条，专供读书诵经之用。在平台中央筑一座四角望月亭，亭的顶端竖立着一星月杆，这是伊斯兰的标志。如今，望月亭之拱形亭顶涂以金黄色，四座阿拉伯式拱形圆顶均漆以绿色，若站在高处俯瞰这座具有80多年历史的清真寺，会感受到一派西亚伊斯兰建筑风貌。

这座清真寺还建有完善的附属设施。庭院东侧为厅堂结构的中式三层楼房一幢，底层为讲经厅堂，藏有清代木刻版《古兰经》和乌尔都文注释的印度版《古兰经》，以及香炉、香案和花瓶等陈设；二楼、三楼辟为图书馆、阅览室，藏有珍贵的中外版本《古兰经》和伊斯兰教珍贵文物。庭院南侧尽头另有两层楼房一幢，底层系会客厅及水房等，二楼为教长室等办公室场地。这里又是上海市伊斯兰协会所在地，常有世界各国穆斯林友人前来参观访问，进行宗教活动，成为中外文化交流之地。它也曾为中国各地穆斯林朝觐者从海路赴麦加朝圣的集散地之一。

* 小桃园清真寺

福佑路清真寺

清代的上海，本来回族居民很少，故上海城内外也没有清真寺。清道光二十九年（1849年），南京发生洪涝灾害，当地的一批回族居民逃荒至上海城外的南码头草鞋湾一带居留下来。第三年，他们以木头、毛竹和稻草等搭建了三间简屋，供穆斯林淋浴、礼拜及教长起居之用，成为上海城厢内外最早的一座清真寺。

清咸丰三年（1853年），太平军攻占南京，并建都天京，当地又有一批回族居民为躲避战乱陆续乘船来到上海，使草鞋湾一带逐渐成为回族的聚居地。

清同治初年，上海城隍庙一带逐渐形成庙市场，居住在草鞋湾、南京街的一部分回族商人迁至老北门内狮子弄、侯家浜一带居住，在城隍庙经营珠宝玉器、皮货等生意。由于这里没有清真寺，他们还得去草鞋湾清真寺进行宗教活动，来回奔走，很不方便。

同治九年（1870年），聚居于狮子弄、侯家浜（今侯家路）一带的回族商人带头发起募捐，集资购买土地，建造了一座穿心街礼拜堂，后改称为穿心街回教堂，即今福佑路378号的清真寺。当时的上海，南北有两座清真寺，便把穿心街回教堂简称为北寺，原来草鞋湾的清真寺就俗称南寺。

光绪三十一年（1905年），穿心街回教堂进行扩建，添建沿街五开间的两层楼房一幢，临街大门为石库门，入门为一座三进大殿，高大宽敞，雕梁飞檐，纯系中国古典庙堂的建筑风格。礼拜大堂坐东朝西，呈长方形，以供穆斯林礼拜之用。1928年，伊斯兰教著名学者、大阿訇达浦生任穿心街回教堂教长。民国二十五年（1936年）至抗战前夕，穿心街回教堂再次扩建，将原来沿街的两层楼房改建为钢筋水泥结构的三层楼房，并在楼顶平台上筑望月亭，形成今日的规模及建筑风格。

【相关链接】萨珠弄与杀猪弄

讲到福佑路清真寺,不由引出一段回汉两族和睦相处的佳话。

老城厢原有一条名为萨珠弄的小路,长115公尺,宽度约5公尺左右,路面由弹石子铺成。上世纪90年代末,豫园旅游区新一轮改造工程将萨珠弄连同两旁的旧房全部拆除。部分用于建造新的商业楼,部分用于构筑环城绿化带。从此,萨珠弄也就从上海新版的地图上消失了。

据《光绪上海县续志》卷二"街巷"中记载:"萨珠弄,老北门内,原名'杀猪弄'。宰作徙出更今名。"原来这里是上海杀猪作集中的地方。杀猪作搬迁后,按沪方言谐音改名为"萨珠弄"。那么,此弄为何要改名呢?说来话长。

清康熙二十四年(1685年)开放海禁后,南来北往的海运商人大批进入上海,有相当多的一部分人就在上海定居下来。乾隆时的上海有一首竹枝词讲:"街头巷尾皆吴语,历数祖宗皆是客。"到乾隆、嘉庆年代,由移民组成的"客家"群体已超过了上海本地人。上海城市人口的增长,也使各行各业迅速发展起来,杀猪业则是其中的一种。

清代初期的上海城内,尚无制冰设施和冷冻仓库,供应市民的肉类一般由杀猪作宰杀后,批发给商贩,送至市场销售。为保持猪肉的新鲜,宰猪作坊一般均在半夜或清晨将猪宰杀,尤其在夏天更是如此。

其时,猪叫之噪音、排出的粪便及宰杀时对环境之污染,成为城市的一个公害。故上海县衙特在城内晏海门(俗称老北门)的东首,专门划出一块地方供商人开设杀猪作坊。日子一长,便逐渐形成上海杀猪作坊的集中之地。中间的一条小街,人们便称它为杀猪弄。

随着上海杀猪作坊的增长，杀猪、销售猪肉逐渐形成一个行业。当时的杀猪作大多由宁波、苏州及本地人三帮组成。虽未形成帮派，但帮与帮之间及帮内的纠纷和争斗不断。为了保护同业利益，同业人士便于清乾隆三十六年（1771年）成立上海鲜肉业公所。初始，集资购进豫园内的"玉华堂"作为公所办公议事之所，并把"玉华堂"改为"霏玉堂"。在吴语中，"玉"与"肉"同音，这"霏玉"大概是指"有很多肉"的意思。不久又改"霏玉堂"为"香雪堂"。肉庄公所取堂名为"香雪"，确实显得大俗大雅。

回民忌食猪肉，不养猪，也不杀猪，而当时上海城内的一批杀猪作坊就在福佑路清真寺的北首，且离得很近。每天半夜宰猪时刻，猪叫之声常不绝于耳。久而久之，回族居民无法忍受。于是，清真寺派人向鲜肉业公所交涉，要求将城内的那些杀猪作坊迁往他处。双方经多次协商，回族居民的想法终于取得宰猪商人的理解与支持。杀猪作先搬到新北门里，不久又选择在王家码头附近的沿黄浦滩地段，作为杀猪作坊的集中之地，以便于活猪的水上运输，有利于降低成本。于是，宰猪作坊纷纷迁往新处。时至新中国成立后的五六十年代，那里的杀猪场已经所剩无几。而最后一座杀猪场——薛家浜杀猪场亦于上世纪70年代末迁出，只留下了市食品公司储运部一冷库。

当年，上海城北门内杀猪作坊的集体搬迁，成为昔日上海汉、回两族居民和睦相处的一个典型事例，从一个侧面反映了中华民族的大团结。

杀猪作坊相继迁出之后，原来的"杀猪弄"便徒有虚名。不久，就按谐音将杀猪弄改为"萨珠弄"，一直延续至上世纪90年代。

第八章

老街坊

作为上海之根的老城厢，其实是一个用城垣围起来的历史岁月。从城垣中心向四周密密匝匝伸展铺就成的老街深巷，流淌着七百年的历史，诉说着这个城市的兴衰、荣辱以及它的光鲜和破落。这些树根般的街巷，甚至根须般的弄堂，滋养着老城厢这棵参天古树，承载着古邑最醇厚最质朴的记忆。

掌心里的宝

上海老城厢的道路共有300多条，现在是越来越少了，即便如此，其密度仍居全市之冠。一些躲在弄堂深处的短街里巷，就连最新的大众版地图都无法标注，不熟悉的人往往是进得去出不来。梦花街、金家坊、丹凤路、王医马弄……曲径通幽，密如蛛网，再好的方向感，到了这里也会失灵。

其实，现代人，不论中西，倒是宁愿迷走在老街深巷中而自得其乐。听一听老外是怎么说的："上海的老弄堂很适合闲时走走看看，这些充满生活气息的窄街短巷，值得细细品味。如果有一天窄街都变成了通衢大道，那还有什么意思？城隍庙边上有几条不知名的窄街，只容得下一辆汽车驶过，两边是各种小铺小摊，孩子们在晾衣竿下追逐玩耍，一群老人聚在一块打牌下棋晒太阳。从弄堂的缝隙间，可以看见浦东的金茂大厦和还没完工的环球金融中心。旧貌新颜对比，象征意义强烈。

街巷与以单一交通功能为主的"道路"是不同的。了解一个人从他的童年开始，了解一个城市则要从老街开始，它是一把破解城市密码的钥匙。但凡一座充满魅力和内涵的城市，绝非只有摩登高楼和宽阔大道，那些就像毛细血管一样的窄街小巷，古风犹存却又生机盎然，散发着别样风情。穿行在罗马这座"永恒之城",一座座教堂,一个个铺满黑色石头、缝隙长满青苔的小广场和一尊尊文艺复兴时期的大理石雕像,它们连成窄街陋巷,每年吸引着数百万来自世界各地的游人;漫步于香港繁华商业区那些个韵味十足的短街小巷,简朴的茶餐厅、卖鲜花水果的小摊以及高雅华丽的奢侈品牌比邻而居,旧与新、传统与潮流、怀旧感与现代性交叠融合。

在亚洲其他一些国家的城市中,也保留了很多古意盎然的街区,比如日本的浅草、印度的孟买、埃及的开罗等。有些城市干脆有新城、老城之分,老城的风格得到充分的保护。上海也是如此,如果说陆家嘴、新天地是她的"门脸",那么,散落在全城的风格各异的小街小巷就是她的掌纹。它们浓缩和记录了老上海的浮华旧梦以及那些渐行渐远的历史记忆。一如算命先生除了喜欢相脸,还会打开客人的手掌心细察纹路一样。

那么,掌心里藏着哪些秘密和宝贝呢?让我们拿出几样来瞧瞧。

三牌楼路与四牌楼路

老城厢里至今仍有一条叫"三牌楼"的小街,但已找不到牌坊的丝毫痕迹,不过,顾名思义,这里肯定曾有过三座牌楼。

据《同治上海县志》中记载,这里曾有上海刘姓人家先后建造的昼锦坊、应奎坊、清显坊三座牌楼。

据记载,这支刘氏家族世居上海城里,刘氏中有一个叫刘庸(字文中),是明永乐三年(1404年)进士,官至监察御史。刘庸有两个孙子,长孙叫刘铣,老二叫刘钝。刘铣在北京因犯贪污罪被送进大牢,弟弟刘钝闻讯后,告别了新婚两天的娇妻赶赴北京看望哥哥。刘铣向弟弟叙述了思乡之情,于是,刘钝就设法买通狱卒代兄坐牢。不料那位没有良心的哥哥回到上海之后,并没有把他贪污坐牢以及弟弟为其受过之事告诉家中，反而谎说弟弟在回家路中病死了。不久，刑部想在监牢中找一善于书法的人抄写文件，刘钝写得一手好字，就被选中了。后来，刑部获悉刘钝并非囚犯，而是买通狱卒代兄受过，不但没有责怪他，反而为他的高尚品德所感动，并将其减刑释放。刘钝回到上海后，此事也就真相大白。刘钝代兄受过而又不追旧过的品德受到乡人的尊敬，而刘铣的恶劣行为也遭人们唾弃，他再也无颜留在家中，只好弃家出走了。

刘钝有个儿子叫刘玙，字钟美，是天顺三年（1459年）举人，后来做了福建建宁知府，任期内颇有政绩。后来，他认为在外做官不如回家陪伴家人，就辞官回上海了。昼锦坊和应奎坊均是刘玙建造的。"锦"即华贵美丽的衣服，"昼锦"即白天穿美丽的衣服的意思。《史记·项羽本纪》中记载：秦末，项羽入关，破咸阳，其部下劝项羽坚守关中可举大事，但是项羽看到咸阳宫殿已在战争中毁坏，思归江东，便说："富贵不归故乡，如衣锦夜行，谁知之者。"这就是说，我已是一个拥有荣华富贵的人，发了财的人不回家荣宗耀祖，犹如穿着美丽的衣服在夜间行走，有谁看得见？所以"昼锦"就是"衣锦荣归"的意思。

"昼锦"以后也被引申隐归林下。据记载，北宋蔡沈的儿子蔡谟不但学问好，还写得一手好字，但就是不愿在官场中受约束。后来，皇帝为了表彰他刻苦学习的精神，封了他一个"迪功郎"的职位，并叫他到学府中任教授。蔡谟不但不领皇帝的情，反而在府中悬了一块"昼锦堂"的匾，声明宁可衣锦荣归，也不愿在京做官。为此，他还写了一篇《昼锦堂记》。为了抄写好这篇文章，他一张纸只写一个字，写得好的留下，不好的烧毁，然后再一张一张拼成文章。这就是中国书法史上著名的《百衲本昼锦堂记》。刘玙特地借蔡谟《昼锦堂记》故事为他绝意仕途的父亲刘钝建造了一座昼锦坊。当然,今三牌楼处的昼锦路也是由这个昼锦坊而得名的。

应奎坊的"奎"和"魁"通用,魁即魁星,也就是文曲星,古人常以"应奎"喻应邀作文。刘钝在代兄坐牢期间,曾应刑部官吏之请代抄写文书,并也因此得以平反冤情,所以,刘玙为其父造了应奎坊。

清显坊为刘琛所建。由于文献上找不到关于刘琛的记录,无法道其详。但根据牌坊位置(与应奎、昼锦两坊相邻)和中国姓氏一般规律,刘琛和刘玙可能为族兄(名字中玙和琛均有一个"王"字旁)。约清代后期,这一条街上平排的三座牌楼被拆除了,仅留下一个"三牌楼路"的地名,使人依然能想起当年该路的场景。

三牌楼路在上世纪90年代中期之前,仍是一条弯曲狭窄的小路,两边则是简陋的民居。1996年,为适应豫园商城改扩建后的游人及车辆进出之需要,南市区政府出资拓宽并拉直了三牌楼路,使之成为外界进入豫园商城的又一条要道。

从三牌楼路向东行300余米就到了四牌楼路。三牌楼路是因这里曾有三座牌楼而得名,兴许四牌楼路也因这里曾经有过四座牌楼而得名?究其渊源,这四牌楼的牌楼与三牌楼的牌楼是不尽相同的。主要区别是:四牌楼的楼牌属于当时文庙的附属建筑。

前文已讲到,上海县的文庙始建于元代,地址就在今四牌楼路、聚奎街、学院路一带。在文庙的甬道上依次树立宣化坊、崇礼坊、泽民坊、集庆坊四座牌坊。清咸丰五年(1855年),小刀会起义被镇压,文庙被毁,甬道改作马路,路名即为"四牌楼路"。

三牌楼路和四牌楼路的"条形码"揭示了古代上海儒教文化的兴盛与衰落,其中尊孔与反孔的激烈冲突,对海派文化的形成产生了重要影响。

观音阁街与沉香阁路

豫园主人潘氏作为明代上海城内第一望门大族，老城厢内不少街巷的变迁，大多与其有关。现以观音阁街和沉香阁路为例，细述如下：

潘氏老宅本在城隍庙东首的安仁里，即今安仁街之东的梧桐路一带。潘允端之母曹氏夫人笃信佛教，尤其敬奉观音菩萨，故在老宅的潘家祠堂前盖有一座二层楼的私家佛阁，供奉观音大士，曹氏夫人朝夕诵经，香火不断。

明代嘉靖三十二年，上海为抵御倭寇袭扰而筑城，使城内居民得以安居乐业。倭寇事平之后，城墙上供作战用的箭台制胜台上建了一座观音阁，供奉观音大士，成为市民烧香膜拜和登高望远的一处胜地。潘家的曹氏夫人也曾将自家供奉的观音大士像请入制胜台观音阁中。从此，由黑桥浜（今福佑路）至观音阁的城墙脚下，逐渐形成一条小街，因以观音阁而得名，所以被命名为观音阁街。

1912年上海拆城时，将制胜台上的观音阁一并拆除，而那条观音阁街保持不变。1964年，观音阁街改名为甘谷街。本世纪初，黄浦区建古城公园，甘谷街因在园内而废，已从上海市区的地图上消失。

沉香阁路的来历则更传奇一些。明万历二十八年（公元1600年），潘允端奉命办理漕运，疏浚淮河时从沉船中发现了一尊沉香观音佛像。潘允端十分孝顺双亲，便差人护送给上海的老母。说来也巧，深居豫园的曹氏夫人某晚忽得一梦，梦见观音大士驾临豫园，为潘氏门第赐福。曹氏夫人一梦醒来，惊喜交集，立即焚香祈祷。事后，曹氏夫人特为沉香观音佛像全身贴金，供奉于老宅的二楼佛阁内，并请书法名家为佛阁题名为"南海宝筏飞渡沉香观音大士阁"，简称"沉香阁"。这尊沉香观音佛像确实非同一般，它由珍稀水沉香木雕琢而成。全像呈坐姿，高三尺余，头戴佛冠，胸佩珞珠，袒腹露脐，屈一足坐，右手加膝，

233

头微右侧,若凝思状,仪态自然,栩栩如生,故又名如意观音。沉香木原产东南亚,能沉于水,年代越久,香气愈烈,每当雨雾天气,芳馥四溢,堪称稀世珍宝。

清朝初年,潘氏门第逐渐衰落,祠毁阁朽。康熙二十三年(1684年),上海士绅曹垂璨曾捐资修缮佛阁。嘉庆六年(1801年),上海巡道李廷敬、知县汤寿发起募捐,将潘宅沉香阁迁址于城隍庙西北重建,并改名为慈云禅寺。之后,又多次增修扩建,前有山门石坊、弥勒殿,中有大雄宝殿、天王殿,最后为沉香观音阁,还有鹤轩、禅堂及左右厢房,形成丛林寺院规模。然而,城厢居民和四方香客仍按过去之习惯,称慈云禅寺为沉香阁,故门前自旧校场路至侯家路的一条小路,仍被命名为沉香阁路。十年"文革"期间,寺院遭难,沉香观音被焚毁。改革开放后,慈云禅寺得到修复,高手按原料、原样雕琢复原沉香观音。禅寺也按习称改名为沉香阁,成为全国最大的比丘尼寺院,香火旺盛。

旧校场路和小校场年画

豫园商城西侧的一条马路叫"旧校场路",以前也别称"小校场路"。它北起福佑路,南至方浜中路,全长仅300米,但是它的名气却不小,在中国的年画品种中,上海的"小校场年画"是最具个性的年画之一。

以前,凡是驻兵的县城均建有"校场","校"就是校量的意思,所以校场就是比武场。如《说岳全传》中岳飞枪挑小梁王就是在校场中进行比武的。校场也是驻军操练习武的地方,所以校场也常写作"教场"。上海城厢以前有两个校场,据其大小分别讲作"大校场"和"小校场";据其建造先后又讲作"旧校场"和"新校场"。

早在明正德九年(1514年),上海知县黄希英就在县衙门西北方的积善寺附近建了一个校场,当明嘉靖三十二年(1553年)上海筑城墙时,这个校场就在城里了。一般讲,城里的土地相对紧张,地价也较高,再

说把校场建在城里也不太合适,仅过了几年,在嘉靖四十二年(1563年)时,上海知县又把这个校场搬迁到了北门外,至于具体的位置,后人也讲不清楚,但旧校场路因通古时的校场而得名并沿用至今。

　　年画是一种深深扎根于民间的造型艺术。它的起源可以追溯到人类远古时期的自然崇拜观念和神灵信仰观念,而到宋代时,传统年画的两大价值取向——驱邪和迎福,已经齐备。

　　清末时期,内忧外患接踵而来,国内外各种矛盾日趋激化,形成了我国近代史上最为错综复杂的社会局面。一方面,西方列强不断进犯,严重损害了我国主权;另一方面,各国租界相继建立,近代文明得以大量引进,社会结构发生巨大变化。这种社会激变的情景,在美术领域里以年画的反映最为及时,而上海则成为前沿阵地。近代上海的海派文化,糅合了中国传统文化的精华与长江口岸西方殖民地的摩登异彩,使天地

235

间蕴藉了丰富的养分。上海年画恰在这时脱颖而出,成为中国年画发展史上最后一个繁荣阶段。

当时上海旧校场一带经营年画的店铺工场有几十家之多,俗称年画街,最负盛名的年画庄有飞影阁、吴文艺、沈文雅、赵一大、筠香阁等。这些店铺除由民间艺人生产传统年画外,还聘请上海知名画家吴友如、钱慧安等参与年画创作,生产以反映上海租界生活和洋场风俗为题材的作品,逐渐形成风格独特的"旧校场年画"。这些年画多取材百姓普遍关心的事物景观,充满生活气息,迎合了新兴市民阶层的需要,因而受到欢迎,上海也因此成为当时江南一带最大的年画生产基地和贸易市场。

以上海旧校场年画为代表,晚清年画除了传统题材以外,其余作品明显沿着两条主线发展。一类是以表现租界新事、新物、新景为内容的作品,如《寓沪西绅商点灯庆太平》、《海上第一名园》、《新出夷场十景》、《上海新造铁路火轮车开往吴淞》等。这些作品表现了人们对于当时物质文化生活急剧变化的敏感,展现了这一特定时期的社会风貌,年画也因此成为人们了解西风东渐的一个窗口。另一类是反映时事、提倡爱国的年画,如《刘军克复宣泰大获全胜图》、《各国钦差会同李傅相议和图》、《上海通商庆贺总统万岁》、《华军大战武昌城》等。这些作品分别从不同的侧面反映重大历史事件和都市新兴的奇观胜景,体现了当时市民阶层对时事的关注和评价。这些用传统的艺术形式表现社会新闻的年画,是其他美术种类中鲜见的,可谓一大创举,堪称年画史上浓墨重彩的一笔。

进入民国,世风嬗变,工商业得到空前发展,加之新的印刷技术和美术技法的引进和推广,大量石印年画成为主流形式,尤其以郑曼陀、杭稚英为代表的月份牌年画,以其色彩艳丽柔和、形象细腻逼真而广受欢迎,形成了一道独特的"年画风景"。

琵琶亦是尋常韻纖指
揮來便有情 庚子仲秋夢真

之后,随着锌版制版以及其他的印刷机进入上海,其比石印更先进、更方便,石印退出印刷业,"小校场年画"也随之消失。由于"小校场年画"实际的出品时间不长,印量也不多,且年画被张贴过后就不会保存,所以"小校场年画"存世量极少,早已成了收藏珍品。任何一种民俗都是和生活方式相联系的,生活方式的改变注定了很多民俗的消亡,年画就这样风光不再。

露香园与顾绣

顾绣,全称应为"顾氏露香园绣",亦称"露香园顾绣"。露香园,是明代上海三大名园之一,顾绣源自露香园主人顾氏的女眷之手,是当时文人雅士圈中的奢侈艺术品。

旧时,上海城隍庙西北,有两条呈丁字交叉的马路"露香园路"和"万竹街",它的周边还有青莲街、阜春街。此方圆之中便是明代露香园的旧址,包括万竹山居、阜春山馆、青莲座等建筑。

明代的道州(今湖南省零陵)太守顾名儒,湖南做官卸任归来,在上海城北黑山桥购地建园,称"万竹山居"。据明代朱察卿《露香园记》和叶梦珠《阅世编》记载,"露香园"建于明朝嘉靖年间。顾名儒的弟弟顾名世考中进士,后官至尚宝司司丞,职掌皇家的玉玺、符牌、印章之类,官职虽不大,但地位颇为显赫。他晚年归居故里,买下与万竹山居相邻的一块地建造园林。相传在建园挖池时,曾挖到一块有元代书画大家赵孟𫖯所题篆书"露香池"三字的碑石,遂将新建花园题为"露香园"。

《露香园记》描述:"堂之前大水可十亩,即露香池,澄泓渟澈,鱼百石不可数,间芰草饲之,振鳞捷鳍食石栏下。"园中布局以露香池为中心,四周以建筑为景,包括露香阁、碧漪堂、阜春山馆、分鸥亭、独莞轩、积翠冈、青莲座、大士庵等。露香池内种植红莲,花开时,池水近赤。登上凌空腾起的分鸥亭,从亭上赏瞰露香池,可谓"盘纡澶漫,擅一邑之胜"。

这里是中国第一名绣——"顾绣"发源地。露香园顾绣真迹存世作品只有不到200件，大多被各地博物馆作为珍品典藏。

2005年中国丝织艺术品拍卖会上，一件八开"韩希孟花鸟册页"成交价达165万人民币，一帧"群仙祝寿图"拍出77万元。这只是在抗日战争时期少数流入民间的藏品。

顾绣，相传得于宋代宫廷绣技法。顾名世的长子顾箕英之妾缪瑞云未出嫁时就擅长宋绣，进露香园后有机会见到不少家族珍藏的宋、元名家字画，又兼顾家文人雅士往来评点，艺术熏陶，绣画水平更臻精致。她在继承宋绣劈丝、配色、针法等优秀传统基础上，把自己的观察和艺术感受渗透到刺绣创作中，在针法运用、配色和材料选配等方面有不少创新和发展。清姜绍书《无声诗史》中，称缪氏刺绣人物"气韵生动，字亦有法，得其手制者，无不珍袭之"，当时就有"上海顾绣始于缪氏"之说。

集顾绣之大成的是有"武陵绣史"之称的韩希孟。她是顾名世的次子顾振海的二儿媳。韩希孟出身湖南武陵书香门第，尤擅工笔画，所绘山水花卉笔墨清丽，在当地有才女之名。"韩希孟深通六法，远绍唐宋发绣之真传，摹绣古今名人书画，别有会心。"（徐蔚南《顾绣考》）

韩希孟嫁入顾家，正值露香园鼎盛时期，高朋满座，衣食无忧。丈夫顾寿潜曾师从明代著名大书画家董其昌，不仅能诗善画，难得的是对顾绣亦情有独钟，别号"绣佛斋主人"。夫妇两人琴瑟和谐，进一步发展针法的特技，力求使所绣的人物、山水、花鸟达到"不是写生画，胜似写生画"的意境。

明崇祯七年（1634年），韩希孟以宋、元名画为蓝本，摹临刺绣，历经数年，汇成八幅方册。其中的《洗马图》仿赵子昂风格，《女后图》摹宋画风格，《米画山水图》仿米芾笔法，《花溪渔隐图》仿元代王蒙笔法……册尾有其丈夫顾寿潜的跋文，董其昌逐幅题词。这便是现藏北京故宫博物馆、堪称绣画第一藏的《顾绣宋元名迹册》。

顾绣至此成为与琴棋书画齐名的一种艺术样式，成为士大夫阶层相互鉴赏馈赠的奢侈礼品。顾绣真正走向社会，影响到四大名绣生成，产生商业价值，却是由顾家露香园的衰败开始。

顾名世的曾孙女顾玉兰，美貌能诗画，而且家传绣技不亚于韩氏，出嫁后生有一子，24岁守寡，家穷以卖顾绣扶孤成长。据清嘉庆年间《松江府志》记载，顾玉兰"工针黹，设幔授徒，女弟子咸来就学，时人亦目之为顾绣，顾绣针法外传，顾绣之名震溢天下"。她历时30余年传授顾家绣技，城中许多妇女学习顾绣以营生计。达官显贵、富商巨贾争相购藏顾绣珍品，顾绣身价陡增。至清代，宁、沪、苏、杭纷纷设立顾绣庄、顾绣店，在整个长江中下游地区，顾绣几乎成为丝绣美术工艺品的通称。连《红楼梦》都有描述：贾元春得一绣佛云："顾绣，女中神针也。"可见声誉颇高。

露香园顾绣源起于名门闺媛，是观赏性的画绣艺术品，并无实用功能，成就一幅好作品不仅要有钱、有闲，而且要由有艺术修养的女子来完成。晚清的腐败动荡使顾绣走向衰落，"闲情雅致"的顾绣退出"江湖"，但它精湛的技艺随着绣娘散入实用性绣品的工坊而对苏、湘、蜀、粤四大名绣产生了深刻的影响。

顾绣从此在民间艰难地生存着。1905年，松江慈善机构"全节堂"开设"松江女子学校"（后改为"松筠女子职业学校"），从小学一年级到初中三年级均设立"女子刺绣班"教授顾绣。后来学校毁于侵华日军的炮火，最后一届毕业生中的戴明教女士成为"文革"后松江工艺品厂的传艺之人。另外，上海戏剧服装厂、上海工艺美术研究所以及徐家汇天主教堂都曾是传承经典顾绣的重要基地。

2005年，上海鲁克龄先生经25年挖掘整理建立了"露香园顾绣研究所"。

2006年6月,国务院公布第一批国家级非物质文化遗产名录,顾绣列入其中。渐行渐远的顾绣跨越400年历史又慢慢地向我们走来。

明末,顾家衰败,露香园成为崇明水师营地,到清初只剩"古石二三,池水亩许"。鸦片战争时期,官家在园中设火药局,1842年火药库失火爆炸,露香园从此消失,只留下一条露香园路以志纪念。令人欣慰的是,占地约15万平方米的露香园旧城改造项目已于2009年开工建设,计划打造成一个优秀的历史文化经典案例。届时,一个再现上海老城厢街巷氛围和居住空间的新生露香园将展现在世人面前。

陆家宅与陆家嘴

陆家嘴,上海21世纪最现代化的地区;陆家宅,深藏在老城厢腹地的一条小巷。两地一大一小,一洋一土,有滔滔的浦江将其阻隔,似乎风马牛不相及。然而,500年的人脉是如此源远流长,又是如此割犹不断。陆家嘴和陆家宅,因明代大学生陆深而得名,因陆深而牵手。

整整五个世纪的隔江守望,说来话长。清代上海史专家秦荣光著《上海县竹枝词·古迹》中咏:

> 邻黉高阁峙城中,后乐园当黄浦东。
>
> 柱石俨山多胜景,陆家嘴没径篱蓬。

作者原注:邻黉阁,在长生桥南,陆深宅。今其地称陆家宅。后乐园,在黄浦东,陆深旧居,有柱石坞,俨山精舍。今其地称陆家嘴。

这里提到两个与陆深有关的地名,一个是浦东的"陆家嘴",一个是浦西县城里的"陆家宅"。

陆姓是江南大姓。据浦东《陆氏宗谱》中记,元代末年,唐代文学家陆龟蒙的第十三代孙陆子顺从吴江迁到上海县的马桥镇。陆子顺多子，其中一个叫陆余庆，陆余庆有个儿子叫陆德衡，官至承事郎，他又将自己的一族从马桥迁到"浦东洋泾之原"，即今天的陆家嘴一带。

陆德衡有一个孙子叫陆深，他从小聪明过人，读书勤奋，明弘治十四年（1501年）以应天乡试第一名中举，四年后又以会试二甲第一名中进士，改庶吉士授翰林院编修，这个职务大概相当于近代的考试院院长或教育部部长。陆深"赏鉴博雅，为词臣冠"，被史家列入"文苑"，著有《俨山集》一百卷。

受东吴世家风气的影响，陆深当了大官后，亦难免"莼鲈之思"。能够经营官场而又全身而退，荣归故里，陆深算得上一个。

陆深发迹后，一面在家乡浦东大兴土木，兴建私家花园——后乐园，同时重新扩建祖坟。后乐园中计有俨山、精舍、四友亭、小康山径、江东山楼、后乐堂、小沧浪、柱石坞、澄怀阁等。清人丁宜福作《申江棹歌》唱道：

俨山楼阁镇吴淞，浪楫风帆极目中；

高唱龙岗新制曲，月明人醉水晶宫。

这既是对后乐园的描写，又是当时陆家嘴的写照。

陆深在今老城厢小东门西南的住宅是在明嘉靖三年（1524年）冬天兴建的，宅基甚为宽广，堂屋十分宏大。外门面西，临街，门楣上置有"学士第"匾额，表明这里是明翰林院学士陆深的住宅，颇有些相府气派。在外门内建有高墙，高墙内重堂复道，庭立三门。东部建有一高阁，因与上海学宫毗邻，定名"邻黉阁"。阁后叠有一座假山，在假山之下筑有一室名"静胜轩"，为陆深的退居之所。在此轩两旁，各建书斋一，名

"知非斋"、"知还斋"。在"静胜轩"之后，还筑有一座宽敞宏丽的"知命堂"。堂中置有明书法家张电书写的一副对联："步玉登金，十八人中唐学士；升堂入室，三千门下鲁诸生。"此联真实反映了陆深考中进士，后被御笔钦命为翰林院学士，以及做过山西、浙江两省的提学副使等掌管学政之事。严嵩也曾作诗相赠，陆深还将其中两句"行朝特视词林篆，御笔亲题学士名"书写装裱成对联挂在堂上，由此可以想见他们之间的关系。

浦东的陆家嘴、浦西的陆家宅路颇有名气，究其渊源，盖出于陆深建造的这两座大家宅院。如今，大宅已废，只留下了地名和路名了。

石库门与上海弄堂

比较狭小的街道，北方谓之胡同，南方谓之小巷，惟有上海人叫作"弄堂"。

弄者，玩弄也，戏也，如弄箫，有"梅花三弄"；堂者，厅堂也。若照字面解释，弄堂应是被人戏玩的厅堂。然而世间断无露天场所而称之为堂的。那么，弄堂弄堂，此话何来？

上海的弄堂，亦写作"衖堂"。再翻查"衖"字：衖，巷之俗字，元始读作弄，见《霏雪录》。至此，"弄"之来历可作如下解读：原来上海的王医马弄、梅溪弄等街名，本应写作王医马巷、梅溪巷，民间采用俗称便成了王医马衖、梅溪衖。而"衖"从"共"，上海人都读了别字，始变作"弄"音，一直叫了几百年，民间习以为常，再难改过来，索性"将错就错"，用一个同音的"弄"字来代替"衖"字。至于字义是否讲得通，那就顾不得了。

弄堂的来龙去脉总算有了一个交代，且说上海的弄堂。

上海的弄堂房子历史并不长，而是随着上海变成大都市后由上海人发明的特别建筑物———一种适合于寸金地的民居。上海最古的弄堂，是在闹市区的四马路、小东门等处，最初只有行商字号租来作临时办事处，或作妓女的香巢，因为他们不得不挤在商业荟萃之地，普通市民很少住弄堂房子的。初始，住弄堂房子的，非富即贫。其后，市面日渐扩充，地价日长夜大，新造出租房屋尽改为占地省、造价低、单元小的弄堂式，大家称之为上海房子。这种新造的弄堂，一亩地能造八至九幢。

差不多在同一时期，在弄堂砖木板房基础上改建而成，并发展为有别于"上海房子"的石库门住宅及弄堂应运而生。这类住宅最初出现于英租界，其后扩展到法租界、老城厢内外及上海近郊一带，以致成为旧上海最典型和最普通的住宅，并被公认为近代上海历史文化元素中的代表之一。但若要问起这类司空见惯的房子为何叫"石库门"，知之者恐怕不多。

上海位于东海之滨，属江南水乡。这里没有大山可以提供石材，所以上海的住宅以砖木结构为主。近代以后，房地产商在上海建造弄堂房子，这种房子最初在设计时考虑一门一号、一宅一户。上海是大城市，富裕及小康人家较多，同样流民盗贼也很多。为了住户的安全，房地产商便从上海周边的江苏、浙江等地采购石材，用石条做大门的框，用很厚的板材做门。这种门是用石条"箍"起来的，叫作"石箍门"。"箍"在沪语中读"gū"，譬如将木片用铁条围制成桶，叫作"箍桶"。后来，"箍"被读作"kù"，与"库"谐音，以讹传讹，于是"石箍门"被叫做"石库门"，并沿用至今。

在旧上海，你的出身可以没人理会，口袋里有多少钞票也许不会有人来过问，然而，你身上穿什么质地的衣服、住什么房子，那是很有讲究的。那些巨商大贾，当然住的是"上只角"的环境优美的花园洋房；而贫穷户，自然是在肮脏、简陋的"下只角"的棚户区。至于那些没有大富也无饥寒之虞的中等收入者，则大多居住在"石库门"林立的弄堂里。

早期的石库门带有一些深宅大院的遗传，有一副官邸的脸面，它们将森严壁垒全做在一扇门一堵墙上：那是一圈高高的围墙和两扇带大铜拉环的乌漆实心厚木门，这就基本保持了中国传统住宅建筑对外较为封闭的特征，有不可侵犯之势。就整个外立面观之，则全然是封闭性的，除了后侧厨房间有个小小的单扇后门外，对外是没有开口的。然而，推开厚重的木门，里面依然是一个热闹的世界。进入石库门就是天井，那是全家户外活动之处，也给紧凑局促的空间增加了一些通透感。正对天井的是客堂间，一般阔约4米，深约6米，客堂间前部正面是落地长隔窗，六扇或八扇，入内两侧有通向房间的双扇小板门，以板壁隔断，后部另设屏门，屏门两侧是可以开启的。屏前设长几、方桌及靠背椅，是全家团聚待客之处，也是全家的中心。客堂的两侧为次间，天井的两侧则为左右厢房。客堂后面是木扶梯，可直上二层。二层的明间，即当心间、中央间，是内眷们的聚会待客之处，称客堂楼。两侧东、西楼房即是厢楼，是各种不同的卧室、内室、绣楼之类。堂尾后面则是后天井，后天井的进深一般为前天井的一半，且有水井一口。后天井之后是单层的灶间、贮藏间等附属用房。这就是当时最盛行的三上三下一正两厢房的石库门里弄住宅的基本格局。这样一种布局方式基本满足了中国家庭的传统生活方式和居住观念，又较为节省土地，适应了彼时的城市空间条件。

早期的石库门的房价较为昂贵，一间三开间的弄房，捐税不算在内，年租金为白银540两、押金280两。当时，住户还不多，石库门的"楼市"并不被看好，于是，房产商便开始了第二代的石库门的设计和建造。

后期石库门建筑开始采用西方建筑的细部布局，如注重在它的门、窗、牛腿上的建造，使之简单、大方、牢固，去掉了那种高围墙、砌有马头或观音兜压顶的风火山墙，简化了前院的小门厅等，"三上三下"为"二上二下"或"一上一下"，保留天井、客堂、灶间和客堂楼、亭子间和后门。这类石库门建筑绝大多数没有煤卫设施，厨房灶间常是多家合用。从"大房东"到"二房东"，转来转去便成了"七十二家房客"。房客在"螺蛳壳里做道场"的诸多不便和尴尬，令著名作家梁实秋专门写了一篇《住一楼一底房者的悲哀》的短文，真实地再现了居者的无奈。现摘录如下：

一楼一底的房没有孤零零的一所矗立着的，差不多都像鸽子窝似的一大排，一所一所的构造的式样大小，完全一律，就好像从一个模型里铸出来的一般。

房子虽然以一楼一底为限，而两扇大门却是方方正正的，冠冕堂皇，望上去总不像是我所能租赁得起的房子的大门。门上两个铁环是少不得的，并且还是小不得的。门环敲得啪啪地响的时候，声浪在周围一二十丈以内的范围，都可以很清晰地播送得到。一家敲门，至少有三家应声"啥人？"至少有两家拔闩启锁，至少有五家有人从楼窗中探出头来。

住一楼一底的人，人家今天炒什么菜，我先嗅着油味，人家今天淘米，我先听见水声。

厨房之上，楼房之后，有所谓亭子间者，住在里面，真可说是冬暖夏热，厨房烧柴的时候，一缕一缕的青烟从地板缝中冉冉上升。亭子间上面又有所谓晒台者，名义上是作为晾晒衣服之用，但是实际上是人们乘凉的地方、打牌的地方、开演留声机的地方，还有另搭一间做堆杂物的地方。别看一楼一底，这其间还有不少的曲折。

在无明媚的下午，在家休息坐上躺椅，拉几句家常Chatting in a sunny afternoon

石库门岁月 *

天热了我不免要犯昼寝的毛病。楼上热烘烘的可以蒸包子，我只好在楼下下榻，假如我的四邻这时候都能够不打架似的说话或说话似的打架，那么我也能居然入睡。猛然间门环响处，来了一位客人，甚而至于来了一位女客，这时节我只得一骨碌爬起来，倒提着鞋，不逃到楼上，就避到厨房。这完全是地理上的关系，不得不尔。

客人有时候腹内积蓄的水分过多，附着我的耳朵叽叽哝哝说要如此如此，这一来我就窘了。朱漆金箍的器皿，搬来搬去，不成体统。我若在小小的天井中间随意用手一指，客人又觉得不惯，并且耳目众多，彼此都窘了。

还有一点苦衷，我忘不了。一楼一底的房，附带着有一个楼梯，这是上下交通惟一的孔道。然而这楼梯的构造，却也别致。上楼的时候，把脚往上提起一尺，往前只能进展五寸。下楼的时候，把脚伸出五寸，就可以跌下一尺。吃饭以前，楼上的人要扶着楼杆下来；吃饭以后，楼下的人要捧着肚子上去。穿高跟皮鞋的太太小姐，上下楼只有脚尖能够踏在楼梯板上。

红瓦如鳞片一样覆盖着屋脊，尖尖突出的老虎窗常有藤蔓缠绕，两扇高大厚实的乌漆大门着实是有些令人敬畏的，随着它悠长的一声"嘎吱"，外面的世界被隔绝了。而一幢幢的石库门连成排，两头有称之为"过街楼"的拱形门楼，下面铁门一关，就成了上海的弄堂，最平实、最鲜活的生活剧便日复一日年复一年地在那里上演。

是的，弄堂与其他地方的巷子本来相似——其实，称"弄堂"的不只是上海人，中国江南地区都这样称呼；但是，近代上海大批里弄住宅的兴起使得上海的弄堂有了自己的格局：一条纵轴的主弄堂上依次展开，前后排排伸展。对外，只有中间最宽的主巷子才通向马路，通向十里洋场的旖旎风景。可是,弄堂不是永远洞开无阻的,上面有过街的牌楼,下面设了铁门,早上和晚上的时候自有专人启闭。弄堂将居住空间有序地分割成公共空间(街道)、半公共空间(总弄)、半私密空间(支弄)和私密空间(住宅内部)这样几个不同的层次,这些不同层次的空间又构成了一个有序的系列:有独立的尊严,也有温暖的私情。

弄口有过街楼,过街楼下往往有半圆拱券,拱券之上的过街楼立面是重点装饰的部位,这算是弄堂的门户了,马虎不得。其上总有繁复的图案装饰,更不忘标上弄堂的名字和建造年代。每条弄堂都有自己的名字,在惊魂不定的空气里,缔造出真真假假的归属感;从异乡来上海滩落脚的人们开始安静了下来。

临街的弄堂住宅好似一堵厚墙,将整个弄堂团团围住,使后面的弄堂成为一个封闭的区域,将尘世的纷乱隔在墙外。这堵墙在空间上将内部封闭起来,在视觉上,却是通透的。它的底层多为小商铺,这些店铺,又将弄堂与外部的城市公共生活联系了起来,使弄堂具有"外向型"的空间特征:间或出现的底层店铺、形式各异的二层阳台,带来各种图案装饰的顶部女儿墙或开有老虎窗的瓦屋顶,错落得饶有韵致,形成了上海城市空间中最具有特色的街景之一。

总弄,对弄外的城市街道来说,是内部空间,但对于弄内的居民来说,又是外部公共活动空间。这里是全弄的交通要道,也是全弄居民的公共交往之处。它一定是通往各支弄的要道,更常常是弄内的公共广场。

如果要捕捉这个城市最本质最淳朴的气息,则要继续走到支弄。弄口往往有砖发券或是过街楼,将弄道分割成更加丰富的空间层次,均匀地间隔着,构成了总弄的"沿街立面"。进入支弄以后,空间性质进一步变化,公共性更弱,私密性则更强了。支弄由前后两排住宅围合而成,常为尽端式；更由于宽度小于总弄，空间的高宽比较大，视觉上自然产生出强烈的"内部感"——很多纵深感特强的老照片，往往是在这里摄下的。这里更是弄内最安全、最隐蔽、最私密的公共空间。

当越来越多的人以一个探寻者或怀旧者的姿态徜徉于上海的百年历史中，那些散落在街头巷尾的历史遗迹和老上海的各种温雅野史，便立刻成为这个城市最具生命力和最值得回味的文化宝藏。弄堂静静地空着，让往昔的镜头一个个上演：1911年出版的《上海指南》中，石库门弄堂里有客栈200余家，酒馆酒店67家，戏馆茶馆85家，钱庄汇号84家，报刊74家。这就是石库门里的灯影人生了。

石库门既是建筑遗产，也是人文遗产。在这个小社会里，石库门的精细空间孕育出上海人的处事方式、人文精神和都市性格：安详实用，不卑不亢，中庸，不喜欢激进，不把自己的意见强加于人，中规中矩地过着自己的日子。有时，它会一如"小楼一夜听春雨，深巷明朝卖杏花"般地超凡脱俗，有时又会"躲进小楼成一统，管它春夏与秋冬"般地老于世故。它浓郁的海派文化氛围，至今都影响着上海人的生活，并成为上海人城市历史记忆的一部分。如果愿意花点心思去探寻，每条弄堂每幢石库门里都会有些城南旧事般的喜悦、忧伤与惆怅。冬日里，老人们可以搬张椅子，在天井里或大门口孵孵太阳，拉拉家常。春日里，房客侍弄的花草会使天井的墙角及窗台平添些许绿意和生机，而夹竹桃探出围墙，会令人生发"红杏出墙"之感。秋日里，顽童们在弄堂里穿来穿去，玩"官兵捉强盗"的游戏，女孩子则唱着童谣跳着橡皮筋。夏日的风情最为迷人。夜色初上，房客们已将竹榻、折叠小木桌三三两两地从黑漆门里陆续搬出，摆在被水冲过煞清的水门汀上，进行一天中最惬意的仪式——吃晚饭与饭后的"山海经"。江边的风丝丝地吹来，弄堂里白天积着的暑气渐渐地淡去。男人在五加皮与霉干菜、臭冬瓜里，打开红灯牌收音机,姚慕双、周柏春正说着宁波方言,还有洋泾浜英语,听得相邻的几户饭桌都忍不住笑得喷饭。隔壁苏州阿姨正与她的双邻小山东及广东阿姆讨论着协大祥的绸布价格,过几天该给出嫁的女儿准备床被,而"橄榄头"、"胖头鱼"、"小眼睛"一干小毛头们正龇牙咧嘴在学着《七十二家房客》、《霓虹灯下的哨兵》里的某个角色。

王家卫的《花样年华》里,老上海的石库门、张曼玉的旗袍,与梁朝伟的抑郁神情串在一起,铺展成一部唯美的怀旧电影、一个值得回味的爱情故事。在那些木地板雕花护墙上,几代人的体温在里头,他们不是什么有特别意义的符号,只是一种生活方式的代表罢了:石库门的年代久了,建筑也破旧了,可是那些曾经的历史风云就蕴藏在这一道道的皱纹中。

有人说如果把上海比作一袭华美的旗袍,弄堂里的石库门老房子就是旗袍上古朴的盘香纽,是点缀,是装饰,更是这个城市的底蕴和气质所在。斑驳的墙、生锈的栅栏、磨去油漆的木柱、坑凹不平的路面……弄堂,是上海掌心那纵横交错、细细密密的纹路,静静地蛰伏在这个城市的每一个角落,灰暗,低调,盘根错节,却构成这个城市最深沉的背景。这里是上海的中层阶级代代生存的地方:有温饱的生活,可没有大富大贵;有体面,可没有飞黄腾达;经济适用,小心做人,不过分娱乐,不过分奢侈,勤勉而满意地支持着自己小康的日子。

弄堂里的叫卖声

一楼一底的石库门里,最多可以租10户住家,而一条弄堂里有二三十号门牌,就有二三百家户口,每户平均三四口,就有近千人口。弄堂里人口密集,对于生活上必需的应用物品,其消费量是十分惊人的,于是肩挑手推的小贩就应运而生。他们多在弄堂里叫卖日用品或点心、小吃，其主顾几户全是弄堂里的住户。

这些小商贩大多是从外地来沪谋生的贫民，他们自朝至暮，由昏达旦，川流不息地在弄堂里跑进跑出，叫卖声此起彼伏。由于小贩来自各地，行业遍及360行，因而叫卖声花样百出，有的像唱山歌、小调，有的似顺口溜，有的忽高忽低，有的拖腔很长，但都有腔有调，有节奏，抑扬顿挫。

种种叫卖声，是一笔非物质文化遗产，流传在上海，蕴藏着海派文化的特色，反映着当时社会生活、商品生产的情况，很值得深入发掘、整理和保护。

从"讨厌的早晨"说起

拂晓，天空初绽鱼肚白，一阵响亮的声音："马桶拎出来——"划破了沉寂的空间，惊醒了居民们的好梦。而那些前楼阿姨、后楼阿婆、亭子间嫂嫂还有几家的娘姨、大姐，张开惺忪的眼，迅速钻出被窝，习惯地拎了马桶，直奔粪车旁，接着是一阵阵哗啦啦刷马桶的声音。这些声音，未免有点煞风景，然而，这是弄堂里各种声音的序曲，是老上海的一种风情。

大清早，"鸡毛菜小白菜"、"卷心菜黄芽菜"震动了耳膜。这是近郊菜农挑来的，品种很多。挑担来卖的荤菜不多，拎一两只活鸡求售时而有之，倒是浦东口音"鸡蛋要伐鸡蛋"数十年如一日，直到上世纪70年代，还发展到以鸡蛋换粮票、香烟票。

吃早饭时，"大饼油条"拎篮子进弄堂卖的，多半是外面大饼摊上的"落脚货"，喊了一阵没人买，只得跌价。"方糕茯苓糕"、"黄香糕薄荷糕"，胸前挂着木匣，一只手捧着叫卖，糕团店不是条条马路上都有，而且是冷食，居民图方便，生意还不错。

"滴铃铃"，马来了，这是养马个体户，早晨进弄挤马奶供应固定的主顾。后来,牛奶公司兴起,包月送瓶装新鲜消毒牛奶上门,喝马奶的渐少,这一行被淘汰了。

直到二三十年代,小康之家的老太、太太、奶奶还不肯剪发,梳着盘香头,横S竖S,每天有梳头娘姨上门为之梳洗。同时有卖花妇女出现,"栀子花白兰花"、"盘香花茉莉花",多的是苏州口音,自称是虎丘山来的,其实上海近郊就有花农专种这类的花。

五花八门的小食品

上下午的弄堂里更加热闹,叫卖的小食品占大宗。"花生米葵(香)瓜子"、"麻油傲子脆麻花"、"老虎脚爪油墩子",苏北口音,颇有韵味。宁绍音是"香脆饼苔条饼"、"盘香饼和尚饼"、"三北盐炒豆"、"绍兴香糕",则软中带硬,拎着一只红漆桶,叫卖"五酥豆"(马酥豆),又酥又热,以酒杯为量器,早年一个铜板一酒杯,加上点干草粉,一桶卖不了多少钱,真是小生意。

还有特色小吃:"擂沙圆"多在南市的弄堂里,因为是乔家栅出品。"卖豆腐花"担子上有风炉,一锅豆腐花笃笃滚,还要加上葱花、酱麻油、虾皮之类,叫声无锡口音,因为无锡崇安寺的豆腐花交关有名。卖香大头菜的那个篓子,不大不小,是浙江的产物,香大头菜是"吃白相的闲食"。这些小贩还兼卖湖州酥糖,甚至还有老诸家的湖州粽子。"甘草梅子黄连头"、"盐金花菜芥辣菜"也是闲食。在霞飞路、南京路上的丽丽土产公司等未开张时,上海人要吃各地土产,只有在弄堂里的流动市场买得到。

傍晚前后,又有一副担子停在总弄支弄转角上,"玫瑰乳腐糟乳腐"、"糖醋大蒜头"、"酱油豆",小贩将这些品名组合成顺口溜。这是供应居民晚饭的吃粥小菜。卖荤的也有,提桶小卖"熏肠肚子"、"五香酱牛肉",还有熏得通红的牛百叶,鸡、鸭胗肝。不一会,又来了"臭豆腐干"担子,说臭也不臭,倒是担子上一碗红彤彤的辣糊,买了臭豆腐干,任顾

客自己取辣,有人将每一块都沾满红色,真有点勇气。

杂货大观

广东人卖杂货,一个担子是两只小玻璃柜,百货杂陈,针线纽扣、宽紧带、生发油、花露水、小儿玩具,一应俱全。手拿一只长柄鼓,挂上几根绳子,系着小铁片,摇动时叮叮咚咚,上海人唤作"叮咚担"。妇女用品中有一种专卖的,就是刨花,"广东润(音宁)刨花"。小贩只一块木头和一只刨子,刨下来的木花非常润滑,与凡士林润发油等媲美。

"芦花扫帚"、"铅桶畚箕"、"鸡毛掸子"、"拖把布"、"拖把柄"……卫生用具也拿到弄堂里叫卖。

20年代以前,家庭妇女多会绣花——绣花鞋、绣肚兜、绣手绢、绣童帽……绣些什么?花卉、囍字、寿字……都要有花样,所谓花样,就用剪纸或镂刻的底稿。弄堂中有叫喊剪花样的妇女。喊到家里,她有一本大簿子,夹着一张张剪纸,任你挑选,若是你自己另有要求,也可当场剪出来。到了30年代,上海妇女大多不爱绣花,这一行业也渐渐消失了。

收旧货、修修补补

很多与居民生活有关的行当,不仅是叫卖,且有叫买。"嗳嗬嗳,阿有啥洋瓶申报纸卖伐?""阿有啥坏格钢钟(精)镬子旧铜吊卖伐?""旧衣裳有伐?"他们口中的申报纸,是指一切的报纸。旧中国的《申报》牌子老、销路大,家喻户晓,一般劳动人民将所有的报纸都叫作"申报纸"。

另一类是修修补补有手艺的人。"箍桶嗨",这是圆木工,修理各种木桶、饭桶、米桶、水桶、马桶,有补上一块的,多数是换箍,有铜箍、铁箍、竹箍。修马桶的生意最好。铜匠担,不用喊叫,担子上挂着的铜片叮叮当当,顾客就来了。他们不仅修铜器,也焊锡修铁镬、搪瓷器皿、锡制的脚炉、汤婆子等等。他们还有一门技术,就是开锁配钥匙。

"修洋伞"声音也很脆,这是个老行当,换伞骨、补伞面,下雨时不出来,天气晴了,才听得到叫声。

还有补碗,其他陶瓷器也补。30年代以后,搪瓷器皿占领市场,后来又有电木、塑料、钢精器皿,这一行饭不容易吃了。

三教九流

当年弄堂里还有特种行业,多属迷信。"收纸锭灰"即其一。旧社会祭神祭祖的人家很多,要烧锡箔,锡箔是用锡打在薄纸上制成的,那些人家买回去折成元宝形状,叫作纸锭。祭后火化,烧下来的锡箔灰不立即倒掉,留在火盆里,积多后,听到弄堂里有"收纸锭灰"的叫声来了,就卖给他,大多是绍兴人。据说他看到纸锭灰后,不能让他伸手去掏,因为锡箔上的锡,经燃烧而熔化,会凝结成块,他一捞到这块锡,就说这

* 卖长锭

灰成色不好，不要了。上海人将一些贪官、诈骗财物的人称作"捞锡箔灰"，就是这个出典。

每逢农历月半、月底，傍晚时又会响起浦东人叫卖"长锭要伐长锭"，叫卖声之悠扬与"鸡蛋要伐鸡蛋"有异曲同工之妙。进弄堂的还有化缘的尼姑、和尚、道士，更多的是算命的，有铁板算命和衔牌算命，无非是骗人钱财。

江湖郎中在里弄中也有市场，开出来的都是"祖传秘方"，甚至是"御医的药方"。卖狗皮膏药的则言明在先，要贴几个月才见效，到那时就不见踪影。"挑牙虫嗨"多淮海口音。牙痛发炎，当时总有人认为有牙虫。挑牙虫多中年妇女，拿出一包银针，在坏牙处挑出些牙垢，放在手心里，看上去像在蠕动，然后敷上些药粉，是药房里买来的止痛片磨成粉，也能骗过不少缺乏医药知识的人。

夜半叫声

天黑了，卖夜报的出动了，与其说是叫卖晚报，不如是叫卖新闻、炒作新闻。早晨卖报的，喊几声"申报新闻报"，他们有固定的户头，也有包月的订户。夜报以零售为主，报贩不得不高唱"今天的新闻真正好"，如"一·二八"和"八·一三"抗战期间，高喊"十九路军罗店打胜仗"、"中国飞机轰炸出云舰"、"东洋赤佬被包围"。但在平时，没有够刺激的新闻，也有造谣的，什么某明星打胎，某某某离婚，有人买回去，翻了半天，某某某的名字半个也没看到。

夜深沉，大部分居民进入梦之谷，隐隐约约地传来神秘的声音，渐渐地近了，原来是卖宵夜的。"桂花赤豆汤"、"白糖莲心粥"、"猪油夹沙八宝饭"、"火腿粽子"、"五香茶叶蛋"。叫卖声将声音控制到不惊醒正睡得甜甜的人们，又得让醒着的人听得到，这是舞台上也少有的。虽到半夜，忽又有卖晚报之声，更是嘶哑，当时上海人有句俚语："大晚夜报，鸦片吃饱。"原来是一些抽大烟的"老枪"，夜里到燕子窝，抽口鸦片，精神抖擞，弄几张夜报卖卖。卖食品的也有几个"老枪"，而他们的买主，也

＊小吃摊

多是"富老枪",夜里活动,抽几筒鸦片,晚饭不吃,买点甜的咸的换换口味。感到无聊,来一份晚报看看。这些小贩的顾客还有演夜场的戏剧演员、从舞厅里归来的舞客和舞女之流。

四季放歌

寒来暑往,四季更迭,每一季还有"应时"的叫卖声。过了春节,总要到农历二三月,小贩才出动,各种水果陆续上市。"龙华水蜜桃"到抗战时就告绝迹,奉化水蜜桃也少,代之而起的是无锡水蜜桃。此外,杏子、李子、樱桃之类,没有特殊的叫卖声,多的是绍兴杨梅、余姚杨梅,而上海人对山浪(洞庭东西山)杨梅有好感。浙江人来卖笋,是很吃香的,而"晾衣裳竹竿"也附带在船上运来。立夏将近,"小钵头酒酿"叫声是很吸引人的,而且都说是城隍庙头门口那两家酒酿圆子店的产品,因为是百年老店。

"西瓜要伐雪酿西瓜,老虎酿西瓜。"卖瓜的先抱一两只人弄叫喊,有了主顾,讲明买一担二担和价钿,便去批发市场挑来,当面过秤。挑担子叫卖的是"三林塘浜瓜"、"罗店十条金"(黄金瓜)。"阿要热珍珠米",也是上海人爱吃的,又香又糯。可是太平洋战争日军占领租界后,连玉米也买不到了。

盛夏,"冷饮嗷,卖冰嗷,冰嗷冰嗷卖米冰嗷",是一群孩子卖的。后来美女牌棒冰出世,小孩转业,公司给他们一只小木箱,吊在颈上,里面用棉花胎包着棒冰。"美女牌棒冰"喊得吃力,便用一根木头棒冰在箱子上敲上一阵。

夏秋之交,食物很多,"五熟藕"也叫糖藕,孔中塞糯米、白糖,当场切片。还有"热格沙角菱"、"嘉兴热风菱"、"扦光嫩地梨"、"冰糖山楂"等等。

应时的点心,有广东人叫卖"白糖伦敦糕"之声,也有点粤剧味道,卖凉粉的则多北方人。

最引人注意的是卖白果的，有的小贩有大段"唱功"："香炒热白果，香是香来糯是糯，一个铜板买三颗（随物价而改变），三个铜板买十颗。阿要香炒热白果。"有的随口编词："老板吃仔我格热白果，生意兴隆钞票多，娘娘吃仔肚皮大，养格伲子壮又大，宝宝吃仔热白果，聪明伶俐乖来西。"

"檀香橄榄卖橄榄"这是专业，不卖其他水果，因为新春来客，奉敬元宝茶，用的盖碗上要放两枚橄榄。

"切笋啊。"家家买了笋干，浸在水里，拿出来切成片，切成丝，与香菇、木耳、咸菜等做一只炒素或十香菜。主妇们用菜刀切，又慢又吃力，花点钱让切笋的用铡刀，又快又均匀。这时，"削刀磨剪刀"也来了，过年了小菜多，要快刀操作，才能事半功倍。

近郊花农也进弄卖天竺、腊梅、水仙，担子上还有盆花、冬青、松柏。

吃的解决，穿的也重要。一个月前就有弹棉花的来兜生意，棉花胎发硬，弹了一通，被子、褥子又松又软暖。穿棉衣的也要翻棉花。一家老少，都要添点新衣。里弄内出现一担担瓷器，有菜碗、盆子、碟子、汤匙，要买瓷器不要钱，用旧衣换，许多人有了新衣，旧衣多了成累赘，换些碗盏春节时祭供、宴客是有用的，既不出钱，又清理了箱笼，竟是一举两得。

曾在上海居住过的不少文人，都对弄堂里的叫卖声有着别样的感受，并写成随笔记录下来，读来令人回味。罗淑（1903—1938年）在《弄堂里的叫卖声》中写道：

> 风雨不改，每天总有许多卖零食的小贩到弄堂里来叫卖，如像瓜，糕饼，香豆，素火腿，酸梅汤之类的东西。每一个人有一个人的特别声调，有的声音尖锐得震耳朵；有的又懒，又长，又低，听去好似一个人在说梦话，又好似烟瘾没有过足，提不起神，而又不得不喊几声的样子。还有的叫里带着唱，很可以使一个初次听见的人发笑。

最讨厌的莫过于卖茯苓糕的人,不管你午后躺一躺或是夜里正要入睡的时候,他总要用那凄厉的,哭一般的声音把你惊醒,那时要是手中有东西,真说不定会向他扔去,但是,一想,算了吧,别人为着要吃饭,拼着不结实的喉咙在做广告啦!

夏丏尊(1886—1946年)在《幽默的叫卖声》中写道:

住在都市里,从早到晚,从晚到早,不知要听到多少种类多少次数的叫卖声。深巷的卖花声是曾经入过诗的,当然富于诗趣,可惜我们现在实际上已不大听到。寒夜的"茶叶蛋""细砂粽子""莲心粥"等等,声音发沙,十之七八似乎是"老枪"的喉咙,困在床上听去,颇有些凄清。每种叫卖声,差不多都有着特殊的情调。

周建人(1888—1984年)在《白果树》一文中描写了夜晚卖馄饨的声音:

广东馄饨担是敲竹杠的,发出劈劈剥剥尖脆的声音;本地馄饨担是敲竹筒的,发出沉重的钝声。我的故乡也有这样的馄饨担,但是用短木棒敲在竹筒上,声音比较的低些;上海的馄饨担往往用短铁棒来敲,声音也就特别响亮了。

"世外桃源"乔家路

在老城厢的名胜古迹中,除城隍庙、豫园地块外,还有文庙和乔家路、大境阁等几块比较引人注目。文庙和大境阁另有章节叙述,接下来重点介绍乔家路地块所蕴藏的人文古迹。

位于老城厢南部的乔家路呈东西走向,其范围北至复兴东路,南至黄家路,东至巡道街,西至望云路、凝和路。这一地块至今较为完整地保存了明清至民国时期的街区格局和建筑群,这在上海城区是独一无二的。其最大的特点是老上海的"高档住宅区",名人故居云集,深入其间走走看看,定会令人叹为观止。

书隐楼

书隐楼是老城厢现存的一幢最大、最精致的深宅大院,它以古建筑中最为别致的藏书兼住宅的宽敞楼宇,成为老城厢深宅大院中建筑文化、建筑艺术的最好展示之一。

始建于清乾隆年间的书隐楼,历经二百多年的风雨侵蚀、世事变迁,已非原貌。但由于其基础坚实,结构严密,用材考究,主要建筑及艺术装饰虽有损坏,但面目依旧。房主陆锡熊,为乾隆二十六年(1761年)进士。其正门在天灯弄77号,门旁置有一块石碑,表明此楼为上海市级文物保护单位。一至三进为此楼花园部分,原有池沼、假山,周植名花异卉,景色清幽,而今已不复存在,只有破败的船厅及其前面的轿厅、账房间、正厅等。正厅后用三丈六尺高、厚二尺许的风火墙围着,比原上海城墙(二丈四尺高)还高一丈二尺。风火墙内为四至五进房屋。四进为二层楼的藏书楼,一排五间,中间一间较大,旁二间较小。中间一间底楼原置清乾隆进士、官至军机大臣、《四库全书》副总裁沈初题的"书隐楼"匾额。此楼画栋雕梁,精美异常。正厅前为银杏木制的槅扇长窗,其上半部为富有艺术图案的木质窗格,下半部的裙板上,分别刻有"雄狮吼日"、"太狮少狮嬉戏"、"如意太极"以及楼台亭阁、山水名胜等浮雕,美轮美奂。

* 书隐楼

　　此楼最为精美而令人叫绝的是四进风火墙正中门枋上的砖雕艺术品。门枋上置有一块刻着"古训是式"的字碑，句出《诗经·大雅·烝民》，其意为"取法先王遵古训"。而书隐楼主采用此诗句，是为对乾隆皇帝第八子永璇王的尊敬，且永璇王府中有座"古训堂"之故。字碑下为"西伯姬昌磻溪访贤"长卷式砖雕故事图，除刻有车、马、轿等外，各种人物就有33个之多，姿态各异，栩栩如生。门枋右侧兜肚"周穆王朝见西王母"砖雕图，王母骑青鸾翱翔云间，下临碧波；左侧兜肚"老子骑青牛出函谷关"砖雕图，形态生动，令人神往。正厅前东西两侧与厢楼连接处，各置一块一人多高的双面镂空砖屏。东侧为"三星祝寿图"，西侧为"八仙游山"图。图中共11位神仙，均雕刻得神态奕奕，惟妙惟肖，所刻山、树、云等景物亦恰到好处。图周刻有福寿图案的边框，顶部正中则刻有鸾凤和鸣。砖屏背面，按形作画，或刻祥云缭绕，或刻飞翔的蝙蝠。

这两块砖屏上的砖雕艺术为全国罕见,可称中国砖雕艺术之王。

五进为"口"字形两层走马楼式建筑,是当年楼主及其家眷的起居室。室后为风火墙,墙中置有一块大型"福"字砖雕,象征纳福人家。

梓园

坐落于乔家路113号的梓园,是一座崇古趋今、中西合璧的园林兼住宅,园主人为清末民初巨商和海上画派巨擘王一亭。因园内有一株百年梓树,枝繁叶茂,生气盎然,王一亭十分欣赏,便将园名定为梓园。

梓园原是一座古园林,早在清康熙二十一年(1682年)建成,为进士周金然花数年时间精心构建,占地约十亩,取名宜园。园内除植古树名木、奇花异草外,还筑有乐山堂、吟诗月满楼、寒香阁、青玉舫、快雪时晴轩、琴台、归云岫、宜亭等景点。这在明朝老城厢诸多园林中,可算是颇有规模的古典园林了。

乾隆年间,宜园被明代名将乔一琦后裔购下。乔氏喜爱刻石、法帖,便将其收藏的《董氏家藏帖刻石》、《最乐堂法帖》藏于园中,以增添一些文化气息。

咸丰年间,宜园被海上船王郁泰峰购得。因郁氏的住宅在此园东南部,于是便以宜园作为自己的住宅花园,故更名借园。同治七年(1868年),《乔将军草书帖》、《一琦自书诗十八首刻石》在与此园邻近的"乔氏家祠"地下发现,郁泰峰后裔郁熙绳便不惜重金将这草书帖和刻石买下,同置于借园中,以使借园更增文化底蕴。由此可知,梓园实际上是在一座有着二百多年历史的古园林的基础上加以改建而成的。

俗话说"主兴园盛",梓园的鼎盛时期,约在1910至1936年的二十多年间,正是王一亭的事业"如日中天"之时。其间,梓园也有很大变化。具有二百多年历史的梓园,不少园景修旧如旧,保持了原貌;也有一些园景进行了改造或新建,旧貌换新颜。

梓园是以一个景色秀美的荷花池为核心拓展的。这个荷花池较大，池畔山石参差，古树杈桠，有亭翼然突出池中，池中植莲、养鱼，花时香远益清，间或游鱼戏水，花、鱼互动，生气盎然。更有学画弟子，常在池畔写生，池、亭、假山、花木入画，远胜《王冕牛角挂书图》。入冬荷梗枯萎，池中蓄养白鹅，三五成群，时闻鹅声，优哉游哉，不觉冬季荷塘之寂寞，又使池泥肥沃，利于明年荷花生长，一举而数得。

这荷花池向东直至巡道街，王一亭除保留原宜园留下的青玉舫、琴台、归云岫以及古树名花外，对池塘南岸畔的一棵大梓树，更是呵护有加。在池塘东、巡道街后有一座二层楼石库门房屋，为典型的清末民初建筑。当年王一亭就居住在这里，楼上为卧室，楼下为客厅，厢房则作书房、画室及储藏室。在池西，建有一幢青砖白缝、造型别致的西式二层楼房。正面（朝南）上层为半圆形阳台，逢年过节，王一亭一家在此观看楼前庭院中请来的戏曲演员表演；下层为宽敞的半圆形门厅，为王一亭接待来宾之处。这幢洋楼是当年日本天皇为嘉奖王一亭筹运关东大地震赈灾物资有功而赠予他的，从设计、选材到建造全由日本政府安排。其内外装饰颇有日本风味。王一亭是个孝子，将此楼给母亲居住。为方便楼内人员出入，王一亭在此洋楼前靠乔家路处，修筑了一幢西式二层楼房，作梓园的乔家路大门。在一、二层间墙上镶嵌有吴昌硕题写的小篆"梓园"两字。

由于王一亭和母亲都信佛，为便于母亲拜佛，他就在其卧室后面建造一幢二层中西合璧的佛阁。飞檐翘角的大屋顶下，为西式洋楼，在二层前有廊，中立四根洋柱，底层前有门，左右墙上窗开得较小。初一、月半，他和母亲常去此阁拜佛。

在佛阁后面偏东处，王一亭为接待海内外贵宾，特地建造了一座高敞宽阔、前有走廊的五开间、七梁的中式房屋，取名"花厅"。王一亭的重大活动一般都在这里举行。1922年11月13日，享誉世界的伟大科学家——阿尔伯特·爱因斯坦和夫人艾尔莎访日途经上海。当天傍晚，王一亭和上海大学校长于右任、日本改造社代表稻垣在梓园设宴招待爱因斯坦夫妇。

王一亭带领爱因斯坦等人参观了梓园各室，并向客人展示了珍藏的金石书画等文物。墙上一幅笔力遒劲的王一亭自画像引起了爱因斯坦的注意。

宴会是在假山东侧的立德堂大厅举行的。厅堂气派宏大，有西式立柱和中式门窗格扇。众人合影后进入厅堂。参加宴会的还有同济医工专门学校教授菲斯特夫妇、浙江法政专门学校教务长应时夫妇、《中华新报》总编辑张季鸾和记者曹谷冰、北京大学化学教授张君谋等。宾主分两桌围坐，用德语、法语、汉语、日语交谈，气氛热烈。

宴席上出现了个活泼的小天使。她是应时的女儿，名蕙德，聪慧伶俐，仅11岁就会德、法等国语言。蕙德用流利的德语朗诵了歌德长诗《一个古老的故事》，再用法语朗诵《拉娇小春燕》，还唱德国歌曲《创立》，博得满堂喝彩。

酒酣之后，于右任、爱因斯坦、张君谋先后致辞。爱因斯坦说："今晚来此，非常愉快。一到中国，就看见许多美术精品，使我有深刻的印象。美术固然是个人作品，但由此可以相信将来中国科学一定能发达……在东京讲演后，很愿意能来中国讲演。"其间，大家多次请爱因斯坦谈相对论。爱因斯坦在海上颠簸一个多月，疲惫不堪，婉言谢绝了。

9时许散席，爱因斯坦夫妇再三感谢盛情款待。爱因斯坦对蕙德喜爱至极，要她"重击其手而握之，珍重告别而去"。

值得一提的是，爱因斯坦夫妇对晚宴的奢侈铺张有些不解。爱因斯坦在日记中写道："没完没了的宴席上，尽是连欧洲人也难以想象的悖德的美味佳肴。"又认为油脂过多，恐不易消化。艾尔莎惊呼："光是这些粮食就足够我吃一年的！"

作为匆匆过客，爱因斯坦在上海并没有留下多少痕迹，梓园是为数不多的基本保留原貌的遗址。爱因斯坦对中国人民的同情和对科学真理的执著，尤其是崇尚节约、反对铺张的理念将永久留在我们的记忆里。

岁月流逝，世事多变。在数十年的风雨沧桑中，王一亭最喜爱的荷花池早已被填没，湖石假山已被移至豫园点春堂前，那棵参天的大梓树也早已被锯掉。现存的梓园已不再是王一亭的私人花园住宅，而成为"七十二家房客"了。所幸还有遗迹可寻，主要四幢建筑尚存：一是梓园

* 于右任、王一亭等人与爱因斯坦在梓园合影

的乔家路113号的二层西式门楼；二是王母及其三子的卧室，即为别致的二层西式楼房；三是中西合璧的二层楼佛阁；四是佛阁后的一排五开间中式房屋"花厅"。剩下的还有堂前的一株广玉兰及东南角的一棵大树。其他景物都已时过境迁，不复存在了。

郁家大院

乔家路东端与巡道街交接处，有一座被称为"三进九庭心"的郁家大院，其主人便是赫赫有名的郁泰峰。这座在清嘉道年间建造的住宅，在当时上海城内外首屈一指，迄今已历经二百多年风雨侵蚀、战乱破坏，却基本保持了完整的江南大宅风貌。

郁家大院在老城厢现存的古建筑中不仅可与书隐楼相媲美，且在建筑风格、建筑艺术上匠心独具，崇古而又趋时，朴实中现妩媚，平凡中显别致。尤其可喜的是，这座深宅大院还保存得比较完整，当年风貌仍较清晰地展现。

九十多年前还没有乔家路，只有一条通黄浦江的乔家浜。这座大院就建在乔家浜东端，离朝阳门水门很近。申城的古代大院建筑前面一般都建有围墙，如书隐楼便建有高高的围墙，两扇乌黑大门就开在中间。而坐北朝南的郁家大院，前面没建围墙而建了一排六开间上下两层的大门楼，底层中间两大间为进入大院的通道，俗称"墙门间"，前置两扇乌黑大门。大门内两边置有插"硬牌"的架子，左边靠墙的架子是插"肃静"字样的硃红色硬牌；右边靠墙的架子是插"回避"字样的硃红色硬牌。因郁泰峰被朝廷授予"从二品盐运使"官衔，才有这一套出行用的仪仗。硬牌木架前置放两条凳面很宽的大条凳，供来访客人及值日门房小坐休息之用。墙门间楼上并排六大间为灯楼，每大间有六扇花格明亮窗，中间都挂一盏大红灯笼。入夜，点亮这六盏大红灯笼，把楼前的乔家浜水映得一片鲜红，煞是好看。郁家大院的灯楼，在当时城内是十分罕见的。

穿过墙门洞(即门房间)是一方天井,其地面用长条青石铺就,与蔚蓝天空相映照,更显淡雅、幽深。后面为一座正对墙门的沿门。其左右两侧安放一对雕刻精细的鼓状石狮,似在守护着这座沿门。这木制的沿门门槛特别高,高到成人的腰部,有上下两层。如遇亲友、宾客来访,必须将上下两层门槛木板拔起来另放别处,人们才得通过。

走出沿门,是第一进正厅的天井。正厅面对沿门两侧镶嵌着雕有吉祥、如意图案的砖刻。沿门的门楣为雕刻得玲珑剔透的重檐飞脊,正中镶嵌着四块大方砖,砖上镌刻着"履中蹈和"四个大字。天井地面用长方形花岗岩大石块铺就,且密丝对缝,十分平整而有气派。天井南边靠沿门后东、西两边各堆砌着尺把高的砖台,上铺大方砖,台上各置四只陶制大缸,缸内盛满清水,这在当时为防火灾而储存的。平时在缸内植有荷花,养些金鱼。花开时节,花朵露出水面,金鱼游动其间,颇有风情。

天井左右为东西两层楼厢房。底层厢房前各安装六扇落地槅扇长窗。长窗上半部用玻璃镶嵌,裙板上刻有吉祥图案的浮雕。底层与上层厢房交接处的梁枋上,刻有精致美妙的浮雕图案。当年,东厢房为郁泰峰的外书房,横梁上悬有一块题为"肆雅书庐"的匾额。之后,这个外书房不知被哪房太太改成了香烛袅袅、黄幡飘飘的佛堂,供奉着南海观音菩萨。而将西厢房改成外书房,靠窗处置放红木镶嵌大理石的书案和画桌,左右靠墙处摆有一套精巧的镶嵌大理石的太师椅和茶几,朝窗处放一个书橱和一个七宝格。书橱里只放了十余套常用书籍,七宝格里放的是翠玉香炉、珐琅八音盒之类的摆设。书桌上置有一个紫铜铸成的三层香炉,内煨檀香末子,清香四溢。

大厅在天井后,呈方形,前为一排八扇落地花格门,两边还有两队长窗。显得别致的是,在每扇门后面上部都悬挂着一盏红木镶边的大红宫灯。入夜,点亮这八盏大宫灯,把整个大厅照亮,很有气势。大厅正中屏门前置有一张长条供桌，桌上右首放着一座呈现山水花纹的大理石插屏；左首放着一只宝蓝细颈大肚花瓶，瓶中插着几株带有红苞的天竺，异常清幽。供桌前左右各放一只太师椅紧靠八仙桌，桌正中红木雕花托架上搁着一只碎瓷大托盘，内放几只黄澄澄的佛手，显得高雅而有诗意。大厅中央置有一套楠木太师椅，两边墙下摆有一套圈椅。厅中有四根两人合抱那么粗的柱子，都挂着楹联。近门的柱子前放两张穿藤的大方凳，那是给来访官僚、亲友的仆人坐的。大厅屏门上方悬挂一块题为"田耕堂"的匾额。正梁上悬有一个金色蟠龙龛，龛内藏有清咸丰皇帝赐封给郁泰峰的"从二品顶戴"等殊荣的圣旨。面对蟠龙龛的为一块钦赐的上书"功襄保赤"四字的大匾额。整个大厅的陈设虽较简朴，但意境、规格却很高。这恐怕是此大厅建成四方厅的缘故吧。

此大厅背后，便是第二进内宅。同第一井一样，内宅天井南边为沿门。其门楣的方砖上镶刻着"竹苞松茂"四字。天井地面也是用长方形石块铺就，北边为客堂。堂中悬有题为"存素堂"的匾额，堂内摆有整套红木镶嵌大理石的桌椅茶几，墙上挂着字画。此大厅为郁泰峰家内眷们相互走动聚谈的地方。

第二进内宅为五开间带有两厢房两层楼的格式。楼上楼下共有十四间房间，有些房间是用花楣分割成里外间。在当年名闻大江南北的"宜稼堂藏书楼"就在这一进客堂楼（也称大厅）上的前后两间。当年这里珍藏着大院主人郁泰峰不惜以重金购进宋元佳本并作校勘，而后编成一部名震海内外的《宜稼堂丛书》计一百二十九卷。这套丛书惜已散失，但上海辞书出版社图书馆还保存有一套。

再往后为大院的第三进。其建筑格局同第二进。在天井前筑有沿门。其门楣的四块大方砖上镌刻有"玉树生庭"四字。客堂上悬有题为

"述训堂"的匾额；在客堂楼上也悬有一块"第一蚕起楼"的匾额。此大院在第二、三进房屋的设计上有一个匠心独具之处，就是在楼与楼之间都是相通的，即在二、三进楼房的小天井上都建有连接前后进的过道，这样把这两进的楼房形成一个"口"字形，便于婆媳、妯娌等家眷间相互走动，不必上下楼梯穿庭过院了。这也便是"走马楼"的格局。这在当年是很新鲜的。

在这大院的二、三进间各建有甬道通向宅旁的备弄。各弄一头通向"墙门间"，一头通向宅后。它是专供大院内外杂役仆妇走动的地方。傍着各弄处建有大灶间、小灶间、茶房间；大院后面还建有堆柴的柴间、存灰的灰间等生活用房。

此外，在郁家大院的东西两侧还建有一整套专用的房屋和设施。一是东厅，建于大院正厅东侧，比正厅小些。厅中梁上悬有上题"震无咎斋"的匾额，为郁家举行婚丧喜庆时给宾客们的休息场所。在东厅前，隔天井还筑有一座小戏台，前置一镂空的栏杆，后置能拆卸的落地长窗。需要演戏时，将落地长窗卸下即可。在东厅背后筑有一座小假山，虽不甚大，但山上植有粉红色的山茶，山下四周植有碧绿的芭蕉，倒也相映成趣。在此假山往后不远处，还筑有一座窗明几净的书斋，其间筑有一条砾红栏干的通道连接，便于行走。这个书斋是当年郁泰峰与文人们吟诗论文之处，也是大院中最为清幽之处。二是轿厅、厢房，建于大院正厅两侧，为郁家轿子及来访宾客轿子的停留之处。轿厅前后有天井。在前天井两侧筑有厢房，以供存放轿子内外的各种杂物及作轿夫们的卧室。轿厅背后有一个月洞门，出此门便是郁家大院后花园，今为王一亭梓园的一部分。

九间楼

在乔家路234号—246号有一排七间的楼房，楼房之间有一块市文管会立的"明徐光启故居"的大理石纪念碑,这里就是徐光启诞生和长期生活的地方。这排住宅原来共有楼房九间,1937年淞沪抗战中被炸毁两间,但人们仍习惯称其为"九间楼"。

据史书记载,徐光启"通籍四十年,室庐不改",做了大官后也没有扩建或重建自己的住宅。按明代上海地区住宅定制,大户住宅一般三进,大厅朝南,进入大门后一般为一条5米长的夹道;过了夹道即分天井;再向北又是厅堂,即分客堂,是主人会客的地方;通过客堂是中天井;再后面是后天井,中天井和后天井之间有群房相隔;后天井北面就是排联的阁楼,这里多用作待字的小姐和其他女眷的用房。从正门到最后的楼间一般在30-50米之间。如此分析,徐光启祖宅的大门原应开在今俞家弄上,九间楼只是徐氏祖宅的最后一排。清乾隆以后,徐光启后代坐吃山空,只好通过变卖家产来维持生计了。到了清末,只剩九间楼作为居住之所。

徐光启以清廉著称,故他的住宅显得相当朴素。若不是门前有市文管会立的石碑,人们还以为这是一排普通的旧式民宅呢。该楼为木构架结构二层建筑,小青瓦双披出檐屋顶,一层设有坡檐。建筑正面为木板墙壁和门窗。建筑虽有改动,但梁柱、柱础、斗拱、雀替仍是明代旧物,连宽厚的楼板也是明代遗存。虽然九间楼的建筑价值不高,但它所蕴含的文物纪念意义是值得后人保护和景仰的。

巡道街

与乔家路相交的巡道街因清代巡道衙门设在这里而得名。康熙颁布"弛海禁令"以后,上海很快成为重要港口城市。雍正二年(1724年),清政府决定苏松太兵备道主管沿海海关事务。雍正八年(1730年)又正式批准成立"分巡苏松兵备道",控辖苏州、松江地区军务和政务,并将巡道衙门从苏州移驻上海。次年(1731年),分巡苏松兵备道在大东门内建造了一座新衙门,占地14亩,衙门西大门前的原"水仙宫前街"就改名为"巡道街"。衙门正南大门前新筑的马路便取名"巡道前街",又简称"道前街"。

鸦片战争后,清政府授权分巡苏松兵备道代表清廷行使涉外谈判和签约,因其衙署、政务都在上海,所以又叫"上海道"。上海道署衙门也成为全权负责处理涉外的最高军事、政治、外交、经济机构,不少条约就由上海道签发,如1843年11月7日上海道宫慕久与英国首任驻沪领事巴富尔签订上海开埠协定等。

辛亥革命,上海光复时(1911年11月3日),上海道衙门遭到革命军的进攻,部分建筑被毁。上海沪军都督府成立之后,巡道衙门被宣告撤销,衙门旧址改作上海警察厅。原衙门正门门外的道前街改名为警厅路,以后改名为金坛路。

深入到乔家路地块,那里还有星罗棋布的酒坊、南货店、糕团店、布店、米行、铜匠铺和石库门、新式里弄,还有上海最早的慈善机构,最早的消防瞭望塔。不少专家看过此地块后,都惊叹老城厢有幸尚存如此"世外桃源",具有极高的保护和开发价值。

第九章

老城隍庙（上）

中国的许多城市都有城隍庙，但其中影响最大的，理应首推史称"江南香火之最"的上海城隍庙。上海的百姓，亲切地称之为"老庙"。老城隍庙代表了上海的昨天，它是一组活在今天的文物。同时它也展现着上海的今天，一扇改革开放的靓丽窗口，一个对接传统与时尚的大舞台，一架通向四海的友谊之桥。它不是一个简单的地理概念，而是一个文化概念。作为上海本土文化的一个载体，一个上海最中国的地方，民情、民意、民俗、民风在这里得到了充分的演绎……

一庙二城隍的由来

中国有城隍庙的历史可以追溯到东晋以前，但城隍庙被普遍推广则始于明朝。朱元璋登基做了大明皇帝后，经常梦见曾追随他打天下而阵亡的将士向他索讨抚恤，诉说他们因得不到抚恤而成了冤魂野鬼的苦痛，于是朱元璋下令全国县以上的行政单位必须建立城隍庙，以安抚冤魂野鬼。明洪武六年（1373年），曾被朱元璋强行招纳并委以京城会试主考官的上海乡贤秦裕伯谢世，朱元璋感慨道"生不为吾臣，死当卫吾土"，于是敕封他为"上海邑城隍正神"。

秦裕伯生于元代元贞元年（1295年），祖籍扬州高邮，先世是北宋著名词人秦少游。其父秦良颢是一位蒙古学家。元至正四年（公元1344年），秦裕伯中进士。

元至正十年（1350年），秦裕伯调升为山东高密县尹。他团结了当地单姓的高门望族和经学大师郑康成的后裔，和衷共济，同建高密。为鼓励计，新垦荒地赋税仅征一般耕地赋税三分之一。农民负担不重，而集中起来，高密县就有一大笔收入，凡是建造馆舍、修筑城墙、迎送过往

官员与一切公益之开支均可有着落，不必再向农民征取。所以行之数年，不但耆老、农民拥戴有加，而且属官也一片赞誉之声。

秦裕伯还主持修筑了新城墙，扩建了孔庙，新盖了驿馆，又添置了骏马四匹，往返历城，只要两天工夫就可以办到。这许多工程，又使农闲时的农民有了一大笔收入，再加上种荒地所得赋税可免缴三分之二，所以老百姓的生活一下子就富裕起来。

晒盐为生的盐民纳税虽不高，却是按一个统一的标准交纳，大户得到了便宜，小户苦不堪言。秦裕伯派人摸清情况后，按各户产量分成三等九级纳税，基本做到了"公平"二字。

两年下来，连沿门讨乞也看不到了。高密出现了夜不闭户的升平气象。

秦裕伯的政绩很快被传为美谈，朝廷于是晋升他为福建行省郎中。他恩威并济，规定凡盗匪第一次被捕，发款释放，嘱其回家自谋生计；第二次被捕，杖数十，令其回家种田；第三次被捕，则数罪合并，加重处罚。

秦裕伯履新不久，元朝统治风雨飘摇。秦家在上海本来有些产业，而且祖父节斋先生就安葬在上海淡井庙附近，于是，秦裕伯便弃官而去，先居扬州，后寓上海。朱元璋为了拉拢文人，派人前往敦请秦裕伯出山。秦裕伯以为母亲守孝未满三年为由婉拒。

朱元璋在南京登基称帝那一年，又一次想到了秦裕伯，点名要他进京做官。秦裕伯又以年到古稀为由婉拒。朱元璋十分恼怒，亲笔下了手谕："海滨之民好斗。裕伯智谋之士，天下已定，伏处不出，意欲何为？"

秦裕伯知道朱元璋极难伺候，如今已把话说到这般地步，再不去南京，难免有杀身之祸，只好随使者到了南京。朝廷多次拟派任务繁重的官职，秦裕伯都以年迈体弱为由而辞谢了。洪武三年（1370年），应天府举行明代开国以来的第一次乡试，朱元璋亲自提名秦裕伯为主考官。

此后，秦裕伯再以老病之身不堪奔波为由，上奏恳辞。朝中大臣很同情秦裕伯，在朱元璋面前替他说了好话，终于如愿以偿。洪武六年七月二十日（1373年8月8日），秦裕伯病逝于上海浦东陈行乡的长寿里，享年七十八岁。

他的后裔秦荣光在他所撰的《上海县竹枝词》中写道：

> 旧庙金山神主祠，脱沙霍像古传遗。
>
> 明初改奉城隍祀，忠孝不神我相宜。

为了论证秦裕伯是上海的一位乡贤，其后辈也代代居住在上海，这里不妨引出一位。她就是中国著名的电影表演艺术大师秦怡。她与供奉在城隍庙里的红脸城隍秦裕伯有着血脉相承的嫡系关系。

1993年6月15日《新民晚报》上发表了一篇题为《秦怡是"城隍"的后代》的文章，大意讲：60年代初，秦怡听黄炎培讲她是上海城隍秦裕伯的后代。当时秦怡忙于拍片，也没介意。一直到了90年代初，秦怡"奔赴浦东三林塘附近的陈行乡探个究竟"，可是只看到一块字迹难以辨清的关于秦裕伯的古碑，听到若干秦氏后裔的传说。1994年，豫园商城改扩建，老庙黄金迁出大殿并将其归还给道教协会后，又燃起了秦怡寻根的欲望。作为城隍庙修复委员会的一员，她在帮助城隍庙落实党的宗教政策的过程中，几经考证，终于探明了自己是秦裕伯的直系后代。

据秦怡讲，城隍老爷秦裕伯是她的老祖宗，她是城隍老爷秦裕伯第十七代嫡系重孙（女），她家里有这方面的历史资料，到城隍庙去也可以查到这些历史资料。据清雍乾年间赵一士编著的《上海城隍庙颂序》记载，明朝万历年间有一位叫乔时万的人，曾保存了两枚秦裕伯生前的玉石印章。秦裕伯死后，成了城隍神，乔时万便将这两枚玉石印章给了秦家

后裔，又转交了当年皇帝朱元璋给秦裕伯的诏书三通和秦裕伯不肯出山的答谢书信两通，还有秦裕伯的遗像。以此判断，这乔时万应是秦裕伯生前密友或是他手下的幕僚。这些珍贵遗物，后来被一起送到城隍庙保存。可惜经过历代战乱，又遇到了一场大火，全部散失了，殊为遗憾。同治年间修订的《上海县志》记载说，秦裕伯后裔秦钿家藏有《裕伯上中书草》，又说浦东陈行乡长寿里有秦裕伯的墓。可惜这座墓连同秦裕伯"闸港旧宅"敕书楼，因靠近海边又年代久远，亦被毁，已无踪迹。

由于上海城隍是皇帝追封的，又确有其人，后裔不绝，故上海城隍庙既是上海地方公祠，又是秦家的家庙，从建庙始，即由地方士绅与秦氏族人联合组成会董，共同管理。也正是这样的原因，上海秦氏因秦裕伯的关系成为上海的望族。

秦怡不仅对寻根问祖十分热切，而且对修复城隍庙、推动宗教政策的落实亦十分热心，为此出过不少力。2000年11月14日城隍庙修复后举行陈莲笙道长荣任住持暨城隍开光大典，秦怡作为修复委员会的成员应邀参加。据军旅作家张重天所著《九曲桥畅想曲》中披露，秦怡对她的老祖宗曾经这样说过："要讲公道话，恢复历史的真面目。不要夸张，也不要抹杀，至少交代清楚这位城隍老爷的来历和他做过的一些事。这对上海人也是一个交代。"

秦裕伯被大明皇帝敕封为上海城隍庙正神后，上海县在很长一段时间里处于有神无庙的境地。明永乐年间，上海知县张守约认为，上海作为堂堂的"东南壮县"，再不建城隍庙说不过去。经过选址，张知县决定将位于县署之后、方浜之北的原霍光神祠改建为城隍庙。那么，这霍光神祠又是从何而来的呢？说来话长。

据《松江府志》、《吴越备史》记载："三国后期，吴王孙皓建造金山神庙并将霍光祀奉为神主。"其起因是：金山卫沿海一带经常遭到海潮和海怪侵袭，百姓深受其苦，朝廷亦无法消除此类祸害。一日，孙皓梦见先主托言："金山面海，海水为患，非人力可防。汉代功臣霍光有神力，祀之，可以弥灾。"于是，孙皓发令在金山卫建了一座神庙供奉霍光。说到汉代霍光，必须提到一位功业彪炳、扬名千秋的大将军，名叫霍去病。他是汉武帝和王皇后的外甥，曾多次重创南犯中原的匈奴。汉武帝封他为冠军侯。霍光是霍去病的弟弟，但生母各异，霍去病在大败匈奴后的凯旋途中经过平阳老家才见到年方弱冠的弟弟霍光。他对霍光的稳重和彬彬有礼颇为喜欢，就把他带到了京都长安。汉武帝和王皇后看见这一个眉目清秀的小外甥，印象也很好，立刻就派了官职。

霍去病由于连年战争辛劳，23岁时就病逝于长安。汉武帝对死去的霍去病不能忘情，就很自然地对霍光格外恩宠重用了，委任他为奉东都尉。武帝驾崩后，年仅8岁的弗陵即位，即汉昭帝。霍光受先帝遗诏辅政任大司马大将军，真是一人之下万人之上，声威达于顶点。

霍光在汉武帝去世后二十多年间，赤胆忠心地扶持了幼帝弗陵，又平息了上官桀、桑弘羊和盖长公主阴谋篡权的大乱，迎立昌邑王刘贺为帝，不久即废，又迎立宣帝。霍光辅政期间，轻徭薄赋，生产发展，老百姓的生活也日趋富庶，立下了显赫功勋。他去世时，皇太后和皇帝都亲自到大将军府吊丧，并将其安葬在汉武帝的陵园茂陵之内，追封为宣成侯。

及至宋末元初，上海已成为"华亭东北一巨镇"，还是对外贸易的口岸，每天都有几十条海船从这儿进出。航运的发达，需要有神明的庇佑，以保护船员和海船的安全。但当时上海尚无宗教偶像，于是人们便将在

＊霍光神像

金山卫镇守海潮的霍光神请到了上海镇，在镇治西北的方浜北岸建了一座霍光神祠，权作护海神供奉。

问题又来了，你县老爷把神祠改作城隍庙也罢了，霍光作为一个神明又该如何处置呢？俗话说"请神容易送神难"，再说佛门庙观也有个先进山门为大之理。对此，那个张守约知县处理得十分得体，在城隍庙前殿仍供奉霍光，在庙的后殿再供奉城隍正神秦裕伯。因此，民间就有了"一庙二城隍"之说。这也是上海城隍庙与其他地方城隍庙的不同之处。

屡毁屡建的城隍庙

知县张守约将位于方浜北岸的霍光祠改建成了上海城隍庙，但规模并不大，只是前后两个小殿，且都为砖木结构，金山神和城隍神各据一殿，没有庑殿，殿内也没有其他神像，看上去显得十分冷清。之后，历届上海知县都对城隍庙进行过"添砖加瓦"，做过或大或小的修缮或增添设施，甚至还进行过重建。据有关书籍和上海碑刻资料记载，上海城隍庙前前后后的修缮有好多次。

明代天顺年间，由知县李纹发起，扩建城隍庙宇，在大殿前筑两庑，建碑亭，在碑亭内置洪武二年诰文刻石（现废）。

明嘉靖十四年（1535年），新任上海知县冯彬去城隍庙拜谒城隍时，感觉庙门太小，便对庙内的道士说，庙门太小有碍观瞻，应将庙门改建得大一些。于是，庙内的道士就向市井乡落进行募捐。在社会各方资助下，终于建造了一座颇有气派的牌坊。该牌坊的柱用的是巨石，梁坊用木制，画栋雕梁，泥金作彩，上有飞禽走兽，刻画得活灵活现。牌坊正中安置一块大木匾，只待知县冯彬题词。冯知县想了想，援笔题了"保障海隅"四个字。冯彬为什么题这四个字,说起来也并非是空穴来风。因上海地处东海之滨,当年洪武皇帝朱元璋最担心的是被他镇压下去的农民起义军造反,冯知县题的这四个字正好与朱元璋建造城隍庙的意旨相吻合。斗大的"保障海隅"四个字专请永嘉一位善写大字的幼童书写,他的笔力矫健,很见风韵。牌楼前两根石柱旁各置石狮一头,更显庄重。在牌坊外方浜南竖有两根大可合抱的旗杆,由福建木商毕显统捐建。

明万历三十年(1602年),知县刘一爌拜谒城隍庙后,甚觉其破败,决心予以重修。在庙前数百步,刘一爌等人建造牌楼三座,在大殿前筑仪门一座,两旁绘以龙凤,显得金光闪闪,相当华美。刘一爌还为此写了碑记,云:"俾知城为民设,祠为城设,灵矣常在。"

不料仅过了不到四年,这样一座雕饰精美的仪门竟被雷电击中,顿时烈火熊熊,顷刻之间化为灰烬。之后,知县李继周等会同地方士绅募捐重修。除保持仪门的原来式样以外,还特建戏楼一座。同时,将庙殿扩大。不仅如此,李知县为不使城隍寂寞,特地在大殿后添建一座寝宫,将城隍夫人——懿德夫人供奉在寝宫之中。

清顺治四年(1647年),城隍庙住持得到一位施主赞助,于头门天井中置放铜鼎一座,上镌"松江府上海县城隍庙通天永宝彝"的镏文,并刻有八十字短颂。

康熙二十二年(1683年),知县史彩捐自己的俸禄倡修,住持道士杨兆麟、真君庙道士徐志诚等四处募化,筹集资金,在大殿东、西隅兴建鼓亭二所,铸造大香炉一座。

康熙四十八年(1709年),上海县有位叫绅觉的富豪认为城隍庙设有祭天灵台和庙园,祈雨求晴不变,于是捐资筹款,在庙东购进一块土地,建造了一座"东园"(即"内园")。清同治《上海县志》记载:"东园,清康熙四十八年构,在庙东偏,又名内园。台、沼、树、石俱古雅;西

南一台高数丈……名为小灵台。"有诗曰:

神祠北际名园辟,寝庙东偏别殿开;

更拟登高望云物,人间重筑小灵台。

此后历朝历代,城隍庙又屡遭厄运。乾隆十三年(1748年)正月,庙内娘娘殿、紫薇殿、真君殿等被火焚,且波及星宿殿。同年三月十四日,火神再次光临,大殿半被烧毁。知县熊琦会同县中士绅捐资,简单地修理一番。乾隆五十九年(1794年),巡道会主持葛文英将被大火烧毁的大殿及后殿等重新建造。

民国十一年(1922年)十一月初八日,城隍庙遭大火,烧毁后殿及廊房。后由地方公款公产保管会免责善后事宜,对城隍庙进行修葺。但好

*清代城隍庙

景不长,两年后,即民国十三年(1924年)七月十五日上午,城隍庙大殿又发生大火,且殃及后殿,连殿内金山神主霍光大将军的塑像也被焚毁。除城隍秦裕伯幸免厄运外,寝宫内的城隍夫人以及庙内大大小小的泥塑木雕神像全被烧成灰烬。大火发生后,管理部门按理应该吸取教训,加强管理。然不知何故,仅隔四个多月,火神又降临城隍庙,其东楼一角被烧毁甚至还殃及了星宿殿和二十四司殿。这两次大火,城隍庙几乎全被烧光,险些成为一片废墟。

重修上海城隍庙成了一件紧迫之事,但邑庙董事会缺乏资金。于是海上闻人黄金荣、杜月笙、张啸林等"趁虚而入",表示愿协助邑庙董事会捐资重建城隍庙。黄、杜、张等上海滩大亨认为,城隍庙之所以经常发生火灾,根子在于建筑都是砖木结构,容易着火,为使城隍庙耐火,应改砖木结构为钢筋水泥结构,这样火神就没法逞威,城隍庙也可免却火灾之虞而永享太平了,但城隍庙内、外式样及其装饰等仍因循古制,不应变动。重建的方案定下来后,他们便委托上海公利打样公司设计制图,委托上海久记营造厂负责承建。一切准备就绪后,在民国十五年(1926年)四月正式动工,经过一年又七个月的施工,于民国十六年(1927年)十一月修成。改建后的城隍庙果然不怕火患,以致至今七八十年来,火神祝融从未光顾,一直平安无事。

新修建的城隍庙大殿,据《邑庙札记》记载,不用一竹一木、一砖一瓦,全用钢筋水泥一层一层砌叠而成。大殿高度为四丈八尺,面阔四丈一尺,进深六丈三尺余。庙内霍光大将军的神像端置于大殿正中,宏伟庄严,其两旁站立一文一武神像;文官许琮、武将崔士元,也都采用钢筋作为内部支架,外用水泥塑制而成。这三尊水泥塑像,工匠们忙了十七个月才塑制成形,可谓精雕细刻。

《邑庙札记》还透露了重修城隍庙的造价:大殿造价银元五万元,

后殿城隍神主殿,即供秦裕伯城隍神像的地方、星宿殿三层楼水泥钢筋结构以及周围大小殿宇造价银元为九万五千元。其经费来源是:海上闻人黄金荣独捐大殿造价五万元,杜月笙捐助一万五千元,张啸林捐助一万元,邑庙公产会出资二万元。

新建的城隍庙大殿等虽是钢筋水泥的建筑,却仍呈古色古香之貌。殿内的梁柱栋椽上因涂以各种色彩,看上去如同木质结构一样。这座仿古钢筋水泥建筑,其设计之巧妙,工艺之精湛,赢得上海滩建筑界的一致好评,堪称创造了外古(古建形式)里洋(钢筋水泥)的典范。火雪明在《上海城隍庙》一书中也说:"向来庙宇的建筑,是与宫殿一般式样的。而建筑的材料,又不外乎用着泥砖竹木,从没有像现在的大殿,竟然把钢骨水泥制造的。而且仿造古式，绝无异样，雕梁画栋，金碧辉煌。那种含有美意的建筑，是全世界未有之奇观。"

兼容并蓄的城隍文化

城隍文化是庙会文化的根基。从历史上看，城隍原本是自然神即水墉，所祭祀的只是城池本身。城隍被赋予人格化，是从汉代开始的。刘邦即位以后，为纪念被项羽烹杀的御史周苛，封他为郡县之神，周苛也被认为是后来城隍的鼻祖。

随着历史的变迁，城隍信仰的内容也在不断改变和充实。从汉代到宋代，城隍都只是各个地方、各座城池的保护神。宋代以后，城隍才由管理城池的神发展为管理地方民众之神，并与在任官员分司阴、阳两界，"职司阴教，泽庇民生"，以使在任官员图治于昭昭之地，城隍之神辅治于冥冥之中。随着封建统治的需要和民间信仰人数的急剧增加，城隍最后发展成为掌管人间生死祸福等广泛社会职能的神祇，并导致了内容繁杂多样的城隍文化的出现。

这一文化糅合了佛教和道教的神道观念，以及儒家的学说，并以此塑造了一个个忠于朝廷和护国佑民的城隍形象。在许多情况下，官方树立的城隍形象与民间传统的城隍形象具有共同之处。这表明无论是统治者还是平民百姓，都需要一批具有正面道德形象的城隍作为偶像。如上海城隍庙祀奉的两位城隍分别是汉代大将军霍光和明代的良吏秦裕伯。霍光辅政功勋显赫，秦裕伯保境安民。然而，一个完全由民众供奉的城隍的出现，却打破了这一格局，折射出在西方列强入侵的危难之际民众的呼声与心愿。

1840年，中英爆发鸦片战争。6月16日，英国舰队大举侵犯我长江门户吴淞口。66岁的清军将领陈化成指挥作战，击沉8艘英军舰只。后因敌我力量悬殊，他与八十部众全部壮烈牺牲。

陈化成（1777—1842年），祖籍厦门市同安县，出生于贫苦家庭，自幼好学，智勇过人。《同安县治》说他有"担当宇宙气概"。稍长，投身军界，立志以武救国。在鸦片战争初期，时任福建水师提督的陈化成用连环炮轰击英军舰船，使英军舰船"随拒随走，情况狼狈，立向外洋逃驰"。同年7月，他又被调到上海任江南提督。到了上海后，他积极修筑炮台，加强兵丁的训练。在吴淞口一战中，陈化成身先士卒，英勇杀敌，并高声发誓："奉命剿贼，有进无退，予欲以死报国。"吴淞口失守后，英军得以分水陆两军长驱直入上海城，并驻军于城隍庙一带。后来，英军又从长江进犯南京，迫使清政府签订了丧权辱国的《南京条约》。

上海民众为纪念陈化成，写挽诗曰：

击碎重溟万斛舻，炮云卷血洒平芜。

谁将战迹征心诔，一副吴淞殉节图。

事后，上海人民特在城厢内淘沙场清源书院建陈化成祠，俗称陈公祠。陈公祠地势较高，大门前有石级十余，入大门为一广场，正中是三开间大殿，中间端坐着陈化成神像，左边一间祭祀着英军进入上海城后投浦江自尽的杨典史神像，右边一间则祭祀与陈化成一起战死西炮台的诸英烈神像。

上海县城被英军占领的五天，城内人民遭受了巨大的灾难。英军抢劫、勒索，当地土匪乘机行事，抢、奸、烧，社会一片混乱。人民能逃则逃，不能逃者，昼不敢行，夜不敢寐，妇女更是到处躲藏。在英军占领上海前两天和撤出上海的后两天，上海县城都出现了一段政权空白点。这几

* 陈化成塑像

天,土匪猖獗,秩序混乱,县城的一些士绅挺身而出,担当起维护社会秩序的责任。县学教谕姚某和著名士绅曹晟,在文武各官逃走的当天即四处安民,劝谕开店,组织铺户男丁巡逻,弹压土匪。英军退走以后,他们将残留在城中的铺丁组织起来,分别防守各个城门。晚间,规定各家各户出油烛,燃灯于街,以壮声势。大南门有土匪百余人,半夜叩门行劫,曹晟等率众将将其吓退。其中,姚教谕的形象最为可敬,他不但出面维持秩序,而且临难不避,令英军敬畏:

> 学师姚公,苏人也,为郡学教谕,兼署上邑教谕,不一月而洋人至……公取库中祭器书籍及册籍匿深处,而自退于忠义祠。有以通禀请者,公曰:"我非不冀升迁,然危人自安,我不为。"洋人搜得之,

公端坐曰："我官也,将何为?"洋人中有能华语者问"何官",公曰:
"教官",问"掌兵多少",公曰"无兵",又问"何司",公曰"司教化"。
洋人肃然退。食顷复至,致渠意,请至邑庙相见。公叱之曰："我与
若曾有相见事哉?无已,有死耳。"洋人知不能屈。

1937年,淞沪抗战结束,南市被日军占领,陈公祠也被日军驻扎,并
将陈化成等诸神像扫地出门,丢弃路旁。几位拉黄包车的老人见状,于
心不忍,便用一辆榻车将陈像偷偷地运至城隍庙。庙里住持道士亦很崇
敬陈化成,便将陈化成神像请进了城隍庙,置于前殿霍光神像之背后。
从此,陈化成便开始接受万民香火供奉,成了"一庙三城隍"之一。将一
位近代民族英雄被奉为神明,不能不说是城隍文化经受的一次洗礼和升
华;姚教谕等面对英军的大义凛然和士绅曹晟等保家卫国的可贵气质
与自治意识,也不能不说是上海民众的一次守拙与奋起。

城隍文化之所以能被大众接受,还在于它"劝人为善"的警世作用。
明万历三十年(1602年),上海知县刘一爌在城隍庙大殿前建了一座
仪门,门上高悬着一把大算盘,上面刻有八个大字："人有千算,天只一
算。"其意是在劝导人们,不要只为自己打算,更不要损人利己。仪门两
旁木屏上,还镌刻了一副对联,上联是："为善不昌,祖宗有余殃,殃尽必
昌。"下联是："作恶不灭,祖宗有余德,德尽必灭。"这是规劝人们善有
善报,恶有恶报,应该扬善避恶。

明万历三十四年(1606年),上海知县刘继周又扩建城隍庙,并由苏
松太道会办上海佥事莫秉清在正殿左右两根大柱上题楹联一副:上联
为"做个好人心正身安魂梦稳";下联为"行些善事天知地鉴鬼神钦"。
上海开埠后,由于帝国主义的入侵,城隍庙几经劫难,但这副被人广为传
诵的楹联却保存了下来。尤其是1921年,此联由莫秉清后裔、曾任上海

特别市第一任市长的莫锦纶重刻，更彰显了城隍文化的影响力。直至今日，镌刻在城隍庙大殿正门的这副对联仍保留着"明莫秉清题"、"裔孙莫锦纶重勒，邑人杨逸谨书"的上下落款。

【相关链接】城隍庙大殿门联的传说

"做个好人，心正身安魂梦稳。行些善事，天知地鉴鬼神钦。"这副质朴晓畅、言简易明的对联镌刻在老城隍庙大殿大门的两侧，每当善男信女来庙烧香拜神时，都要认真地拜读数回，回味其中蕴含的道理。日久天长，这副对联也在民间流传，成为上海老城隍庙的名联。《道教景点故事》一书中有一则《老城隍庙的对联》，专门介绍了这副对联的渊源：

相传至明朝万历年间，城隍庙香火鼎盛，来拜神进香的百姓总要把银子、铜钱投入香案前的"积德箱"，祈求神灵保佑平安康健、人寿年丰。

然而，当时的城隍庙总管张某在夜晚清点"积德箱"内的银钱时，总觉得缺了不少，因而心生疑团，疑有内贼。心细的张某也不声张，而是开始留心观察。小偷原来是新来的庙祝张儿，他见"积德箱"每天都塞满银钱，便起了贪心，一有空隙就伸手去偷，而且越偷贼胆越大。

这一天大雨如注，张儿见庙内香客稀少，边假装打扫，又把贼手伸进了"积德箱"。正当他得手之机，只见城隍老爷肩上飘下了一块手帕落在了他的面前，他赶紧拾起一看，"做个好人，行些善事"八个字赫然写在手帕上，吓得张儿胆颤心惊，把手帕塞进衣内匆忙逃开。晚上，张儿睡在床上想到此事，越想越怕，莫非城隍庙老爷显灵，有意降书劝我为善！想着想着，突见阴曹地府的判官带着牛头马面，手持铁链和捉拿牌来到他面前,张儿吓得连声惨叫,大汗淋漓。惊醒后才知是噩梦一场。他取出手帕,深感自己罪孽不轻,颇有悔过之意,便在手帕旁写上"知过改过,行善积德",才觉得心情放松了些。此时,他猛听身后传来低沉而有力的声音:"心正身直,乃是做人之道;有过即改,乃是做人之训。"张儿慌忙回头,乃是张总管站在门口。他什么都明白了,只听"扑通"一声跪在地上,忏悔地说:"我错了,我再也……"张总管随即答道:"若要人不知,除非己莫为,扬善弃恶,回头是岸呀!"

张总管以慈爱宽仁之心教育庙祝张儿的故事在当时被传为美谈。后来,时常来城隍庙烧香的文人莫秉清有感于此,专门撰写了开头的那副对联。

城隍庙虽属道教管理,但并非道教宫观,它供奉的是地方神,职责是护城保民和祛灾祈福,因而具有广泛的群众基础。乃至后来,出于封建统治阶级的需要和道教的影响,城隍庙的职责又多了"摄民"和教化的作用,庙里"牧化黎民"的匾额就说明了这一点。这就出现了一个十分有趣的宗教现象,即城隍庙既是老百姓的一个精神寄托,又是统治阶级的一个教化场所。这也说明了为什么历史上城隍庙香火不断、屡毁屡建的道理。

庙市的形成与发展

如果仅以此来证明城隍庙特别是上海城隍庙为何受众人拥戴,是远远不够的。上海城隍庙的鼎盛,还缘于豫园的衰微和庙市的兴起。园、庙、市的融合互补,形成了一个相互依存的"共荣圈"。从清末民初开始,城隍庙不仅仅是一座庙,从广义上说,它还成了一个东方式的迪斯尼乐园,一个散落式的销品茂(shopping mall),老少咸宜,快乐无比。

追溯历史,庙市的兴盛与豫园的衰微有直接联系。始建于明嘉靖年间的豫园,是上海最负盛名的园林,有"东南名园冠"之称。造园者潘允端的子孙,由于家道中落,于乾隆年间将豫园卖给了富商张肇林,张欲分割出售牟取暴利。当时一些开明绅士为保护豫园,集资将其购下,并委托与之相邻的城隍庙代管。因城隍庙原有庙园称东园,故接管后改称豫园为西园。西园工程从乾隆二十五年(1760年)破土动工,约在乾隆四十九年(1784年)竣工,历时20余年。

豫园之后的西园屡遭劫难。最先遭遇破坏是在清道光二十二年(1842年)吴淞失陷、英兵进入上海城后,他们占据了西园和城隍庙。当时九曲桥下荷花池所种的红莲被摧残殆尽,其他被破坏的地方当然也不少。到咸丰三年(1853年),上海小刀会起义,西园点春堂成为北城指挥部,直至小刀会撤出,清兵入城,园中的香雪堂、莲花厅、得月楼、花神阁等处,无不遭受劫难,变成了瓦砾堆。等到咸丰十年(1860年)太平军打到上海,英法军队入城助防,又以西园为兵营,于是园林遭到更大损坏,以致面目全非。

劫后余生的西园,虽经修葺,然大半地盘逐渐蜕变为茶寮酒肆,更有众多摊贩到这里汇集起来,开始形成庙市。据考证,清同治年后,城隍庙香火鼎盛,节会性庙市加快向固定市场的演变,"商贾沿荒废园径开店设铺,形成商业街坊十余条,设肆鬻物者百余家"。

与此同时,众多的行业公所入驻西园。他们的入驻既解决了园林维修费用不足的问题,又使园内胜景得以保护至今。如萃秀堂,水光山色,别称妙界,后与三穗堂等成为上海贸易界最大的行业——豆米业公所。每年四季,各豆米商都到园内的神尺堂较准容量,所以,此堂又别称校

斛厅。而点春堂则为糖业公所,为福建花、糖业者出资构建,俗称花糖公墅。九曲桥、湖心亭一度成为青蓝布业公所。

清同治七年,上海县发布一个告示,告示中所列西园内的各业公所计14个,同时还将这14个公所的面积一一罗列。如萃秀堂豆米业,共地十一亩七分五厘三毫;得月楼布业,共地一亩五分六厘八毫……划分得非常精确。此外,钱粮厅总房等官方机构,以及花神楼丐头(乞丐游民组织),也在园中占有一席之地。

上海开埠后,由于西方资本和商品的冲击,由民族工业主导的市场开始大变局,一些行业公所不得不退出历史舞台,翻造市房出租,大部分用于开店。同时,一些外来人口在城隍庙寻找零碎地皮造屋,开店为生。于是庙市的面积逐渐扩张,比豫园和城隍庙的面积总和还要大好几倍。

庙市的兴盛表明上海市民意识的觉醒和商业地位的崛起,是宗教信仰带出了一个红火的"市场经济",是香火带来了庙市,带来了一地的人气和财气。在上海做生意的商人,没有不给城隍老爷烧香的,"保障海隅"的承诺是这样深深地刻在了每一个商人的心头。人间的三百六十行,就这样紧紧地聚在了这一方神祇的脚下。

城隍庙市场的雏形,一直是店面、摊棚、地摊和流动小贩的组合,有商业、服务业,也有手工业和民间工艺。有前店后工场的格局,也有在店堂里现做现卖的。不仅有满足口腹之欲的点心酒菜,也有纯粹逗市民开怀一笑或寓教于乐的娱乐节目。时有《沪江商业市景图》和《申江百咏》中有诗云:

> 城隍庙会里烧香,沪城邑庙景天然,
> 有戏纷陈在两廊,多借亭台作市廛。
> 礼拜回头多买物,人到殿前犹未觉,
> 此来彼往掷钱忙,两行书画米家船。

这些诗浅显易懂,真实地反映了来城隍庙烧香、看戏、购物和游览者的心情。由此可见,城隍庙不仅是善男信女烧香祈福的地方,也是百姓购物和休闲的重要场所。火云明在《上海城隍庙》一书中,对当时庙市作了详细的描述,从中我们可以领略到昔日庙市的风光。

> 上海城隍庙的庙市,就好像是一个大规模的联合商场,许多商铺和摊贩都集中在这里,夹杂着茶寮、点心铺子和娱乐场所,可谓五光十色,无所不有。
> 路的两旁都开设各式各样的店铺。其中,有百货店、骨牌店、照

相馆、画像馆、点心铺、象牙店、玩具店、笺扇店、篆刻店、花鸟店、文具店等。其他，如成佛铺、镶牙铺、乐器铺、皮件铺、星相馆等也是应有尽有。

至于地摊，可以说在庙内所有的路上都密布着。从庙门口进来，就可以看到许多摊基，栉比鳞次地摆着，尤其是金山神主大殿前的广庭中和荷花池北岸萃秀堂门前的广场上，都是用木板搭起了设摊的棚架，分成两边整齐地排列着。庙内摊子上出售的货品，最多的如玻璃、搪瓷和钢精的器皿、袜子及小儿衫裤、香烛元宝、华洋杂货等。其他如卖皮革品的、卖纽扣的、卖画片玩具的、卖花草盆景金鱼的也都有。更多的是卖桂花橄榄、五香豆、鱿鱼、鸡什、春卷之类的零食摊，也有年代久远的梨膏糖摊。

茶寮在庙里特别多，在宣统年间曾多至十余家。湖心亭可以说是最有名的品茗处。此外，还有春风得意楼、里园、群玉楼、乐圃阆

* 民国时期的九曲桥湖心亭

等数家。

整个城隍庙，不但是香客所必到，也可以说是上海人唯一的通俗娱乐场所。书场本是高尚娱乐之一，此外还有里园三楼的弹子房，夏季的斗黄雀，秋季的斗蟋蟀。再说通俗的玩艺儿，如卖西洋镜的，在民国以来一直摆在萃秀堂前的场地上。又如山东人杂耍，以及走江湖卖拳头之流也是常来的。但是具有规模的游乐场所，当推抗战前的小世界。

白相城隍庙：民俗文化的积淀

在上海方言中，"白相"一词指不花钱享受玩乐，如同"看白戏"的意思。而"白相城隍庙"，更多体现了一种亲近、随意，好比是邻家的一位老者，无聊了，郁闷了，或有事相求了，随时可以走过去串串门、拉拉家常一样。

其实，许多人都有自己的怀旧情结，但共同拥有一份怀旧情结，而且代代相传，形成一种文化现象，就值得回味和研究了。现今的上海人，主要是中年以上的人群，不论身处何方，甚至异国他乡，都会对城隍庙勾起儿时美好的记忆。和许多同时代的人一样，笔者童年时最爱去的地方就是城隍庙，一年要去几次。特别是过年，怀揣着母亲给的一角压岁钱，在儿童玩具摊上左挑右选。刀枪、扯铃、面具等买不起，只能花5分钱买一只"贱骨头"。这是一种用木头做成菱角的陀螺，用绳子抽打，会不停地旋转。最想看又最怕看的地方是城隍庙楼上的"阎王殿"，那十八层地狱里的牛头马面和上刀山、下火海等阴森恐怖场景，令我从小告诫自己要做个好人。位居一隅的白无常、黑无常，吓得我总是躲在大人的身后，看上几眼便匆匆离去。百翎路上有一家专卖兔子、松鼠、蛇、龟、壁虎等小动物的商店,也是我必去的地方。尤爱观看壁虎,看它是如何用有吸盘的脚在玻璃罩子里慢慢挪动。玩累了,便会到小吃摊位上转转。小笼馒头、绉纱馄饨、油豆腐粉丝汤、酒酿圆子、臭豆腐干、鸡鸭血汤、糟田螺、素菜包、糖粥等应有尽有。掏尽口袋里仅剩的5分钱,只能买一只素菜包解馋。然后边吃边看小贩是如何做鸡鸭血汤的,如何油汆鱿鱼的,食客们是如何大快朵颐的,直到素菜包下肚,无法解馋,才悻悻离开。

读中学时,学校组织暑期活动,笔者报名到豫园做清洁工。在擦洗曲栏花窗的过程中,笔者初步了解了豫园的历史,萌发了对中国传统文化的热爱之情。可以说,是城隍庙和豫园给了吾辈精神滋养和文化熏陶。这是吾辈终身受益和永世难忘的。

"白相"一词,虽指不掏钱享受游乐,但也道出了一种隐情。这一方面说明城隍庙的概念已超出了庙的本身,另一方面也说明那个时代的上海人囊中羞涩,能花上几角甚至几分钱就能到城隍庙痛痛快快玩上半天,实在是一次精神生活上和物质生活上的享受。

城隍庙之所以成为人们的"白相"中心,还有一个重要原因是有庙会和庙市的存在。其实庙会和庙市并无多大区别。由庙市发展形成的庙会及其庙会文化,几乎囊括了宗教、商业、民俗等民众物质、精神生活的各个层面。

城隍庙每月的固定活动应属初一、十五进香。这似乎已成为大多数老百姓的一项习俗,类似于西方宗教信徒做礼拜一样。初一、十五进香,不仅老百姓这样,明清两代的官吏也是这样。《上海研究资料》记载:"每月朔望两天,知县老爷须躬临城隍庙拈香除非因公出不在上海,否则是必不可省的。"官吏在朔望日去城隍庙进香,是当时国家规定的"例行公事"。初一进香的最高潮是农历正月初一零时,民间称"烧头香"。人们以为烧了头香,城隍就可以保佑他一年平安,故通宵达旦排队。《中华全国风俗志》中描述："城隍庙中，几无容足之地。盖无不欲思得第一次头香也。"商贩、民间艺人也趁此机会，纷纷前往，提供从物质到精神的各种东西，以满足香客的需求。

城隍庙成为人们"白相"的中心，形成庙会文化，个中还有一个重要原因是民俗活动和庙庆神诞节日特别多。

每年正月初五接财神在上海是一个有传统的民间活动。传说正月初五是东西南北中五路财神的生日。旧时上海城中到处要举行"接财神"、"抢财神"的活动，尤其是商人们，对于接财神的热情更为高涨。初五一早就要在店堂里高挂财神像，点大蜡烛，在供桌上摆放鸡鸭鱼肉等丰盛酒菜，并由店主率领掌柜伙计向财神跪拜磕头。此时上海城内的大街小巷还会出现叫卖鲤鱼和羊头的担子，一声声地高喊："送元宝来哉！"此两样供品专敬财神。鲤鱼谐音"利余"，讨的是口彩。敬羊头是因为财神老爷系回族人，喜吃羊肉之故。请过财神之后，老板还要摆开酒席，请全体员工吃"财神酒"。

至于"抢财神"，就是抢在初五凌晨十二点以前点燃爆竹，而且延续时间要长，烟火的形式要炫目出彩，其用意就是将财神吸引到自己家里来。

城隍庙的元宵灯会，早在清乾隆年间就已形成。尤其是在元宵节那晚，赛灯成为一种传统，灯彩品种有百十种之多。在老城厢核心地区还经常将灯彩与音乐、舞蹈、杂技等民间文娱活动结合在一起。如元宵夜有"灯舞"，还有"抬阁"，就是活动舞台。还会放焰火，那天晚上，九曲桥等处燃放的焰火品种有大花筒、花蝴蝶、金盘捞月等，浓重地渲染了元宵灯会的热闹场面。

农历二月二十一日，相传是上海城隍秦裕伯诞辰。在此前一天晚上，城隍庙内的道士设坛诵经。庙管会邀请戏班子来庙里搭台唱戏，以酬城隍老爷，同时杀猪宰羊，祭于城隍前。神享人娱，各得其愿。

农历二月底,城隍庙在西园(今豫园)举办艺花会。参展品种名目繁多,争奇斗艳。一些文人墨客参观后,还作画吟诗,为之增色。

农历三月二十八日,是城隍娘娘的生日。这天,有道姑执拂诵经,人们将新制的凤冠霞帔,穿戴在城隍娘娘金身上,将娘娘神像打扮得如同天上仙女一般。

农历立夏日,郊县新麦小熟登场,不少农民随身带上几斗新麦专程进城来到城隍庙,将新麦供奉到城隍前,并燃烛焚香,虔诚叩拜,期望来岁再获丰收。

农历六月初六是天贶节,也称晒袍会。这天,道士们将庙内神像所穿戴的冠袍进行暴晒,以防霉烂。

农历七月十五日,城隍庙举行祈鬼节,也称罗天大醮。其目的是祈求死鬼不向活人作怪,以保四季平安。

农历八月桂子飘香时,是评弹艺人会书复会之期。地点主要在东园四美轩。届时集合沪上评弹曲艺艺人进行会书,各自说唱拿手的曲艺。当年有名的评弹艺术家如俞秀山、冯云初、蒋月泉、徐红仙、徐月仙等人,都是从会书评选中红起来的。

农历九月初九,俗称重阳节。相传,这天为城隍庙老君殿李聃的生日。为了恭祝李老君的寿诞,善男信女们接踵而来烧香祝寿。

农历九月中旬举行的菊花会,参观者需购票入场。

冬至,又名长至节。这天晚上,在城隍案桌上特备大烛台多对,猪羊架上设全副猪羊,神桌上摆满十六色名贵珍果。待到五更时分上祭开始时,炮仗声和锣鼓声交织一起,人们向城隍跪拜不迭。

在所有这些节庆活动中,当属"三巡会"最为隆重和最吸引人。自古以来,我国民间有三大节日:春节、端午、中秋,俗称"人节"。还有三个"鬼节",即农历清明、七月半、十月朝(即十月初一)。在这三天鬼节中，家家户户要祭祀祖先。这三天，城隍按惯例出巡，民间称为出会，一年三次，故称三巡会，目的是"赈济厉鬼，确保平安"。

三巡会始于明太祖时。元朝末年，朱元璋、张士诚、陈友谅各起兵于中原，形成鼎足之势。后来张士诚为朱元璋所迫，不得不向元政府投降。至正十八年（1358年），上海土豪钱鹤皋与张士诚联手起兵，被朱元璋部击溃在瀚浦塘。钱鹤皋逃跑时被生擒，后押至金陵处死。据民间故事说，钱被砍头时，喷出一股白色的血液。朱元璋认为钱鹤皋要是变成厉鬼，会在人间作祟的。于是下令城隍赈济厉鬼，又敕封钱鹤皋为鬼头。由于钱鹤皋是上海人，因此上海城隍赈济厉鬼就更加谨慎，规模也比其他地方大。

陈存仁医师在其所著的《银元时代生活史》中，有一段写到自己于1934年在南市养病，适逢七月十五的盛会，在秦裕伯的后人秦伯未的陪同下，观看了城隍出巡的全过程。现节录如下：

……到了第三天，是出会的"正日"，城隍的坐轿，是一顶金碧辉煌的绿呢大轿，由八个人抬这顶轿，轿中坐着的并不是大殿上的城隍像，因为这座神像是用就地生长的一株古老银杏木雕刻飞金的巨像，无法搬动，所以就由内宫中请出一尊较小的呼为"行宫"的城隍像来代表，形式是相仿的。城隍大轿请起时，钟鼓号角齐鸣，鞭炮之声，不绝于耳，四周善男信女都跪在地上叩送。那时庙门外面，已经有仪仗排列着恭候，挨次作缓缓进行。最初是有四只顶马，跟着的是一块路由牌，接着就是经两人抬的两面大锣，这两面锣还是明代的遗物，声响极大。随后就是清道旗，肃静回避的虎头牌，朱漆金字的官衔牌，上面写着敕封显佑伯、护海公、护国公等名堂，后面接着是高昌司、财帛司、春申侯等衔牌，此后便是许多皂隶，青袍赤带，有的红冠,有的黑冠(俗称红黑帽),各人手执水火棍,以及各式刑具和铁链,一路口中呼喊着"虎威"两字,缓步前进。其中还有全副执事,都手执朱漆红棍的兵器,这就是城隍仪仗队。中间还有几对号角,吹的时候其声呜呜然,声音使听者惊心动魄。仪仗队后面跟随着很多穿黄衣的会众,人数有一百多人。这些人俗称"黄衣会首",多数是工人;有些人自以为罪孽太重,则穿一种蓝色短衣随队游行,认为可以赎罪的。接着是无数的女人,都身穿红绸衣裤,腰系白绉裙子,都扮成女囚的状态,皆是许愿参加,希望赎罪的。后面叫做旗牌队,着武士装骑在马上,人人手执五色丝绣大旗,每到一个地广人多的地方,便纵缰疾驰,借此耀武扬威,叫做"出辔头"。马队过后,又是穿玄衣紫带的皂隶数十对,手握铁链和手铐,铁链又粗又重,一路走一路在地上拖,琅珰之声不绝。接着就有许多袒身露腹的大胖子,手执朴刀,作刽子手状,这几个人,都是从屠夫行业中挑选出来的,这种人腹大如鼓,胸前长着无数茸毛,脐部贴了一张膏药,蹒跚

* 三巡会场面

而行，既威且武，这是最使大家瞩目的。后面跟着来的，百戏杂陈，有些是踏高跷，有些是抬阁，有些是荡湖船，大都是饰演武松打虎、八仙过海等民间故事。还有些蚌壳精，每个蚌壳精是由一个年轻貌美的女孩子扮演的，身穿肉色紧身衣，绣花红肚兜，两面蚌壳，一张一翕，很是动人。其中还有一个瘟官，歪戴乌纱帽，拖着小胡子，右手执着白纸扇，左手拿着一个便壶，坐在轿子里作饮酒状，这是讽刺糊涂官的一幕。

所谓"抬阁"，是一个方形的台，上面立着一个小孩子，两手托着两个男女，看来好像力大无比，其实里面是一个铁架支持着的。这些男女扮演唐僧取经、水漫金山等民间故事。这种抬阁是会景中的主要节目，还有几个小童扮成武松样子，矗立在大人的肩上而行，也是很受欢迎的。

此外，是"腰锣"、"万民伞"、"对马"、"清音"(俗称小堂名)，又有一班班的"清客串"，即是吹笛箫笙管的音乐合奏，声调悠扬，非常动听。

会景之中，最教人看来有惨不忍睹之感的就是"托香炉"，是用银钩一排，刺进臂部的皮肉中，下垂铜链，拖着一只十多斤重的锡香炉，这种人的臂部皮肉几乎生了结蒂组织，所以从来没有血液外流。一般看会景的人，都认为是获得了城隍的保佑，所以不会流血。

还有许多黑衣紫带的阴皂隶，耳边插上一张黄纸，手执卷牍或刑具，仿佛捏着传票与刑具要捉人的模样。阴皂隶每两人一排，眼睛相向直视，眼珠一动不动。扮这种皂隶的也是熟手的人充当，否则一路上不霎眼是办不到的。

最后是城隍的神轿，由八个人抬着，另有许多皂隶和武士护驾，呼喝之声震天动地，看会的人也觉得城隍神的威灵显赫，两旁寂静无声,迷信的男女跪地膜拜。富有之家,都在自己门口设香案迎神。

城隍庙的"三巡会"为什么会如此吸引人?又为什么会成为路人竞相观看的一大景观?据郑土有、王贤森的《中国城隍信仰、"三巡会"之实质》分析:一是由于"抚恤、镇慑孤魂野鬼,弥补鬼信仰之缺门";二是在于"'带罪'还愿,寻求心理安慰,追求心理平衡";三是"娱人娱神,人神共庆,以弥补日常文化娱乐活动之不足,起到调节精神生活的作用"。如此看来,民族的传统特性和民俗文化的根深蒂固,乃是促成"三巡会"的最基本的社会基础。可以毫不夸张地说,三巡会是老上海民间的狂欢节和化装舞会。

文人笔下的城隍庙

城隍庙是三教九流都去得的地方。对于平头老百姓,城隍庙是最大众化的娱乐场所。对于善男信女,城隍庙是祈福禳灾、许愿还愿的洞天福地。对外国人来说,城隍庙是最有中国特色的地方。而对于文人,城隍庙是他们洞悉中国社会的一部活字典,是识别众生相的一面镜子,抑或是慰藉心灵的一方净土。近代以降,文人与城隍庙结下的不解之缘,不胜枚举。本文摘录了几位文人笔下的城隍庙,读来令人回味。

阿英:中国著名剧作家、文艺批评家

文人对书市有着一份特别的痴迷。旧上海的文人恐怕没有不知城隍庙书市的,也鲜有不去城隍庙淘旧书的。其中,阿英对城隍庙书市了解之详尽,描述之细微,令人叹为观止。现将他写于1934年的《城隍庙的书市》取其精要,节选如下:

从饱墨斋出来，你可以回到那个"弯"的所在，向右边转。这似乎是条"死路"，一面是墙，只有一面有几家小店，巷子也不过两尺来宽。你别看不起，这其间竟有两家是书铺，叫做葆光的一家，还是城隍庙书店的老祖宗，有十几年悠长的历史呢。第一家是菊龄书店，主要的是卖旧西书，和旧的新文化书，木板书偶尔也有几部。这书店很小，只有一个兼充店伙的掌柜，书是散乱不整。但是，你得尊重这个掌柜的，在我的经历中，在城隍庙书市内，只有他是最典型，最有学术修养的。

由此向前，就到了九曲桥边。走过那有名的九曲桥，折向左，跑过六个铜子一看的怪人的把戏场，一直向前，你就会有"柳暗花明"之感了。先呈现到你眼帘里的，会是几家镜框店。最末一家，是发卖字画古董书籍的梦月斋。你想碰碰古书，不妨走进去一看，不然，是不必停留的。沿路向右转，再通过一家规模宏大的旧书店，一样的没有什么好版本的书的店，跑到护龙桥再停下来。

现在，就以护龙桥为中心，从桥上的书摊说下去吧。

一个盛洋烛火油的箱子，一个靠一个，贴着桥的石栏放着，里面满满的塞着新的书籍和杂志，放不下的就散乱地堆铺在地下。每到吃午饭的时候，这类的摊子就摆出了，三个铜子一本，两毛小洋一扎，贵重成套的有时也会卖到一元、二元。在这里，你一样的要耐着性子，如果你穿着长袍，可以将它兜到腰际，蹲下来，一本一本地翻。

比"地摊"高一级的，是"板摊"，用两块门板，上面放书，底下衬两张小矮凳，买书的人只要弯下腰就能检书。这样的"板摊"，你打护龙桥走过去，可以看到三四处。

在护龙桥以至于城隍庙的书区里，这一带是最平民的人。他们一点也不像三、四马路的有些旧书铺，注意你的衣冠是否齐楚，而且你只要腰里有一毛钱，就可以带三二本书回去，做一回"顾客"。

由此向前，沿着石栏向左兜转过去，门对着另一面石栏的，有一家叫做海书店的比"板摊"较高级的书铺，里面有木版旧书，门外的石栏上，更放着大批的"鸳鸯蝴蝶派"的书。不过，他们的书，是不会像摊上那么贱卖的。离开这家书铺，沿店铺向右转进去，在这凹子里，又有一家叫做粹宝斋的店。这书店设立的不久，书也不多，木版旧籍也很少，但辛亥革命前后的历史文献却极多，而且很多罕见的。看过这家书店，你可以重行过桥了，过桥向右折，是一个长阔的走廊，里面有一个卖杂书的"书摊"，出了"廊"，仍旧回到了梦月斋的所在。到这时，护龙桥的书市，算你逛完了。

跟着潮水一般的游客，你可以走将出去，转到殿外的右手，翻一翻城隍庙惟一的把杂志书籍当报纸卖的"书摊"。这"书摊"，历史也是很长的了，是一个曲尺的形式的板架，上面堆着很多的中外杂志和书。卖书的是一个很和气的人，无论你怎么翻，怎么捡，他都没有话说，只是在旁边的茶桌上和几个朋友谈天说地，直到你喊"卖书的"，他才笑嘻嘻地走了过来。在还价上，你也是绝对的自由，他要拾个铜子，你还他一个，也没有愠意，只是说太少。讲定了价，等到你付钱，发现缺少几个，他也没有什么，还会很客气地向你说，"你带去看好了，钱不够有什么关系，下次给我吧。"他是如此的慷慨。

城隍庙的书市并不这样就完。再通过迎着正殿戏台上的图书馆的下面，从右手的门走出去，你还会看到两个"门板书摊"。

郁达夫：早年投身于中国新文化运动，为"创造社"的发起人之一

《上海城隍庙》一书中，记载了郁达夫数次游邑庙所得的感想：

无聊之极，便跑上城隍庙去。一年将尽，处处都在表现繁华的岁暮，这城隍庙里也挤满了许多买水仙天竺的太太小姐们。我独自一个，在几家书摊上看了好久。没有办法，就只好踏进茶店的高楼上去看落日。看了半天，吃了一碗素面，觉得是夜阴逼至了。

萧乾：中国著名的记者、作家、文学翻译家

他在《新旧上海》一文中，描绘了城隍庙的所见所闻：

　　庙里人山人海，热闹不减当年，大约逛庙是人之天性，并未被时代所消损。一进庙门，正是一场耍猴的。蓝布篷下挤满了闲人。瘦猴子乖巧地伫立场中心。老板当啷一声锣，便三跳二跳，跳到木箱前，掀开箱盖，抖擞出一袭绣金的衣冠。当啷又一声锣，猴子披在肩端，便俨然是一位大官了。于是，老板摘下帽子，向观众讨起钱来。

　　几家食摊过去，便是一个武术班，那里正练着"人塔"。三名彪形大汉肩上各立着一人，三人上又立起两人，两人上面还站着一个人，脚下颤悠，手却做出黄天霸的英武姿势。这时三名彪形大汉之一，嫌肩压太重太久，想撤出来，那其余八个艺人都一起叫嚷，"使不得"。那黄天霸嚷得特别厉害，说："我爬得这么高，都是你们捧起来的啊！"

　　魔术摊子上也在起着骚扰。原来魔术师事先在人群中安插了自己人。临时借帽子，验筒纸，洗水，点火都是他自己的伙计。观众没看透的，还为魔术师的本事喝彩。观众中有位仁兄把机关拆穿了。于是，魔术师的伙计们一拥而上，把多嘴者打个鼻青脸肿。

　　然而庙中正殿镀金的城隍爷却蒙着尘埃坦然坐在那里，毫无表情，好像在说："猴子，卖艺人，魔术师，尽可来来去去，我城隍毕竟还是城隍呀！"

楼适夷：青年时期投身左翼文化运动，参加"太阳社"，创作小说《盐场》，曾参加抗美援朝，任东北军区后勤政治部宣传部长

对城隍庙看得最透彻的，当数楼适夷。由于了解得深，爱得真切，故有了他的《城隍庙礼赞》。虽时隔70多年，现捧读此文，仍备感亲切和率真：

四五十部黄包车，接连地由小东门长驱西进，车上坐的都是高鼻子，蓝眼睛的西洋人，据说是外国来的什么观光团，往城隍庙去观光的。外国人毕竟聪明些，他知道沿滩一带的高大的白石房子，霞飞路的绿灯红楼，都只是上海的皮毛，要真正地认识上海的心脏，就得上城隍庙去。

城隍庙里薰腾着濛濛的香烟，用钢骨三合土重建的黄墙雕角的殿堂里，巍然地坐着穿宋朝服装的城隍菩萨，但是在他面前低首膜拜的，却是身洒巴黎香水，足踏花旗皮鞋，头发烫成一九三三年式的摩登太太。她们倒是的确懂得中学为体，西学为用的，也跟坐福特飞机的将军，还是一心礼贤下士，摆擂台召四海英雄，征求飞檐走壁人才，以便共赴国难一样。

城隍庙是最大众化的娱乐所。好像上海的高等华人有他们的明园，丽娃丽妲村一样，上海的低等华人，就有他们的城隍庙。三个五个铜子一本的小书，里面有画有字，讲的都是侠客剑仙，路见不平，就会拔刀相助，在动不动就得吃外国"火腿"、中国耳光的社会里，这些英雄当然是极大的安慰，于是就有些商店里的小伙计，立志到峨眉山去修道，以便回来时向他的师傅先生报仇雪恨，还可以打东洋人，救国。其次是六个铜板看一看大头人、小头人、蜘蛛精这些东西，对于甚至花不起二毛钱到电影院看好莱坞大腿的人，是极好的代替品，它跟好莱坞大腿一样，都可以使人忘记痛苦的现实，得到享乐的陶醉。

城隍庙又是大众化的先施、永安，只有在玻璃柜外望望百货商店的大多数的上海人，在城隍庙可以满足他的欲望。两角钱一只的玻璃戒指，也会亮晶晶地发光，于是虽然看见金刚钻戴在别人的身上，但自己也可以拿玻璃光来安慰安慰，用不着对别人起什么不平之感。

城隍庙更代替了皇家饭店和沙利文，据说常熟酒酿圆子、南翔馒头、白糖藕粥、面筋百叶，那种滋味是遍天下找不到的，但城隍庙里可以使你满足。黑漆漆的人群，围满了黑漆漆的摊子，和着苍蝇与一切细菌的种子，狼吞虎咽地把这些美味送进饥饿的肚子里去，培养起强有力的抗毒素，与病菌作长期抵抗。据说这就是中华民族独特的延续种族的本领。

如果你有兴致，再跑上春风得意楼或湖心亭去喝茶，你更会认识中国民族性的伟大。臭气腾腾的小便处旁，有人正品茗清谈，或独坐冥想，一片喧蒸的人声热汗之中，有人正在拉着胡琴奏乐，或吹着洞箫诉情。有些人面对着行人杂沓的街巷，提着秀眼笼吊嗓子，有些人拿几张小报，随手抓一些五香南瓜子、甘草黄连头送进嘴里。

虽在闹市，如绝尘嚣，参透了这儿的三昧，才够得上做一个中华伟大国的顺民。但是这种精神，据说也有来源，那便是城隍庙里的一个湖。这湖上有九曲栏杆的九曲桥，桥底下流着泥汤一样的水，被日光蒸发着，发着绿黝黝的光面，放着一阵阵的恶臭。日本的文学家芥川龙之介，曾经亲眼看见有人在这湖里放尿，其实比尿更丑恶万分的东西，都望这湖里丢。但这是列名在中国大观里的名胜佳境，所以居住在这湖水里的乌龟，依然相信自己是在名胜佳境里，悠然自得地游来游去，有时候虽抬起头来在水面上喘喘气，或许也觉得恶浊得不好过，但一会儿又把头低下去，快活地顺受下去了。

第十章

老城隍庙（下）

重铸百年辉煌

屈指算来，豫园从庙市变商城，经历了一百多年岁月，在屡遭厄运中复原。至新中国成立后，庙、园、市的格局已定型，百业兴旺，声名远播。"不到城隍庙，枉来大上海"，成为一句口头禅，足见城隍庙在上海人心目中的地位。外地亲戚朋友来了，带他们到城隍庙逛逛，不啻是一种礼遇。而外宾到上海访问，也少不了到城隍庙领略一下异国的风土人情。同时，白相城隍庙也日益成为上海人的一种消遣方式。

人们在进香膜拜城隍老爷之后，更着意于在庙的四周游逛，或在九曲桥上盘桓，或进入豫园赏景，或品尝风味小吃，或带着休闲小食和小商品回家，或因觅得几件古玩而窃喜不已—— 一种被小心保护并苦心经营着的世俗生活就在忙碌的城市人眼前，徐徐展开缤纷的画卷。

新中国成立以来，虽然历经多次政治运动，特别是文化大革命，但历史的风沙没有将豫园旅游区的繁华湮没，整个市场内小商店鳞次栉比，商品琳琅满目，各具特色，顾客熙熙攘攘，保持着中国古老的城镇街市风貌，前来观光旅游的国内外游客络绎不绝。英国女王伊丽莎白二世、柬埔寨国家元首西哈努克亲王、日本自民党干事长竹下登（后任首相）、加拿大总督索维、瑞典首相卡尔松等一大批外国贵宾都曾前来参观访问。豫园旅游区的国际文化交流活动也十分活跃，日本NHK、英国BBC等电视台曾多次在这里组织实况转播。1987年10月，美全国广播公司在华制作《变化中的中国》电视节目时，专门聘请一批国际著名演员在豫园旅游区内演出，实况由美国转播，因而国际影响日益扩大。

古老的豫园商场，作为历史的缩影，既有引人入胜的一面，也有令人难堪的一面。身处改革开放的新时代，豫园地区的街容店貌、购物环境和市政设施大大落后于时代的进程，严重地制约了商业旅游业的发展。这里道路狭窄，主通道只有南北向一条，人流十分拥挤，常常车满为患。旅游区内除了有工场、仓库、学校、医院外，另有1300多户居民混杂其间。同时，商场内的通道高低不平，地下管道年久失修，部分市政设施甚至是清朝同治年间留下的。

豫园商场内不论是商店还是民宅，大都建于清末民初，犹如风烛残年的老人，再也掩饰不住它衰老的容颜。由于商店与民宅混杂，随处可见居民晾晒衣物，还不时可见晒太阳的马桶和冒烟的煤球炉。当时，若遇重要的外事接待，总要碰到这样尴尬的事，即事先通知居民把晾晒的"万国旗"收进去，把置于沿街门面的马桶、煤球炉等"隐藏起来"。彻底整治和大规模改造豫园旅游区，使它重新焕发青春，跟上时代前进的步伐，已成为一项重要和紧迫的任务。

然而，要根本上改变城隍庙的落后面貌，谈何容易！最大的困难是经费。当时的情况是，豫园商场虽然已成立股份公司，但只是一个区属百货公司，注册资金只有650万元。此外，豫园商场股份公司只是把辖区内的百货业组织在一起。在这块占地5.3公顷的土地上，去掉占地2.2公顷的豫园，商场连荷花池在内仅3公顷左右。在这块3公顷的土地上，商业呈"诸侯割据"状态，既有市属、区属企业之分，又有行业之分，共有大大小小126个单位，分属不同的18个公司和局，涉及饮食、烟糖、果品、土产、百货等多个行业。管理各自为政，经营单打独斗，犹如一盘散沙。若需进行彻底改造，仅内圈5.3公顷范围，就需动迁居民1300户，若按当时动迁标准，每户动迁费按10万元底限计，就是1.3亿元，加上基建、装修、设备和市政设施等费用，据专家估算，整个改造需要的资金是6.5个亿。就当时南市区的财力而言，这简直是一个天文数字。

在江泽民、朱镕基、吴邦国、黄菊等原上海市委、市政府领导的关心、支持下，豫园商业区的开发被列入上海市重点工程。为了筹措巨额改造资金和解决体制不顺的问题，市政府批准成立了上海豫园旅游商城股份有限公司（以下简称豫园商城），对豫园商业区实行统一管理、统一经营、统一规划、统一建设。

　　1992年8月8日，一个吉祥的日子，上海豫园旅游商城股份有限公司正式挂牌。上海第一家跨部门、跨行业、跨所有制的商业股份制企业由此诞生。

　　新的豫园商城成立后，通过发行股票，第一次募集到资本金4.6亿元。第二年配股，又募集到资本金1.6亿元。两次加起来，一共筹措到6.2亿元资金。6.2亿元筹集资金的到位，使豫园人企盼已久的改扩建工程迅速启动。到此时，严格来讲，城隍庙这个百年老市场才真正开始了"脱胎换骨"的改造。

　　在市、区各方面的通力协作下，在豫园人的倾力打造下，一个具有老传统和现代神话融合在一起的商城，一个令人神往的"旅游胜地、购物天堂"横空出世。豫园商城改扩建工程的七幢仿明清建筑楼群，以古朴典雅、恢宏奇伟、独具民族风格的壮观气势和自成一格、相映生辉的设计，成为上海建筑一绝。

　　作为都市旅游胜地的商业改造项目，新楼建设的最为成功之处，是把古园林与商业楼、传统与现代、实用性与观赏性有机地融合了起来，成为一项创造性的艺术。其最大特点是外古内洋，即外部建筑风格古典化，内部购物环境现代化。首先，新楼根据古建筑外立面造型必须互为凹凸、高低错落的特征和现代商场却需要层面宽敞、完整统一的要求，于强烈反差中实现了古今结合的高度统一。其次，在内部商场的布局和装潢上，各楼大都采用了国际流行的"共享空间"设计。从地室至顶楼、穹顶、旋梯、圆廊和开架式购物格局一目了然，连同现代装饰一起，给人以气派不凡之感。宽敞舒适的商场里,各楼均配有自动扶梯、中央空调、电视监控、背景音乐、信用卡取款、计算机管理系统和自动报警消防系统。功能齐全、先进的现代商业设施,充分展示了20世纪90年代购物环境的新水平。

传统和现代巧妙融汇的新楼,与豫园商城原有的古色古香的商业建筑,及城隍庙、古园林、九曲桥、湖心亭、荷花池、老街坊等一起,构成了一幅蔚为壮观的现代"清明上河图",成为沪上独一无二的景观。而入夜,豫园商城灯火如林,流珠泻玉,璀璨瑰丽,宛若仙境,成为上海独具魅力的第三种灯光模式。

豫园商城改扩建工程的竣工开业和灯光工程的建成启用,标志着豫园商城的发展实现了一次历史性的跨越。

豫园商城七幢仿古楼宇的竣工和灯光夜市的开放,引起广大市民和海内外旅游者的一片好评和赞扬声,第二年就被评为上海九十年代十大新景观和十大夜景之一!

再续老庙香火

建国后的1950年,城隍庙被列入第一批49处上海文物建筑、历史遗迹名单之中。在1956年的文物普查中被列入市级文物保护单位,1959年5月由上海市人民政府公布。上世纪60年代初,为破除迷信,把城隍庙内的阎王殿和星宿殿封掉,由房管所租给商场作为办公用房,即现在的文昌路19号。"文革"初期,老城隍庙遭到了厄运,庙内大小神像全部被毁,其庙宇古建筑,包括头门门楼、二门戏台和大殿上的飞檐翘角、龙头花草和戏文人物等被作为"四旧"全被扫除,使庙宇建筑的外貌全部被毁坏。据有关方面提供的一份"上海市人民委员会文件"复印件上提供的信息得知，1966年4月16日，在对南市区人民委员会等的批复中提到："市人民委员会同意关闭城隍庙，原址可以作为商场或者展览会会场。"

关闭后的城隍庙先是被某公司一家"五·七"工厂占用，专门生产塑料制品，天天释放出刺鼻的有毒气体，严重影响周边的环境卫生。改革开放后，来豫园旅游区观光的海内外游客日益增多，要求迁走塑料制品厂的呼声也随之增高，引起了市、区两级政府的重视。经多方商议，决定迁出塑料厂，修复老城隍庙的古建筑，以发展上海的旅游事业。然而，当时上海的道教协会尚未恢复，城隍庙在"文革"前余留的香火钱仅剩一万余元，修复庙建筑的资金无从着落。豫园商场从保护庙宇古建筑和兴旺市场出发，主动向市、区有关部门提出承担全部修建费用。城隍庙修复工程于1979年6、7月间动工，前后历时一年多。修缮后的城隍庙恢复了头门、戏楼二门和大殿以及东西两庑廊房。大殿屋脊上的"双龙戏珠"、前门牌楼上的"八仙过海"、大殿屋面竖带上的"关公战长沙"以及龙头、花草等一组组形神兼备的泥塑，也重现昔日风貌，吸引了游客们驻足观望。

考虑到当时尚不具备恢复城隍庙的条件，故豫园商场立足于保护性修复与使用，经有关部门批准后进殿开店。于是，便在大殿内开设了上海老城隍庙工艺品商店。1982年，又在店内开设了上海第一家黄金饰品专卖柜，成为改革开放后上海开设的首家金店。原城隍庙头门的门额上书写了"豫园商场"四个大字，一度成为原有商场的入口处。

1994年7月，为落实党的宗教政策，城隍庙成立了以上海道教协会会长、城隍庙主持陈莲笙为主任的修复委员会。作为修复委员会的一员，豫园商城再次出手，资助城隍庙的修复工作。

1994年11月28日，豫园商城总经理程秉海和陈莲笙道长在城隍庙大殿前广场上联合举行交接仪式，签订了无偿归还城隍庙大殿协议。1995年农历猪年到来之际，阔别三十年的城隍神秦裕伯和懿德夫人重返城隍庙。自1994年12月起，上海城隍庙边修复边开放。如今，前殿有高大的霍光神像，后殿有城隍神秦裕伯，恢复了原来"前殿为霍，后殿为秦"的老格局。

1996年4月，上海城隍庙修复工作基本结束后，成立了以陈莲笙为主任的管理委员会。2000年，上海城隍庙一期工程结束后，于11月14日举行主持升座仪式，陈莲笙成为自上海城隍庙恢复开放以来的第一任住持。

2005年5月6日晚，一辆小型货运车在驶出城隍庙时不慎撞断了戏台的柱子，这根明清时代建筑的横梁随之倒下，使得原本已打算重新修葺的城隍庙提前开始了整修工程。正是这一整修，三座嵌于戏台东侧、北侧墙壁中历经沧桑的古碑于5月23日展现在世人面前。

最先露出的是藏匿在戏台东侧墙壁中间的一块古碑，碑的正反面都刻有碑文。经现场测量，这块古碑高约2米，宽约90厘米。用抹布擦拭后，只见古碑正面用整齐工整的正楷题写着"上海县重建城隍庙碑记"，落款是"明万历三十三年上海县知事豫章刘一爌立"。碑的后面刻着"喜雨庭记"四个篆字。明万历三十三年即1605年，也就是说，这座古碑已经有了400多年的历史了。

在这块古碑北侧不到两米处发现了一座小石碑，碑高约1米，宽约84厘米。这一块碑因风化严重，碑文已模糊不清，经仔细辨认和考证后，证实始立于明朝天顺元年，即1457年，距今已有548年的历史。

发现的第三块石碑被砌在戏台北墙中间，石碑的大部分被掩埋在墙壁的砖头瓦砾之中。经测量，这块古碑高出地面大约1.4米，宽约80厘米，透过墙壁与石碑的空隙，隐约可见"重修邑庙碑记"字样。据碑文记

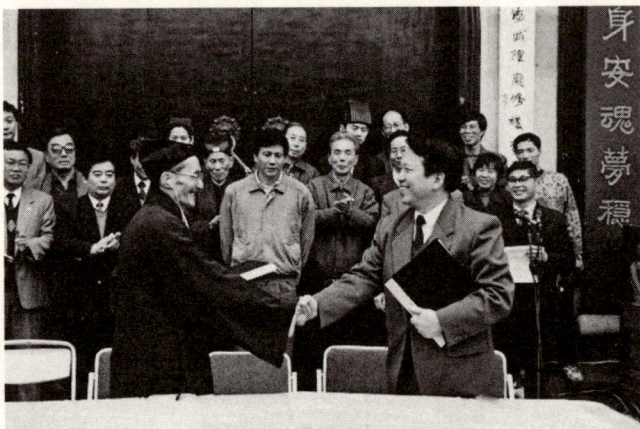

豫园商城归还城隍庙签约仪式 *

* 城隍庙修复开光暨陈莲笙道长升座仪式

载，这块古碑立于清顺治五年，即1648年，至今也有350多岁的高龄了。三座石碑虽然竖立于不同的年代，但碑文内容却大致相同，有力地佐证了史料的记载。

2005年5月开始进行的修复工程，包括城隍殿及大殿前的两厢、戏台。整修后的城隍庙由原来的1 124平方米扩大到近3 000平方米。

此次修复历时七个月。为了尊重历史遗存和古建筑的风貌，城隍庙管理委员会专门请来苏州古典园林建筑公司负责整修，并在上海文管会地面文物处的指导下，使用传统木雕、髹漆、贴金、石刻等工艺和生漆、老杉木等天然材料。城隍殿及左右观音阁和财神殿的修复设计由上海佛教协会副主席、曾为沉香阁主持过修复工作的胡建宁先生担纲。

再现民俗风情

豫园商业旅游区作为上海的一张"城市名片"，以其无法复制的地域、人文、历史价值显示出资源的独特性和稀缺性，这在上海甚至全国也是绝无仅有的。早在改扩建之初，豫园商城就酝酿出了把"商旅文"结合起来的经营战略。公司上下达成了如下共识：既然我们拥有了如此深厚的历史文化资源，就应当承担起继承这种历史文化并向后代传递的责任和义务。但是，仅有历史和文化是不能培育出成功的企业的，必须通过各种形式使游客能感受并亲近历史文化，同时也能给商业增加更多的附加价值。

豫园人以舍我其谁的气魄开始书写"商旅文"结合的新篇章，一出出连台好戏由此拉开序幕。

为了发扬光大中国的历史文化，再现民俗风情，豫园商城别具创意地推出了"豫园中国节"和"豫园中国日"的概念，并制定了"三会九节"的实施方案。从正月开始，依次有新春民俗艺术灯会，三月中华美食节，四五月春季庙会和茶文化节，夏季少数民族风情节，秋季庙会和赏菊啖蟹节，冬至膏方节等。尤其是元宵灯会，可以说是春节期间上海地区最有人气的活动了。年年灯会年年新，豫园商城人山人海，用盛况空前来形容丝毫也不为过。

在沪剧传统名剧《徐阿增出灯》中，唱出了当时当地元宵花灯巡街的盛况，比较完整地讲述了"出灯"的顺序规矩和彩灯品种。如第八道"出灯"中唱的灯盏，生动形象，且诙谐有趣：

> 正月梅花老鼠灯，上绘五鼠闹东京；
>
> 二月杏花老牛灯，红孩儿和牛魔王；
>
> 三月桃花老虎灯，武松景阳冈上打猛虎；
>
> 四月蔷薇兔子灯，咬脐郎出猎白兔记；
>
> 五月石榴云龙灯，唐皇屈斩单雄信；
>
> 六月荷花青蛇灯，白娘子断桥会许仙；
>
> 七月凤仙白马灯，马腾出师西凉反；
>
> 八月木樨老羊灯，杨家将八虎闯幽州；
>
> 九月菊花猴子灯，孙悟空大闹南天门；
>
> 十月芙蓉金鸡灯，纣王宠爱妲己精；
>
> 十一月水仙黄狗灯，杨戬牵着咬天犬；
>
> 十二月腊梅猪猡灯，猪八戒盘丝洞去招亲。

2010年是庚寅虎年。豫园灯会上，到处可见形态迥异的生肖虎，中心广场主要展现的是"虎虎生威"的场景。主题灯组整整高过9.5米，相当于三层楼的高度，仰头看去，威风凛凛的金虎踏在陡峭的山上，每过一段时间就会昂扬头尾。从灯会入口处开始，各色形态的生肖虎让人应接不暇，或憨态可掬，或雄壮威严。

2010年又是举世瞩目的世博年。豫园灯会上，只见"海宝"大摇大摆地迈入豫园商城，在九曲桥上安营扎寨。广场以"欢乐世博，幸福中国"为主题，身着中装的"海宝"分立两头，手持灯笼，跟人们招手致意。在九曲桥的南湖上还呈现了缩小版的世博会阳光谷灯组。迷你阳光谷全部采用节能环保的LED灯，这是豫园灯会向世博会"科技环保"理念的一次致敬。另外，九曲桥一旁的水面上，还布置了"春节、端午、七夕、中秋"四大中国传统佳节的灯组。

虎年的春节和西方的情人节重合，这一中一西、一传统一新潮的节日撞在了一起，也给了豫园灯会许多创意灵感。宋词曰："去年元夜时，花市灯如昼。月上柳梢头，人约黄昏后。"写的就是青年男女借着赏花灯约会以及物色对象的情景。因此，古代中国的新春灯会同时也被认为是男女青年谈情说爱的时机。此次灯会应景生情，在九曲桥畔上演一场鹊桥相会的美丽传说，推出七夕情人节大型灯组。

如今，"豫园新春民俗艺术灯会"已成为商城的一个品牌，它既继承了昔日城隍庙灯节和灯会的传统，又有独自的创新发展，同时也成了上海的一项非物质文化遗产。

除了灯会之外，庙会是豫园商城反映民俗文化的又一重要活动，一般每年春、秋两季举行。庙会通常由街头杂耍、小摊叫卖、出会行街、民间艺人献技等传统民俗表演组成，并配以风味小吃、商品汇展等促销活动。每次庙会都会有不同的主题，引进的展演项目往往是庙会的"点睛之笔"。

重振民间美食

在餐饮世界里，小吃最能体现地方风味，也最受食客的追捧。城隍庙的小吃是随着庙市的兴盛而发展起来的，直至被誉为民间美食王国。香气扑鼻的小吃摊与争相品尝的食客，鲜活地构成了一种浓郁的市井气息。假如没有小吃，城隍庙的欢乐气息将会减少许多。特别是在今天，经过岁月淘洗而沉淀下来的数十种上海小吃已经构成了一种城市记忆，在宽泛的层面上还属于非物质文化遗产。那么，活态的传承，就是保存这份记忆的最佳形式。

白相城隍庙，吃吃小点心，是一种老少咸宜的世俗乐趣。一旦走进城隍庙的大街小巷，任何人都不会对那里的饮食无动于衷。

据老上海们回忆，清末民初，随着移民大量涌入老城厢地区，各地的风味小吃也随之引进，到上世纪二三十年代，城隍庙的小吃摊不下一百家。

著名作家沈寂在《白相城隍庙》一文中写道：城隍庙还有一个在上海滩独有的诱人之处，是小吃美点。如九曲桥畔的南翔小笼馒头，头门左首周狗头的糖炒栗子，桐椿和松盛两家的酒酿圆子，到了节日，其碗钵堆得比山还高。乐圃阆茶楼对面有专卖"徽州饼"和"鸡蛋饼"的摊子，兰斋、四时春和老福兴的"平望面筋"各具特色。怀回楼前有一家"悦来成"的"桂花橄榄"出名。船舫厅的六香豆和红白两色糖粥、金三的"米花糖"等等，美味无穷。城隍庙大殿前还摆满小吃摊，有鸡鸭血汤、炸鱿鱼、油豆腐细粉汤……吃者津津有味，观者垂涎欲滴，成为城隍庙最热闹的地区。

如今城隍庙的名菜名点已经形成"户户有名品，店店有特色"的格局。民间美食不仅保持了传统风味，而且顺应时代潮流，推陈出新，名扬四海。现例举几位伟人与名人对老庙名特菜点的"评判"和他们的"吃相",以飨读者。

首先来听听小平同志及其家人是怎么说的。

1988年元旦刚过,敬爱的邓小平同志来到了上海,同各界人民一起欢度春节。小平同志非常关心上海的发展,也关心着上海古邑的变化,他对老城隍庙的特色点心也早有所闻,欲亲自前往品尝。然而,小平同志的形象特征明显,全国人民人人熟悉,且豫园旅游区天天游人如织,街道又较狭小,必会带来人群拥挤等安全问题。为此,市有关部门决定,改为请老城隍庙点心高手上门为小平同志做点心。这一任务落到了高级点心师周金华及其师傅特级点心师陆苟度的身上。

周金华按照市政府交际处提出的"咸的多一点,甜的少一点,甜的要低糖"的要求,开出了眉毛酥、枣泥酥、萝卜丝酥饼、香菇素菜包、蟹粉小笼和鸽蛋圆子等八道特色点心的单子,并事先精心做好坯子,届时送到小平同志住处现蒸、现炸。

那天下午4时许,周金华和他的师傅陆苟度提着八道点心坯子,乘坐公共汽车提前赶到地处西郊的龙柏宾馆。上点心的时间到了,周金华、陆苟度两人配合默契,一个蒸,一个炸,蟹粉小笼、眉毛酥、萝卜丝饼、香菇素菜包……全都冒着热气,端上小平同志的餐桌。服务员传出信息,小平同志对老庙点心赞不绝口,多次说:"好!好!"

时隔四年后的1992年2月间,小平同志南巡归来,同家人等再次来到上海。2月19日中午,小平同志的女儿邓林、邓楠慕名进入绿波廊品尝特色点心。邓楠对服务员说:"以前曾听父亲夸过绿波廊的特色点心,今天在此品尝果真名不虚传!"服务员把消息传到灶间,点心师们个个高兴得雀跃起来。后来,点心师们又听说小平同志身体很好,于是有人提议,托陪同客人前来的市委陈至立副书记捎带一两盒点心,让小平同志再次尝尝绿波廊点心。师傅们说干就干，以最快的速度制作了两盒精美的特色点心。不知是谁自告奋勇，找来笔墨和长方形的大红纸，恭恭敬敬地写上"祝小平同志健康长寿"的字样，放在盒子上，并用红绸带扎好。是啊，短短数字，凝聚了绿波廊全体员工的心愿啊！邓氏姐妹见此情景，感动不已，邀请服务员一起合影留念。

事后，市政府有关部门通过电话把小平同志的感谢转告绿波廊的员工："谢谢绿波廊的同志，祝愿他们取得新的成绩！"消息传开，员工们再次沉浸在欢乐之中。

可能受到父亲和姐妹的影响，邓朴方同志于1996年12月在上海停留时，亦提出要求品尝绿波廊的菜点。这天晚上，邓朴方及其随行来到豫园，被安排在绮藻堂用餐。餐点由紧邻豫园的绿波廊送进来。当服务员端上油炸臭豆腐时，邓朴方露出了孩提般的笑容，说："这玩艺我小时候在北京吃过，摊主在街头现炸现卖。刚炸出的臭豆腐被串在一根根稻草上，见了让人眼馋。"被他这么一说，满满一盘油炸臭豆腐一会儿就见了个底朝天。

丰子恺爱吃"过桥面"。

丰子恺是我国著名的漫画家、作家、翻译家和美术教育家。解放前的上海城隍庙各餐馆、面馆曾供应各种"过桥面"。所谓过桥面者，就是把荤、素盖交面的交头分开，两次上桌，先送一小盘时令的荤或素的炒菜，二两白酒或半斤黄酒，再过桥送上一碗汤面，花不了多少钱，就可酒足面饱，比吃一客客饭也不贵，很受工薪阶层欢迎。

据春风松月楼的第二代传人徐颂德回忆，丰子恺当时以著作、翻译、卖画为生，是松月楼素什锦过桥面的一位老顾客。他每周有几个中午来到城隍庙凝晖路上的春风松月楼二楼的一角，点一碗素什锦过桥面和半斤绍兴黄酒，当作工作午餐。日子一久，丰子恺与徐颂德及二楼的堂倌们很熟,犹如亲戚、朋友。

白杨笔下的"扣三丝"。

白杨是中国老一辈电影表演艺术家。上世纪80年代末的一天,她在畅游了豫园之后来到老饭店吃饭。见是白杨来了,全店上下都很高兴,厨师特意烹制了"扣三丝",请她品尝。

"扣三丝"这道菜,缘于上海浦东农家的风俗习惯,譬如操办男婚女嫁的喜庆筵席时,所烹制的菜肴要把文章做足,讨口彩,求好运。"扣三丝"就是这样的农家土风菜。

佳肴上桌,白杨看着精致得像工艺品一样的"扣三丝",只顾端详,久久不忍下箸。品尝之余,不禁击节称好。

白杨回寓所后,齿颊留香,兴味勃发,撰文盛赞,其中有一段写道:

> 我在上海居住了好多年,最初对本地名菜扣三丝一无所知,朋友向我推荐,也引不起我的兴趣。有一天,在老饭店吃了这个菜,竟出乎意料之外。猛一看,汤碗中间堆着的红白黄色彩分明,像一个馒头,细看竟是一根根比火柴梗还细的丝,排得齐齐整整,堆砌得圆滚滚的,当挥动筷子,把火腿、鸡肉、冬笋和鲜猪肉的鲜嫩细丝送进嘴巴里细细咀嚼,又喝着清醇的汤汁,这才觉得风味醇正爽口。咽下肚去,还觉得回味无穷,给我留下印象难以忘怀。从此,我不但爱吃这个菜,而且也常向朋友推荐。

"扣三丝"本是一款本帮菜中的高雅菜种,经过白杨惟妙惟肖的精心描绘,这菜活灵活现地跃然眼前,更要令人垂涎三尺了。

谢晋请陈冲吃"糟钵头"。

1989年春节期间,著名导演谢晋专门邀请旅美影星陈冲到上海老饭店品尝上海家乡菜,其中特别点了名菜"糟钵头"。

陈冲过去在上海时从未吃过此菜,起先看着那些猪内脏不敢动筷,怕不好吃,谢晋明白她的心思,便笑着说:"你先尝一口试试,不好吃就不吃,可别一吃而不可收噢!"陈冲将信将疑,先尝了一口浓汤,顿觉满口生香,接着又吃了一块软烂可口的猪内脏,感到极为鲜美可口,她果真一"吃"而不可收,一下吃掉了一半。事后,陈冲笑着对谢晋说:"真没想到,这家乡糟钵头味道实在好极了!"确实,"糟钵头"这道由猪"下脚料"制成的上海名菜,在老饭店厨师手里化平淡为神奇,受人青睐。

董建华说"下次还想吃"。

曾担任过香港特别行政区首任行政长官的董建华,曾在1989年3月偕夫人董赵洪娉来绿波廊就餐。一道道精美的菜点让董建华夫妇吃得大开胃口。其中,董先生对红烧鮰鱼情有独钟,赞不绝口。确实,要烹调好这道菜很不容易,需三次换水,三次加油,约45分钟。上盘后色泽红亮,卤汁浓稠润滑,酥而不烂,味道鲜美。餐毕,他欣然提笔留言"吃得肚皮胀,下次还想吃"。近似打油诗的题词,既真切,又诙谐,让人忍俊不禁。

港人喜食鮰鱼之风可能就此开始。及至1997年香港回归祖国和1999年澳门回归祖国前后几年,凡港澳同胞到城隍庙吃饭,几乎都少不了点红烧鮰鱼这道菜。鮰鱼是我国一种珍贵的淡水鱼,一直被列为鱼中上品。宋代著名诗人苏东坡也喜欢食用鮰鱼,并写下了"粉红石首何无骨,雪白河豚不药人"的赞美诗句。

鮰鱼既是我国一种名贵的长江洄游鱼类,又是上海的著名菜肴。而且鮰鱼自大海洄游长江具有回归之意,暗合港澳同胞盼望港澳早日回归祖国的心情,所以备受他们的喜爱。

李嘉诚绿波廊"不思归"。

香港首富李嘉诚于2000年3月来上海访问。31日中午,他来到绿波廊酒楼用餐。李先生一向重视中国餐饮文化，也是一位美食行家。他知道虾子大乌参是上海的一道传统名菜，故一上桌就首先举筷夹起一块放在碗里，再用汤匙舀上一勺卤汁，然后细细品尝。他微笑着对大家说："这样吃法味道好极了！"其他人也就跟着仿效。圈子草头本是上海地方普通农家菜，然而经厨师们精心烹调，色红锃亮，肥而不腻，并以碧绿的草头垫底，令人喜爱。李先生食后频频点头赞道："这在香港是难以吃到的。"拆骨八宝鸭，鸭肚内馅心丰富，形态饱满。李先生见服务员举小刀分割，就说："来一块鸭子精肉。"服务员边分割边介绍鸭肚内的"八宝"，他又补充说："好，再来一点糯米八宝馅心。"

菜单上，本来每人有一盅蟹黄炖鲍翅，这是绿波廊最高档的菜肴，但李先生特地关照服务员，改用一盅蟹粉豆腐羹。待上桌后，李先生舀上满满一汤匙，边喝边吟诵明代诗人苏平的《咏豆腐》："一轮磨上流琼液，百沸汤盅滚雪花……"

餐毕，李嘉诚高兴地对服务员说："来，合个影，留个念！"最后他从服务员手中接过"贵宾留言簿"，稍加思索，题写"佳醇名菜，乐不思归"八个大字。

李敏说："小时候妈妈陪我来过。"

2004年2月15日，豫园迎来了一位贵宾——毛泽东与贺子珍所生的爱女李敏。年近七旬的李敏在游罢豫园后，进入绮藻堂休息。绿波廊的点心师专门制作了14道老城隍庙的特色点心，送至绮藻堂让李敏品尝。

蟹粉小笼、葫芦酥、三丝眉毛酥、枣泥酥、鸡鸭血汤、香菇菜包、芹菜蒸饺……无一不小巧玲珑，精工细作。李敏一边细细品尝，一边听着服务员的介绍，不时频频点头。当一道俗称"单档"的小点心——面巾百叶上桌后，李敏的目光突然凝聚在这道点心上，刚举起的筷子一下子不动了，50年前的记忆立即在她的脑海里浮现。半晌，她才若有所思地说道:"小时候,妈妈陪我到城隍庙来玩,我们在大殿前吃过这'单档'。"说话时,李敏的眉间闪现出一种淡淡的暖意。原来,1949年李敏之母贺子珍调到中共上海市委组织部工作,13岁的李敏随母来沪。50年代初母女俩多次"白相城隍庙",曾经品尝过不少"老庙小吃"。从此,这段母女幸福相处的日子,深深地烙在了少年李敏的心中,成为日后她儿时的一段美好回忆。

鸡鸭血汤、鸳鸯糖粥、鸽蛋圆子、萝卜丝饼、宁波汤圆……这些50年前李敏和妈妈吃过的老城隍庙传统点心,今日"久别重逢",李敏说:"味道特别好。"又说,50年代在上海期间,城隍庙小吃给她留下了深刻的印象,至今记忆犹新。

连战说:"这福我要享的。"

2005年10月21日,中国国民党名誉主席连战再次到上海访问。在游览豫园后,连战一行被安排到绿波廊用餐。宴席开始,连战起身致辞,他深情地说:"今天,很高兴到绿波廊这么精致的地方来欢宴,我要用茅台酒来招待舅舅、舅妈和各位亲朋好友。"上海熏鱼、咸菜毛豆子、咸水鸭、辣白菜、马兰头等上海特色的冷盘菜,贵宾们都吃得津津有味。

菜夹点是绿波廊宴席的一大特色。蟹粉小笼、桂花拉糕、精制眉毛酥、金腿小粽和面筋百叶等八大特色点心,在上海堪称一流。小巧玲珑的金腿小粽,更引起了连战的浓厚兴趣,他若有所思地说:"太精致了,这就是上海人!"服务员见状,就插嘴介绍:"一米长的线,扎13道,一个'福'字十三划,寓意吃了金腿小粽会幸福吉祥。"服务员边说边想帮连战拆线剥粽叶,连战立即笑着说:"我来我来,这'福'我要享的。"

酒过三巡,连战已满面红光,但他的夫人仍酒兴甚浓,多次与亲友举杯畅饮,并一再深情地说:"难得有机会像今天这样和大家一起畅饮。"连战高兴地请服务员合影留念,还挥毫写下了"绿波廊色香味俱佳"的题词。

一顿饭吃了三只八宝鸭。

日本相扑是大和民族的国粹，但国人却知之甚少，只闻其力大无比，饭量惊人。"耳听为虚，眼见为实"，只有亲眼目睹他们大快朵颐，才知道什么叫"饕餮"。2004年6月，日本大相扑公演团在阔别三十一载后，再次来到中国上海。6月9日中午时分，横纲朝青龙等三位相扑力士慕名到上海老饭店用餐。

吃，也是相扑力士的一门必修课，没了美食，大概也就没了大力士们让人叹为观止的"身材"。难得穿着木屐、和服，舒舒坦坦地逛回豫园，说什么也不能委屈了自己的嘴，先祭祭自己的"五脏庙"再说。他们叫了众多特色本帮菜，还特意点了赫赫有名的上海老饭店首创"金牌八宝鸭"。

如此的美味佳肴，着实让三位相扑大力士大开胃口。只见他们拿着丰满红润、酥嫩芳香的鸭吃得津津有味，嚼得得意忘形，没几口就全下了肚。由于实在糯肥醇鲜，他们吃了一个似乎还不够，又继续点了第二个、第三个，直吃得满手油光。用餐完毕，日本相扑手纷纷表示，下次有机会来上海，一定要再来老饭店品尝地道的"八宝鸭"！

这几年，豫园商城为了弘扬民间美食文化，每年都要举办"中国民俗厨艺大观"。作为风味小吃的一次集体亮相，除了本地美食外，还会从外省引进一些风味小吃，摆一个擂台。以2005年为例，主题是江南古镇的美食，一下子集中展示了周庄、同里、西塘、嘉定、七宝、青浦等二十几个古镇的风味小吃。2006年的主题延伸至长三角。为了最大限度地囊括这一地区的风味小吃，老庙餐饮公司特地派出两组美食侦探外出寻访，发现别具风味的小吃就一一记录下来，然后向当地的点心师傅发出邀请，请他们来上海表演，或向他们拜师学艺。

由于成功实施了对饮食文化的"考古"工作，因而在这年的民俗厨艺大观里，游客看到了不少新面孔。比如临海的麻糍，制作时颇费人工，需用石捣臼反复捶打糯米团，然后擀成面皮卷，内裹红糖芝麻馅，用平锅煎成，表面脆香透白，吃口香韧糯软。还有临海的什饼筒，形同长枕头，就像一只巨无霸的春卷，外用直径约半米的面皮包裹，馅心是净素或咸鲜什锦，经平锅煎烤后皮脆馅香。

来自天台的艾青饺也是难得一见的。新摘下的艾青叶，挤出汁水，与糯米粉拌和成面皮，裹了豆沙馅心，做成饼或饺子，上笼蒸熟，外观翠绿如翡翠，咬一口，有一股特殊的清香扑鼻而来。来自崇明的双色高粱麻球也相当有趣，以高粱粉为皮，内裹低糖豆沙馅，团子外面再擂黑白两色芝麻，色如虎皮，所以又称"虎皮麻球"。吃口稍粗，但有一种乡土气。

值得一尝的风味小吃还不少：溪口的千层饼，烘一炉据说要一个多小时。扬州的糖炒团子，裹了黑洋酥馅心还嫌不甜，又要在红糖水里煮熟。阿婆粽子紧实地裹了咸蛋黄、鲜肉及栗子，相当好吃。还有刀劈竹筒饭、老北京冰糖葫芦、孜然烤鸡翅、上海油墩子、细沙酥饼、糖年糕、三鲜青团、百果青团、天台珍珠圆、西施猫耳朵、蟹肉花生吐司、五香兰花干、黄桥烧饼、香味小油方、三鲜豆皮、白糖芝麻巧果、鸡蛋大元宝、肉馅油煎新麦饼、梅花糕和海棠糕……粗粗算了一下，一共有一百余种。其中不登大雅之堂的老虎脚爪备受追捧，有点出人意料。

这款老虎脚爪来自江苏盐城，当地呼作金刚麒，但上海人还是亲切地称作老虎脚爪。天色蒙蒙亮，时间才过六点，已经有好几个顾客在老虎脚爪店铺前排队了。一开市，争尝老虎脚爪的顾客就差点将炉子挤倒，后来不得已加装了铁栏杆。但是后来排队的顾客越来越多，只能临时规定每人限购五只。

更有趣的事在后面。有一天一大早来了四五十位残疾人，每人开着一辆残疾车。干什么？他们也想吃老虎脚爪。但残疾车不能开进豫园，排队也有困难,于是经理跟排队的顾客打招呼,征得大家谅解,让残疾同胞优先。就这样,残疾同胞吃了刚刚出炉的老虎脚爪,带着一脸满足离开了。

每只两元钱的老虎脚爪究竟有多少好吃?其实这个味道是可以想象的。今天的顾客争相品尝,多半是为了获得一种心理满足。

由此可见,小吃予人的快乐,更多的时候是在精神层面的。

城隍庙作为上海的开放窗口,在饮食一事上,也体现了多元化的价值取向和海派文化海纳百川、兼容并包的秉性。这几年,在坚守传统的

* 尝不尽的豫园美食

同时，豫园商城还引进了肯德基、麦当劳、争鲜寿司、伍京堂、大娘水饺等外来风味，一样得到了食客的欢迎。可以这么说，老城隍庙正是容纳了各地的小吃才逐渐发展成今天的规模的，如今再次大度地接纳外来的风味小吃，定能使小吃王国更加丰富，更加昌盛。

担当文化大使

作为展示上海700年历史的一扇窗口，豫园每年接待的中外游客达3 500万之多。豫园成为中外文化交流的一处胜地，并被市政府命名为"上海对外文化交流基地"。

2001年10月第九届APEC会议在上海举办期间，豫园作为中外文化交流的一处胜地发挥了出色的作用。其中以国家主席江泽民的夫人王冶坪女士请APEC领导人的夫人（丈夫）游览豫园并观赏中国传统戏曲这一活动最为精彩。

10月20日下午，前来参加游园的部分亚太经合组织领导人配偶陆续抵达豫园，他们或徜徉于街市，或流连于曲桥，显得优哉游哉。至15时30分，贵宾们纷纷步入豫园古戏台。王冶坪女士在内园门口与大家一一握手，互致问候。

贵宾们在进入古戏台前，已游览了豫园的三穗堂、大假山、元代铁狮、玉华堂等景点，为豫园的古雅和秀美所折服。当面对古戏台时，他们再次发出由衷的赞叹声。古戏台坐南朝北，对面为还云楼，两侧为二层看廊，中间为石板铺成的方形庭院，从而形成了一组完整的古戏台建筑。古戏台飞檐翘角，雕梁画栋，富丽堂皇。台顶藻井呈穹隆状，有双层圆圈与20道弧线相交，起共鸣作用，具有良好的音响效果。置身其中，贵宾们有时光倒流之感。当然,最精彩的还是接下来的中国传统戏曲表演。

中国艺术家们演出了民乐小合奏《丝竹雅韵》、木偶与唢呐《百鸟朝凤》、越剧片段《红楼梦·对西厢》和独舞《旦角》等节目。他们的精湛表演引起了客人们的极大兴趣,不时博得阵阵掌声。

演出结束后,王冶坪女士与客人和演员们合影留念,并与他们亲切话别。

随着蕴藏于豫园地区丰富的历史文化资源的深入挖掘和综合利用,豫园商城作为中外文化交流的大使已是当仁不让。为了弘扬豫园所代表的老上海传统文化精华,豫园商城在进入21世纪后不仅注重"请进来",而且大胆尝试"走出去",让文化随着企业一起走出国门,走向世界,让文化在输出中实现升华和超越。

其中,最有代表性的是湖心亭和绿波廊落户德国汉堡以及民间手工艺人担当文化使者。

汉堡是德国的第二大城市,也是欧盟的第七大城市。汉堡市处于欧洲的中心,其本身又是港口城市,城市旗帜的图案是一座城堡的大门,所以汉堡也常常被形容为"通往世界的大门"。

2004年9月,上海与汉堡两市政府签署了《上海市和汉堡市2005—2006合作备忘录》。其中涉及文化旅游交流项目的意向书确定,汉堡市政府免费提供一块面积约3400平方米、使用期限为30年的土地,由上海市出资在该地建设"汉堡—上海欧洲旅游中心"。在敲定该方案时,双方一致同意把湖心亭、九曲桥、绿波廊复制到汉堡去。各方都认为这件事的重大意义是可以在欧洲打开一扇展示中国民族文化的窗口。

2007年10月,汉堡—上海欧洲旅游中心举行奠基仪式。2008年2月14日农历正月初五,按中国传统习惯举行了上梁仪式。当贴有福字的红色大梁徐徐升上楼顶时,全场爆发出热烈的掌声。上梁仪式中,汉堡方把一个篮子吊到空中，篮子一倾斜，里面盛着的糖果就如天女散花般洒落下来，引起人们的一阵欢呼。这是德国的风俗，两个国家的民俗在上梁仪式中融为一体，更是增加了现场的欢乐气氛。

为强化该项目的文化交流内涵，在德期间，上海方面与汉堡市文化部、汉堡大学孔子学院、汉堡当地华人等进行了多次会谈。汉堡文化部在充分理解文化交流重要性的基础上，强调"汉堡—上海欧洲旅游中心"项目必须注重文化与经营相结合。在与汉堡大学孔子学院沟通后，双方达成共识：孔子学院将在该项目设施开业后，不定期地租用场地来举行各种文化学术交流活动。汉堡市政府将出资聘请一名顾问作为文化交流活动的策划人。

2008年秋天，作为上海城市名片的豫园"漂洋过海"，正式"落户"万里之外的德国著名港口汉堡，成为这座与上海互为姐妹城市的新地标。9月25日，新豫园开业仪式在汉堡隆重举行，汉堡市市长冯·伯斯特在开业仪式上高度评价新豫园，认为这是德中之间、汉堡和上海之间卓有成效地开展经济和文化交流的一个典范。他说，新豫园的落成意味着中国文化的一部分到达汉堡，增强了欧洲人对中国和中国文化的了解，必将促进德中人民之间在诸多领域的交流。出席开业仪式的上海市政协副主席李良园在致辞中说，新豫园是上海和汉堡两市之间合作的象征，将成为两市乃至两国之间发展旅游和文化交流的一个平台。

新豫园是"汉堡—上海欧洲旅游中心"的核心建筑，位于汉堡市中心，紧靠汉堡民俗博物馆和汉堡大学。它以上海豫园为蓝本，按照1比0.8的比例复制了过去。开业盛况引来中德主流媒体的竞相报道，新华社也以《中国上海招牌景观——豫园"落户"德国汉堡》为题发布了新闻。新豫园的落成是汉堡当地的一件大事，开业当天，就有数百名汉堡各界人士走进"中国茶楼"，欣赏茶艺表演，品尝地道的中国茶和上海

民间手工艺 *

* "湖心亭"、"九曲桥" 落户德国汉堡

菜,观看中国传统戏曲、功夫和上海爵士歌手的表演。到上海豫园湖心亭喝过茶的汉堡市市长冯·伯斯特甚至开玩笑说,他本人分不清"哪个是真品,哪个是仿制品"。

这个融合了中国传统建筑和古典园林艺术精髓的新豫园,成为在欧洲领略中国文化、上海风情的窗口。从此,当地人可以不出欧洲就享受到原汁原味的南翔小笼包、湖心亭的茶艺和绿波廊的中餐,同时体验中国文化。开业后除了推出地道的上海菜和茶艺外,已经和当地孔子学院合作举行了十数次文化活动。

2008年11月1日上午,"第七届海派文化学术研讨会"在宝山宾馆召开,豫园商城在研讨会上作了题为《"汉堡豫园"和海派文化传播》的主题演讲。与会者认为这是中国文化、海派文化的一次成功传播,彰显了海派文化的国际影响力与辐射力,称其为"海派文化自觉、自信与文化传播的成功典范",并认为这是豫园对中华民族的一次贡献。

豫园商城还有一道相当夺人眼球,尤其夺外国人眼球的风景线,那就是民间手工艺人展演街区。剪纸、捏面人、龙凤书法、画像、刻章、编织……众多民间手工艺人带着绝技绝活汇集到豫园商城这面大旗下,向中外游客展示着他们的技艺和风采。让我们来回放一些难忘的镜头:

2005年4月22日下午,正在中国进行访问的奥地利总理沃尔夫冈·许塞尔来到豫园游览。当他来到民间手工艺摊位前时,被吸引住了。在仔细观赏了金山农民画后,他又驻足在剪纸摊位前。剪纸艺人邓剑辉见状,赶紧用大红纸剪了一只公鸡赠送给他。可也巧,许塞尔出生于1945年,正好属鸡。得知此事,他会意地笑了。在对形象逼真的剪纸惊叹之余,许塞尔总理饶有兴致地提出,要现场跟着学。邓建辉毫无思想准备,但他灵机一动,选择既富蕴意义又简单易学的"双喜"教授。尽管总理握剪刀的手有点不听使唤,但丝毫不减其雅兴。在艺人的指点下，一剪又一剪，足足花了五六分钟，"双喜"终于跃然手上，在场所有的人都鼓起掌。临别前，他邀请邓剑辉赴维也纳表演，并开办培训班，向奥地利人民传授美妙的剪纸艺术。翌年4月，奥中友协常务副主席卡明斯基教授为筹办奥地利的"中国年"活动特地到上海访问。事前，总理许塞尔特地委托他落实剪纸艺人邓剑辉访问奥地利事宜。经与邓剑辉和其所属公司经理的当面约谈，达成意向：豫园文化传播公司于2008年8月派遣邓剑辉前往维也纳进行为期两周的表演，并展示200余件剪纸作品。

像邓剑辉这样出国交流民间手工技艺、担当民间文化大使，已不是个案，日本、俄罗斯、法国、澳大利亚、马来西亚等世界各国都留下了他们的身影。开展民间手工艺的交流和合作，已成为商城的一个文化品牌。

当前，豫园人正抓住一次难得的机遇——2010年上海世博会，努力提升形象，扩大知名度和美誉度，让更多的中外游客走进豫园，了解豫园，品味豫园，而突破口就是要让中华美食打进世博会。他们的理念是：在世博会的中国馆，应该有这么一块地方，提供各国各地特色小吃，让外国人吃遍中国点心，让中国人吃遍上海点心，让上海人吃遍各地点心。在世博会上，不仅要让游客获得高雅的视觉享受，还要让他们获得醇厚的味觉享受。

经充分准备，主题为"与世博同行　让世界共享中华美食——民俗厨艺大观泛长江三角洲地方风味小吃聚焦豫园"活动于2008年3月14日隆重推出。以世博中国馆为拷贝搭建的展区，分外引人注目。此次美食节得到了上海世博局的鼎力支持，是迎接世博的前奏曲。也正是此次活动的成功举办，才使老庙餐饮公司荣获上海世博会的餐饮经营权。

为了让中华小吃香飘2010年上海世博会，老庙餐饮公司正在抓紧筹划和落实。公司总经理对各方关注的几个焦点问题，作了如下陈述：

世博会场馆的餐饮如何合理分布？

世博会期间，吃饭是每位游客的大事，"价廉物美、不花太多时间、有鲜明中国特色，这三点是大多数人的共同要求。"在中国馆应有个固定场所，供应全国各地小吃，让游客们自由组合，点到为止，意犹未尽，既节约时间和金钱，又能品尝各地风味。

国外中餐馆怎样才能代表中国美食水准？

许多外国人对中餐有误解，以为当地众多不地道的中餐馆代表了中国美食的水准。为了改变这一看法，绿波廊已登陆德国汉堡；此前，南翔馒头和上海老饭店已走出国门。这些都是扭转中餐形象的积极尝试。搜罗各地特色小吃，在世博会的舞台上展现给全世界，是一次难得的表现机会。

餐饮业如何演绎世博会的主题？

"城市，让生活更美好。"世博会的主题早已深入人心。

各行各业都应对世博主题做相应的理解和演绎，如"美好生活，源自美味"，是一句不错的餐饮业服务世博会的口号。餐饮业要有主动服务的意识，要为世博会锦上添花，不让游客留下遗憾。

如何照顾外国来宾的饮食习惯？

在保持民间小吃原有特色的基础上，尽量减少油水和汤水，保证选材新鲜，便于携带，这些都是外国来宾比较看重的方面。"冷链"尤其重要。世博会期间，食物要在适宜的低温状态下采购、生产、加工、流通，才能避免污染，保证安全，这是目前国际通用的"冷链"。与之对应的是"热链"。传统外卖都热炒热卖，温度保持在10℃－60℃之间。

有理由相信，上海世博会将使"城市，让生活更美好"的主题得到充分演绎，并给后人留下一笔宝贵的文化和文明遗产；同时也有理由相信，豫园商城将奉献给世博会独具魅力的视觉享受，回味无穷的味觉享受和中国式的生活享受。

第十一章

老字号（上）

作为中国近代以来的最大商都，上海在数百年来孕育了一大批具有传奇色彩的老字号。悠久的历史，独特的商业文化，祖辈相传的绝活绝技和经营秘笈，使得老字号传承着浓浓的民族文化，记载着这座城市的发展年轮，成为体现中华民族悠久历史和独特魅力的"活文物"。

何谓老字号

什么叫"老字号"？按照《现代汉语词典》解释，"字号"是"商店的名称"，也泛指商店。人有人名，商有商号。商号的产生，是商品经济发展的结果。古代，由于商品生产不丰富，交换是通过"集市"来完成的。"日中为市，日落而散"，买卖双方都是手提、肩挑、车载货物，现买现卖，以物易物。以后，"赶集"逐步发展为固定设摊、设场。这些摊点站稳脚跟后，称为铺子。商铺林立后，又形成街市。为了让顾客识别、认准，店铺就要取名号，挂招牌。古时因为商品门类不多，没有明确的行业分类，所以商店的招牌都很简单，一般只有店的名号，某某号、某某字号。这种招牌形式随着商业的发达而赋予丰富的内涵。字号不仅成为商店的代名词，更是一种竞争的手段，一种理念的传递。誉满京城的全聚德，取自"全而不缺、聚而不散、仁德至上"之意。杭州吴山脚下的中药店胡庆余堂，"吉庆有余"的祝福伴随了老店120多个春秋。如此取"吉兆"为字号，或将美好的期许嵌入店名的中华老字号，几乎是中国众多老字号的一大特色。以和为贵、以诚为本的传统商业精神也凝结在了一个个店名中。

在字号前面冠以"老"字，是后人的一种统称或简称，并不是商铺自封的。1993年出版的《中华老字号》，把上海当时存在的开设于1956年前的商店列围入书，其中最短的店龄也有50年。想想看，一家商店能经营数十年甚至几百年，定有其过人之处。可以说，他们是万千商号中的佼佼者，是中华商业的代表。几乎每一个"创始于……"背后，都有一部传奇的创业史，几乎每一个"老字号"的成长、发展历程，都能勾起人们对中华民族工商业的沧桑感。

上海是老字号最集中的城市，数量要占到全国老字号总数的五分之一。追根溯源，在现存的这些老字号中，不论身处何方，其发端大多在老城厢。道理很简单，老城厢是元明清以及民国初期上海政治、经济和商业的中心，众多老字号便是从这根上发展兴旺起来的。

上海开埠后，租界的商业、服务业发展迅速，及至民国以后，租界的商业街市也出现了一批名店名品，如亨达利钟表、培罗蒙西服、红房子西餐和国际饭店等。随着民族工商业的兴起，一些有胆识的华商敢于与洋人竞争，相继在租界开出了一批商店，其中尤以打进十里洋场南京路的"四大公司"即先施、永安、新新、大新最为人称道。

1937年抗日战争爆发后，地处华界的老城厢等地区遭受日军的轰炸和封锁，致使一批土生土长的老字号转移至租界寻求生机，从而打破了老字号"独此一家，别无分店"的局面。有些老字号就此扎根于租界地区，延续至今。

中西商业的竞争，中西文明的交融，使申城老字号具备了无可替代的海派特色。如果以时空为经纬，那些创立于清中晚期、店龄在百年以上的老字号，其源头都在老城厢或苏杭商业发达地区，而那些创立于清末和民国初期的老字号，大多发迹于南京路、淮海路等租界地区。他们都是上海老字号的源头。

上海历史上究竟有过多少经营百年以上的老字号，现在无法准确统计。据对有关资料的查证，开设于1905年以前的百年老店有96家。这些老店的兴起大体出自三种情况：本地生长、外地移植、外（国）来嫁接。其中1843年上海开埠前开设的有25家，占26%。在这25家商店中，本地生长的有18家，其中有13家原创地在老城厢；原创地外省的有7家。在这段时间中，外商企业一家也没有。可见上海经营时间最长、历

* 清末城隍庙春风得意楼

史最早的首批老字号基本上都是本地生长的。与租界地区的老字号相比，老城厢更能代表上海商业的根，是上海商业当之无愧的发祥地。

在始建于老城厢的老字号中，历史最早的当数姜衍泽堂国药号。它创建于清康熙三十四年（1695年），店主姜世耀，字宾远，在小南门大街找了一块地，建了一座三层楼房、三开间门面的中药店，请名医坐堂，免费为贫病者施诊给药。其秘制"姜氏宝珍膏"货真价廉，独具疗效，行销苏、浙、东北等地，因此姜衍泽堂国药号名闻大江南北。

上海最早的街市和字号

俗话说："店多招客，客多兴市。"一条店铺稀少、人客不旺的街巷是不能叫商业街的，更不能称为商市。上海最早的街市是在南宋咸淳三年（1267年）设立上海镇时出现的。"在受福亭前，辟出一块砖石铺砌的广场（即街市），其周边贾肆鳞次而栉比。"街市是适应商业发展、消费需求而设立的。那些创立最早，经营时间最长的老字号是街市的开拓者，街市是老字号繁荣的生存地，老字号与老街市是互为依托、共存共荣的。老字号分布于各行各业，往往是行业的先导者，具有鲜明的行业特色。街市沉浮，反映了商业的发展轨迹。

一家店开业后能否成功，关键是选址。大凡老字号，在选址上都兼顾了三个条件：一是人流，或叫人气；二是物流，交通便不便，货物运输畅不畅；三是位置，古代叫风水，现在称为市口。是向阳还是背阴，市头还是市梢，是活梢还是死角，是上风头还是下风头，都有讲究。而这三条都具备的商市，当数百年前的十六铺。十六铺亦成为最早孕育老字号的风水宝地。

讲到十六铺的商贸，有两条街是不得不提的。一条是咸瓜街，一条是洋行街。其实，咸瓜街里没有"咸瓜"，洋行街上没有"洋行"。那么，这两条街是缘何起名的呢？

清代，海外贸易发展，大批客商登陆十六铺，他们寻地觅址，开店设行。其中闽广商人看中了其中的一处地方，设立鱼行，贩卖干鲜海货，时间一长，摊点成群，行号林立，被称作"咸瓜街"。咸瓜者，就是咸鱼，非酱瓜、咸瓜、酱菜。这一街名是福建人叫出来的。在福建人经营的海货中，以大、小黄鱼为大宗，而黄鱼形似瓜条，所以福建人叫黄鱼为"瓜筒"。每到春季鱼汛，江、浙、闽、粤等省渔船齐集舟山、嵊泗洋面捕捞。江、浙两省路近，捕捞的鱼多回本省销售。闽、粤两省路远，因此常把捕捞上来的部分鲜鱼用盐"活腌"，运到十六铺鱼市时成为咸鱼，满街都是咸鱼腥味，"咸瓜街"之名由此而来。

由于海货进得快，销得也快，咸瓜街的市面越做越大，市场不断扩大，向南延伸。随着生意的兴隆，人流也大大增加，他们也要吃、穿、用，也要享受消费，于是又有一批有眼光的商人到此开茶楼，设酒肆，买卖生活用品。清乾隆九年（1744年），王宝和酒家在此开设。清道光十八年（1838年），阜昌参行在这里开业。同年，安徽程氏在这里开设了程裕新茶庄。清咸丰元年（1851年），在咸瓜街对面的集水街（今东门路）开设了万有全火腿店。商店的不断增设，街市不断南伸，于是又续建了一条里咸瓜街，而早先的咸瓜街则被称为外咸瓜街。

提起这王宝和酒家，可谓今非昔比。现矗立在福州路的王宝和虽已成为五星级大酒店，但却应了"高楼万丈平地起"这句古话。没有250多年前创下的基业，也就没有今天王宝和的辉煌。清乾隆九年，出身黄酒世家的王仁山从绍兴只身来到上海，在咸瓜街上开了一家酒店，取名"王宝和"。酒店一开间门面，放一二张板桌，就像鲁迅笔下的"咸亨酒店"一样，零拷黄酒，招徕过客小憩堂饮。开始，王仁山是从绍兴运酒到上海，生意一好，就自己动手在上海建坊酿造。由于按照正宗的绍兴酒制作，故做出了名气，"绍兴老酒王宝和"成了上海最早的一家绍酒店。上海开埠后，商市北移。1852年，王宝和从咸瓜街迁至花园弄（即后来的南京路）。20世纪30年代，王宝和又从南京路移至福州路，直至今日。

同在咸瓜街打拼的阜昌参行，其创始人是大名鼎鼎的"红顶商人"胡雪岩。清道光十八年，著名徽商、杭州胡庆余堂的掌门人胡雪岩把生意做到上海，在咸瓜街上建了一座中西合璧的楼房，以绿色墙头为标志，开设了一家参店，取"阜兆丰年歌方有，昌垂余庆协同仁"两句诗意，其名为"阜昌参行"。因这是上海第一家参行，故开业后生意兴旺。到清咸丰年间，胡雪岩将参店赠与他在上海的兄弟胡月谯，阜昌参行加记号为"月记"。上海开埠后，参行也随商市北移至爱多亚路（今延安东路），后又迁至敏体尼萌路（今西藏南路）。在当时，阜昌野山参的收购量占到产地年产量的四分之一，其加工方法也别具一格。因质量好，疗效高，很多中医在诊治挽救病人时，首选"阜昌"人参，屡见成效。

继阜昌之后，又有德昌、葆大、元昌参行开设于此，号称四大参行。此外，咸瓜街一带还开设了参行数十家，约占全市参行的百分之六七十。与阜昌参行同年开设在咸瓜街的，还有程裕新茶庄。从现有资料看，上海现存的茶叶店年份最老的数程裕新茶庄。该店自设工场，独家制作"狮球牌"龙井茶、"新"字牌花茶、"松鹤牌"红茶和"芝兰井露茶"、"真蔷薇茶"、"保肺止咳茶"畅销国内外。为保持"程裕新"茶叶品牌不衰，商店与产地实行采摘、加工、运输、上市一条龙，常年聘请专家来店传授茶叶生长、加工、保养等知识、技能，以及识别茶叶的方法和储藏、保管等业务知识，从而在消费者中树立了对这家百年老店的信誉。

还有值得一提的是开设至今一百多年、一直红到现在的老字号万有全火腿店。上海开埠后，十六铺一带商贸日趋繁荣，各地商人纷至沓来。

有一金华商人，看到咸瓜街头咸货很集中，有鱼行，有肉庄，但没有火腿庄，于是，觅址筹货，于咸丰元年在咸瓜街对面的集水街上开了一家"万有全火腿店"。由于生意好，引起了很多东阳、永康、义乌等地火腿厂商的注意，纷纷效法，设咸肉庄、开火腿店。这些店、庄的老板，大都来自火腿的产地，组织进来的火腿都是腿坯，到了上海要进行包括腌制、修割、洗晒、整形、发酵、吊挂、堆放等多道工序加工，需要一个集中的场地，于是在商店附近的灵济街上租买房子，作为加工火腿的场地。这样一来，无形中就把这条街变成了火腿集散地，一靠近街头就可以闻到一股浓重的咸肉、火腿味，人们就把这条街称之为火腿弄。

店多竞争激烈，但万有全的生意却越来越好，原因是：质量高、服务好。由于生意好，万有全就由独资发展为合伙，资本实力增强，于是就专门在金华设立了座庄，直接自行采购名种猪鲜腿，经初加工后运上海进行精细加工，使每只火腿都能保证质量。在服务上，万有全提倡"多"、"好"、"退"、"斩"四个字，并在"斩"字上下了工夫。"多"是品种多，"好"是质量好，"退"是不满意可以退货，"斩"是顾客买火腿要求分割、零斩，有求必应。不管是不是在万有全买的，顾客送上来要求斩的"来者不拒"。店里职工斩火腿技术过硬，"一刀准"，顾客要怎么斩就怎么斩，于是名气越来越响，生意越来越好。那些港、澳、东南亚来沪探亲、旅游的华侨，至今仍想到要去万有全买只火腿回家送人。

洋行街是十六铺又一条商业街市。提起这条街，很多人误以为这里早先一定是洋行林立，洋人出没。其实不然，洋行街上从来没有出现过一家洋行，甚至到上海做生意的外国人也很少到这里来。据史料记载，外国人到上海开办的第一家洋行英商怡和洋行的年份，是上海开埠当年的1843年。而洋行街在上海开埠前就早已存在。既无洋行，何来洋行街之名？这就要从这条街如何形成谈起。

洋行街（后称阳朔路）也像咸瓜街一样，原是一条由城墙根通向十六铺外滩的小道。清康熙二十三年（1684年）海禁开放，南方（闽、粤）航线首先通航，以后逐渐发展为南洋航线，航行到东南亚各国和日本。闽粤商人的商船把福建广东的特产荔枝、桂圆、笋干、糖霜（食糖）以及南洋、日本产的象牙、珊瑚、燕窝、海参、鱼翅等运来上海，他们找到了后来被称为"洋行街"的这条小道开店、设行，经营销售上述商品，这些商品都是从海洋上来的（包括东洋、南洋），所以都称为"洋货"。当时的"洋货"概念是泛指海洋上运输过来的商品，经营这类商品的商店就称为"洋货行"（简称洋行）。在十六铺左面这条小街遍设这类"洋货"的商店，最多时达数百家，所以人们就称它为"洋行街"。据《上海南市区商业志》记载："乾隆二十二年（1757年），对外贸易限在广州一个口岸进行。邑城失去直接从事进出口业务的机遇，遂通过闽粤等口岸，间接从事外贸业务。沪地闽粤商人聚居之处，以转口经营洋货闻名，称洋行街，进口有鱼翅、海参、燕窝、香料、象牙、藤器等商品，出口以棉布、瓷器、茶叶为主。"这说明"洋行街"至少在上海开埠前86年已存在。

与咸瓜街一样，洋行街在历史上也集聚了一批著名商号，至清光绪元年（1875年）开设的茶馆就有6至7家，但时至今日大多不知所终，唯有光绪九年（1883年）在洋行街开设的本帮菜馆德兴馆流传至今。

120多年前，一位在上海土生土长、名叫阿生的小贩，靠着摆摊积累了一笔钱，就租借了洋行街南端的两间房子，双开间，开设了一家酒菜馆，专门烧煮本地家常菜，如红烧肉、红烧小黄鱼、咸肉豆腐汤、肉丝黄豆汤等，价廉物美，食客盈门。当时，洋行街两旁已集聚了上百家经营食糖、海味、桂圆等的批发商号，南来北往的客商多、人气旺，酒菜馆虽小，生意不错。可是昔日的十六铺洋行街一带，地痞、流氓横行，他们见这里开了一家酒菜馆，就经常三五成群进店"吃白食"，业主与他们评理，常被他们掀翻桌椅，摔碎盆碗，阿生只得将菜馆出售给营造商万云生。

万云生接盘后，依靠自己营造商的实力，把原址房屋翻建成一幢三层楼房，将饭店定名为"上海德兴馆"。其底层供应大众饭菜，二楼为中档酒菜，三楼辟为雅座（类似今日的包房），形成三个档次，适应各种消费层次的需求，一度门庭若市。可是，后来其子继承父业，他对饭店业务一窍不通，加之难以应付流氓、"白相人"的白吃白喝，德兴馆被迫再度易主。

第三位业主叫吴炳英，系晋成钱庄的经理，他聘请专人出任经理，以图重振德兴馆的雄风。然而，那时正处于抗战前夕，上海时局不稳，德兴馆仍难以振兴。不久，"八·一三"淞沪抗战爆发，老板无力经营，菜馆再次易主。

新的业主吴全贵，是十六铺一带有名的"白相人"，拜上海大亨黄金荣的徒弟唐家帮为"师"。吴全贵很会做生意，他接盘德兴馆不久，举行了一次隆重的开业典礼，用小汽车接送当时著名电影明星陈云裳以及黄金荣等上海名流到场，为其剪彩。一时德兴馆在上海滩的名声大振。

旧时有人说：酒菜馆的名气，三分靠手艺，七分靠捧场。业主吴某很懂得这个道理，凡德兴馆推出一种新的菜肴，他就大做文章，邀请上海滩上的名人"尝新"，借机扩大德兴馆在市民中的影响，久而久之，德兴馆便渐渐成为知名人物用餐之处。

抗战胜利后，洋行街一带恢复了昔日繁忙，当时国民党的一些军政要员、工商业者、银行和洋行的高级职员、文艺界人士等常去该馆聚餐、宴请，使德兴馆的名气益响。1948年秋，蒋经国来上海也专至德兴馆就餐。国民党空军司令周至柔在德兴馆设宴，请过陈诚等高级将领，德兴馆成为当时沪上最红的酒菜馆之一。

从初创到上海解放，德兴馆前后历时66年。长达半个多世纪的经营，从开始时的上海家常菜，经过几代烹饪大师的努力，不断创新，逐渐形成了一批有时代特色的本帮名菜。其中包括油爆河虾、白切肉、八宝辣酱、草头圈子、青鱼秃肺、糟钵头、虾子大乌参等，一直延至今日，特色不变，名声不减。

虾子大乌参是德兴馆代表名菜，它是怎么做出来的？1937年日本占领上海以后，租界沦为"孤岛"，洋行街上经营海味的一批商号生意清淡，对外贸易中断，原来销往港澳及东南亚的一批海参积压仓库，业主发愁。后来，此事被德兴馆的烹饪大师杨和生获悉，便前往采购，悉心钻研，从选料、涨发到烹调，一次又一次地试验，终于给他创新出一道风味独特、食后不肯停箸的珍贵名菜。"虾子大乌参"誉满上海滩，成为"德兴馆"的同名词，使原来南货店滞销的海参平步青云，成了高贵的"山珍海味"品。

上海解放后，德兴馆迁至紧靠十六铺码头的中山东二路和东门路的拐角处，这是一个闹市地段，生意相当好。德兴馆名望不衰，五十年代初，宋庆龄在上海寓所宴请陈毅市长，特地向德兴馆定了一桌酒席，由德兴馆派出烹饪技师上门烧菜，宋庆龄和陈毅都相当满意，盛赞德兴馆的本帮菜。六十年代初，党和国家领导人邓小平、陈云在柯庆施的陪同下专程来到德兴馆，饶有兴味地品尝上海本帮菜。在五六十年代，周信芳、白杨、袁雪芬等数十位本市文艺界的知名人士也去德兴馆聚餐或宴请亲友。

数年前，因市政动迁，德兴馆搬到小南门，与另一家百年老店"一家春"一起经营本帮菜。2008年末，德兴馆又迁至陆家浜路上的会景楼，为这一百年老店的永续经营创造了有利条件。

流金淌银话方浜

方浜原是黄浦江的一条支流,在老城厢的变迁中曾起过重要作用。明代嘉靖年间,上海为抵御倭寇袭扰而筑城之后,方浜等河道仍以浦江之水朝夕相通。为既保平安,又保水运,官府便在城墙外的方浜上修筑水门一座,战时可开可关,平时船只自由出入。人们可乘木船由浦江进入方浜,过城墙,在城隍庙大门可登岸,然后入庙进香,顺便买些日用物品。

当时的方浜横穿城内外,经小东门直通老西门。跨浜而筑的小东门又称宝带门,是一个著名的景点。被誉为沪城八景之一的"石梁夜月"就在这东门外方浜上。所谓"石梁",是指横跨方浜的一座石桥。桥为拱形,有三个环洞,二十四个石阶。石桥浮雕精细,每逢月夜登上石桥,水、桥、月相映,景色宜人。逢上月半,特别是中秋,皓月当空,登桥赏月者络绎不绝,故留下"石梁夜月"的美名。此桥建于明嘉靖十一年(1542年),由三国东吴名将陆逊后裔、唐代文学家陆龟蒙第17代孙、曾任太常卿的名士陆深捐银所建。因陆深曾任侍读学士,故此桥又称"学士桥"。桥堍两侧商店林立,临河茶肆,座无虚席。

桥引客,客招商,商市越来越盛,形成了一条小东门大街。街的左面就是方浜,商贾、摊主沿着方浜两岸争相建店设摊。浜通城里,一头接十六铺,一头通城隍庙,城内城外连成一线,商店绵延。

康熙五十八年(1719年),在方浜南岸(今方浜路)的马姚弄口,开出了一家珠宝玉器店——"澄明斋珠宝玉器号"。10余平方米,一开间的门面,除经营珠宝玉器外还兼卖天然水晶、茶晶和玳瑁眼镜。这珠宝玉器也和古董生意一样,"一年勿来买,一卖吃三年",虽说顾客不是很多,但不亏损,日子过得太太平平。到嘉庆十一年(1806年),由吴良材

接手经营,此人胸襟开阔,目光远大,对眼前门庭不热、顾客不多、一天只做几笔生意的状态大有"不甘寂寞"之意。他从上门顾客的购买情况中,发现买眼镜的人要比买珠宝的多,灵机一动,就收缩了珠宝生意,专营眼镜,并以自己的名字命名,挂出了"吴良材"眼镜店的招牌。摘下的"澄明斋"招牌,本想拿掉,但回头一想觉得不妥:这字号已经营了90多年,早有名气,有不少老顾客,如果一下子把老招牌摘了,岂不放弃了这些老顾客?于是就把这块摘下来的老招牌挂在了店堂里。这样就出现了一店两招牌的奇特现象。一店两招是市上没有见过的,顾客觉得奇怪,很多人来看,新老顾客都来了,一下子就改变了以往"门庭冷落"的局面,客人多,生意也兴隆起来。

1843年上海开埠以后,西方的玻璃镜片开始进入中国,吴良材首先进口了这种镜片,磨片制镜,销售玻璃眼镜。由于生意兴旺,利润丰厚,遂于1929年自盖新房,把店迁到了西首光启路口。这时,他又看到"十里洋场"灯火辉煌,南京路上车水马龙,于是又下定决心,在1935年选址南京路(今南京东路)297号建立了总店,从国外引进验光、校镜等设备,聘请高级技师。在经营上又以"诚信为本",货不二价,质量为重。对售出的眼镜,每副都系上一根红线,挂上标签,标明价格,并注明:只要标签未剪,如不称心,不限日期,均可退还。

抗战胜利后,"吴良材"专门派出技术人员赴美国学习考察,拓展业务范围,提高技术水平,并从国外引进新型验光仪器和自动磨片机。1940年,又在南京太平路开设了分店。改革开放后,吴良材首家经营隐形眼镜。至此,吴良材眼镜被称为"牌子最老,验光最准,质量最高"的"眼镜权威"。

清乾隆年间,在小东门口方浜北岸,有一家名竺涵春的中药铺,仅一开间门面,但"涵春"店招却惹人喜爱,因而生意尚可。后来,由于业主竺某不善经营,拖欠贷款,无力偿还,欲将店铺出售。事也巧,其时宁波籍富商童善长在里咸瓜街上开设恒泰药材行,且与竺涵春也有业务往来,竺还欠了他一笔账。获知这一消息,童善长捷足先登,出资购下了竺涵春中药铺。童善长祖上数代经商,家资殷富,童从小聪明伶俐,对长辈的经商之道耳濡目染,习识甚深,长大后很快就学会了一副经商本领。

乾隆四十八年(1783年),盘进竺涵春之后,他对招牌中的"涵春"二字具有"涵和理中,春生万物"之意,颇为欣赏,故舍不得抛弃,只把"竺"字改为"童"字,成为童涵春堂国药号。谁知这一字之改,含义更深,"返老还童,永葆青春",招牌一挂出,近悦远来,生意兴隆。

童善长经营药材生意多年,具有丰富的经验,在童涵春堂开业后便建立饮片加工场,并将中药材的批发、零售兼营,为童涵春堂的创业和发展打下了良好的基础。在童善长祖孙三代的悉心经营下,业务得到了很大的发展。他们四处搜寻古方、秘方,博采众长,悉心研制丸、散、膏、丹。他们发觉宋代惠民和济局(官方药局)流传下来的人参加工丸药的秘方,借用郭子仪平定安史之乱"再造唐室之功"的典故中"再造"两字,精心创制人参再造丸。此丸具有祛风活血、强身保健之效,上市后一炮打响,成为童涵春堂的特色产品,深受消费者的欢迎,历经百年而不衰。

清同治二年(1863年),童家第四代传人童祥全出任童涵春堂第四任经理。当时他仅21岁,风华正茂,敢于抓住机遇,奋力拼搏。他全力发展经营规模,积极拓展海内外贸易。先后耗资约三万两白银购买了四艘平底大帆船(时称沙船),分别以"元"、"亨"、"利"、"贞"四字命名,利用黄浦江黄金水道,载货往来于南北洋之间,从烟台、大连等地购进优质高粱酒和吉林人参,再将"涵春"品牌的自制药酒和人参再造丸连同精制饮片运往汕头、厦门、香港等地销售,远及东南亚各国。经过十年奋斗,使童涵春堂面貌大变,至光绪初年,已形成前店后工场格局,并开设元亨木行,在日晖港建有码头。童氏家族也很快跻身家乡巨富,民语"童、姚、马、金、张,银子好打墙",童氏被列首位。

逆水行舟,不进则退。时至民国八年(1919年),由童氏后裔童光甫出任第六任经理。他上任之时,见童涵春堂如日中天,用不着再努力拼搏,结果在任10年,连做两件错事,使童涵春堂陷入严重困境。民国二十一年(1932年),童涵春堂被迫出盘,以债转股的形式对企业重组,改名为童涵春堂兴记国药号。

童涵春堂兴记成立后,全体股东公推该店学徒出身的宋辅臣出任第七任经理,并邀富有经营管理才能的孙以康任协理。孙为人精明强干,精通业务,上任后果然不负众望,前后在位20年,成为童涵春堂在艰难曲折中前进的"掌门人"。

1937年淞沪抗战爆发后,为躲避战祸,保存实力,孙以康协助经理果断作出决定,在法租界大世界西首的爱多亚路(今延安东路)上租借一批沿街市房,继续营业。结果抗战持续8年,童涵春堂仍然保持正常营业而有盈利。

1945年抗日战争胜利后,童涵春堂于1947年2月迁回小东门原址复业,临时营业地址则改为童涵春堂国药号分号。1956年大合营后,商业划区挂钩,由总号、分号的母子关系,变为各自独立核算的南北两地童涵春堂国药号。1988年,南号在老城隍庙开设分店。1992年,豫园旅游商城成立,老城隍庙童涵春堂分店划归豫园商城,从而出现了南号、北号和老城隍庙三家童涵春堂。为改变童涵春堂"三足分立"的局面,从1997年至2002年,经市、区有关方面的积极协调,童涵春堂在分离了42年之后实现了大团圆。

童涵春堂在其220多年的发展历程中,留下了众多脍炙人口的趣闻,其中尤以"金字招牌"最能代表童涵春堂的百年历史及经营之道。

童涵春堂第四任经理童祥全不仅会经商,且富有品牌意识。他于光绪初年以百两白银作礼金,特请清廷高官题写"童涵春堂"四个大字,又请能工巧匠精心制作了一块堂匾,金底黑字,高悬店堂,成为镇店之宝。

前文说到,童氏第六任经理接班后,接连犯错,负债174.3万两白银,无力偿还,被迫将药店出盘,店名不变,仅加"兴记"二字,以示前后区别。核算资产时,仅童涵春堂招牌就作价80万两银子,折合当时流通的112万枚银元。可见童涵春堂牌誉价值百万,一点不假。也正由于金字招牌所体现的价值,童涵春堂历代经理和员工都倍加珍惜它,呵护它。

"文革"初期，"红卫兵"上街破"四旧"，童涵春堂的四字金字招牌亦遭厄运，被扫地出门。改革开放之后，商店及上级公司都积极要求恢复童涵春堂的店名。几经周折，终于得到批准，然而那块"童涵春堂"四字匾额却遍寻不见，毫无踪影。

当时社会上也没有制作店招的商店，怎么办？职工们就自力更生，买来大块铜皮，自己动手做店招，硬是用手工一榔头一榔头敲出了四个1.5平方米见方的大字，高高挂在小东门药店大门上方。就在童涵春堂店招恢复后不久的一个星期天，一位中年男子突然闯入店堂，自我介绍叫邬国庆，家住浦东川沙。他对药店负责人说："你们知道吗？童涵春堂大名恢复了，可那块金字匾额却还躺在我家里睡大觉呢！"原来事情是这样的：文化大革命开始后，童涵春堂的店招被当作"四旧"摘下，并将它卖给了一家旧家具商店。一天，在斜桥地段医院工作的邬国庆在沙家街上的南市旧木料商店淘木料时无意中发现了这块童涵春堂的堂匾。见这块金字招牌遭此冷遇觉得实在可惜，便花了十几块钱把它买回家。量量尺寸，发现正适合给孩子当床铺的铺板。就这样，这块金字招牌在邬先生家隐姓埋名躺了十几个春秋。邬先生说完后表示，愿意让这块劫后余生的金字招牌无条件地完璧归赵。

当下，药店负责人立即派人到邬先生家里迎回了这块失而复得的金字招牌，并带去了几块旧木料让邬先生替代堂匾作孩子的铺板。经过整修，金光闪闪的童涵春堂匾额重新高悬在小东门店堂内。

童涵春堂恢复招牌不久，商店又策划刊载广告，以晓天下。1980年，一则"创始于乾隆四十八年，迄今已有近二百年历史"的广告，向世人宣告了百年老店的复出。这是上海药材行业在"文革"后的第一则广告。广告刊出后，童涵春名声大振，当年冬至日销售突破万元，创下了历史纪录。

童涵春堂的故事讲完了，再把历史拉回到小东门大街。清康乾盛世之后，又有裘天宝银楼于1820年开设在小东门口。咸丰年间，相继开业的还有老德泰铜器店、庆福星恒记银楼等。其中，市面做得最大的是清末民初开设的"三大祥"。

从元代的黄道婆改革棉纺技术开始，上海的棉纺织业和棉布的内外贸易呈兴旺趋势，直至领先于全国。但上海开埠后，随着西方机器纺织技术的输人和洋布的大量上市，使上海本土的棉纺织业逐步被市场淘汰。19世纪初，西方各国纺织品输华，已成为第一位的大宗货物。领风气之先的东门外，洋布店纷起，代替了土布店。最早经营洋布的是1850年在大东门开设的名叫"同春字号"的布店。至咸丰八年（1858年），城厢内外已有洋布店十五六家之多。

在众多洋布店中，有一家叫"协祥"的店家生意最好。店中有两个高级职员，一个叫柴宝环，一个叫丁方镇。他俩经筹备，于1912年在小东门大街开设了"协大祥棉布店"，但自己仍留在"协祥"不出面，而请孙琢璋出面当协大祥经理。这孙琢璋确是一位能人，开拓业务、管理企业都有一手。协大祥开业还没有多少时间，营业额就超过了"协祥"，成为后来居上的一家棉布店。

由于生意兴旺，获利丰厚，柴宝环、丁方镇和孙琢璋闹起了内斗。1924年，柴宝环花重金把协大祥旁边一排房屋租下来，取名"宝大祥棉布店"，展开贴邻竞争。这两家大店一立起来，周围一些小店就"倒霉"了。趁人之危，柴宝环又先后开设了"宝大祥南号"和"宝大祥西号"。这样"宝大祥"拥有了东西南三个商店，共九开间门面，形成了对协大祥三面包围之势，企图压垮协大祥。但协大祥的孙琢璋也不甘示弱，施出各种招数从容应战。两家"打"得难解难分，各不相让。

就在两家激烈竞争中，"半路上杀出个程咬金"。1929年，小东门外大街又开出了一家大型棉布店——"信大祥"。新店开出来后，老板丁大富在售货和服务上亮出很多新的举措，如实行明码标价，加三放尺。这些打破行业常规的做法，让顾客明显感到信大祥买布便宜，来买的人特别多。

抗日战争爆发后，协大祥将店迁入法租界内，宝大祥也立刻在八仙桥开设新号，继续与协大祥抗衡。这时丁大富却在南京路最热闹的市口三阳南货店东首盘进了四开间门面，开设了"信大祥绸布呢绒商店"，在南京路上做足了"独家生意"。至此，"三大祥"三足鼎立，实力相等，谁也吃不掉谁。他们各有套路，各自都拥有顾客群，在同业公会中都担任了领导职务。三大祥，控制了上海纺织品的零售市场。

上海解放后，首任市长陈毅曾到宝大祥视察，建议"像宝大祥这样的金字招牌应予保留"。到1956年，除了南京路信大祥迁往兰州外，小东门外信大祥老店和协大祥、宝大祥都实行了公私合营，三大祥成了棉布零售业中名特商店，在发展经济、保障供给、稳定市场中起了重要作用。

改革开放以后，随着消费水平提高、消费观念改变，买料自裁自缝的越来越少，棉布零售市场逐渐冷落。根据市场需求变化，1997年，协大祥、宝大祥、信大祥三家老字号企业组建成上海三大祥纺织品有限公司，在继承和弘扬老字号经营传统的同时，不断探索经营创新，加快向外拓展，棉布经营业绩一直在上海同行中位列第一，被誉为上海的"棉布大王"。

辛亥革命爆发后，上海光复，形势大变，拆城墙、填河浜、筑马路。1914年，方浜被填平，并按河道筑成一条马路，命名为方浜路。由于方浜路一头通小东门、十六铺，一头通城隍庙、老西门，连接老城厢内外最繁华之地，故路通市兴，商人纷纷投资开店，没几年就商铺林立，被市民称为"庙前大街"。在鳞次栉比的商铺中,有中药堂、皮货行、笔墨庄、眼镜店等,但最多的却是银楼。

庙前大街开设的第一家银楼叫杨庆和银楼,时间在乾隆三十八年(1773年),资金在万两以上。十年后的1785年,在城隍庙东面的庆云牲银楼也开市营业。1852年,凤祥银楼在小东门方浜路上开办,自产自销金银饰品。接着,在同一条方浜路上,在西端有一家东来升银楼,东端则有景福元记、恒孚两家银楼。在今方浜中路、中华路转弯角上,有一家著名的裘天宝德记银楼,它是由京剧表演艺术家、"麒派"创始人周信芳的岳父裘氏开办。这些老字号银楼都开设在庙前大街上,所以这条街在当时被称作"银楼街"。后来,在今方浜东路、人民路的转角处又开了一家银楼,字号叫方九霞。再后来,如宝成、费文元、庆福星等银楼也相继开办。应对这种一哄而起且都在一处开店的情况,凤祥银楼于1908年迁至望平街(今山东中路北段),为区别于原来的字号,并显示其资格,便取名叫"老凤祥银楼"。

1937年淞沪抗战爆发后,日寇对华界南市实施狂轰滥炸,市面顿时冷落。抗战胜利后的第二年(1946年),国民政府实行对黄金的统管政策,禁止黄金买卖,使银楼大批关闭,庙前大街的黄金饰品市场一直未能恢复。

时至1999年,当时的南市区人民政府决定,对昔日的庙前大街进行整治,通过以"集粹"方式加以修复,命名为上海老街。其东段大部分建筑不动,部分典型的现代建筑加以整修,整新如旧,街道两旁基本上一间一店,销售国药及西药、服装百货,还有酒店、茶楼、邮局等,充分反映出民国初年的城内街市风情。老街的西段,沿街房屋大部分拆除重建,大都为二层楼的简易仿明清建筑,有红木家具店、土布庄、豆腐坊、茶楼、菜馆、书画店,更多的则是销售珠宝玉器、丝绸、旅游纪念品、工艺品的小店,并在老街的入口处建仿古牌楼,上书汪道涵题写的"上海老街"四字

上海老街 *

357

横匾。

　　老街上最具特色的店家之一，是茶楼。当年，在沪居住的著名作家曹聚仁先生曾经以"土佬儿"署名的专栏文章里写道：上海的茶楼，最早的历史该从黄浦江边的上海县城说起，茶楼就集中在今方浜路小东门一带。其中特别提到的是"春风得意楼"，因口彩好，上海的女士们每逢新年元旦，总要上楼去喝一碗元宝茶。为重建这个特别能令人追忆当年情怀的"新"的老茶楼，老街经营者经过"克隆"，翻建了一座别具风韵的春风松月楼。当茶客沿着木楼梯拾级而上，临窗坐定，细细品茗时，可透过雕花木格窗棂，窥见人流如织的市面；环顾四周，有古色古香的八仙桌、长板凳和清新可人的民俗壁画。大凡去那里坐过的人，不由你不生出一种抚今追昔的思绪。

第十二章

老字号（下）

凝聚了丰富历史文化记忆的"老字号"，在进入改革开放年代后，却因多种原因接二连三地退出了商业舞台，更多的则陷入了经营困境。2005年，商务部曾发过一项调查，全国1 600多家中华老字号中，20%长期亏损，有的已被市场淘汰；70%勉强维持生计；只有10%通过改革创新，老树新花，焕发青春。昔日万众瞩目的金字招牌，大多成了老气横秋、老态龙钟的代名词。一个"老"字，成就了老字号的世纪辉煌，同样一个"老"字，也使得老字号背上了沉重的历史包袱。"人员老、机制老、技术老、观念老"让老字号生命力萎缩。

　　老字号的普遍式微，令人扼腕叹息，更令有识之士和政府部门高度警觉。毕竟，它们曾经是我们民族产业的骄傲，如今是城市历史文化的重要组成部分，有些更成为非物质文化遗产。它们纵向记忆着城市的史脉与传衍，横向展示着城市的宽广阅历，于纵横之间交织出各个城市特有的个性和身份。一旦这些作为文化载体的老字号消逝了，就无法复制，很难再现，只能给后人留下无尽的遗憾。

　　如今，保护老字号的呼声越来越高，措施也越来越多，其中包括《商务部关于实施"振兴老字号工程"的通知》。尽管有政府的扶持，仍有一些老字号无可奈何，也总有一些百年不倒的老字号感动着我们。在老城厢的商业集聚中心——豫园商业旅游区，就鲜活地展示了老字号的生态文化：赖以生存的文化土壤、形成共识的文化自觉、与时俱进的文化创新、园庙市为一体的文化结构和商旅文相结合的市场化运作。作为老城厢的精华所在，豫园商业旅游区不仅承载了上海元明清三朝的主要历史文化遗产，而且也是百年老字号的立业之地、发迹之地和如今的振兴之地。

　　在市、区政府的大力扶持下，在以豫园商城为中坚的众多企业的自觉推动下，在深厚的历史文化底蕴的共同作用下，豫园商业旅游区应天时、得地利、贵人和，成为上海乃至全国发展老字号和培植民族品牌的一方沃土。以豫园商城为例，旗下拥有127个商标和牌誉，其中包括12个中华老字号、1个中国名牌产品、3个中国驰名商标、12个上海著名商标、12个上海名特企业。让我们走进豫园商业旅游区，去寻梦一条条老街，去品味一家家老字号，或许你会深切感受到为什么在这方故土上，老字号会百年不倒，永续经营。

中国黄金珠宝第一城

前文说到，方浜自填平后变成庙前大街，集聚了一批著名银楼，遂被人换作"银楼街"。这足以说明城隍庙和豫园地区是上海银楼业中历史最早、老字号最多、实力最强、影响最大的黄金珠宝销售中心。

上海解放后，为稳定市场，打击投机，国家规定禁止金银、外币自由流通，关闭了银楼。但是消费者对城隍庙前老字号银楼的影响并没有因此而消失。这就是说银楼没有了，老字号创造的无形资产还存在着，一旦市场恢复，这些无形资产就会发挥作用。改革开放后，黄金饰品市场逐步开放，城隍庙工艺品商店被首批批准经营金银饰品。他们打出了"老庙黄金给你带来好运气"的广告，唤起了人们的记忆，打动了消费者的心，近悦远来，众望所归。店多招客，客多兴市，现在，老庙地区已成为全国最大的黄金饰品市场，豫园商城也被命名为"中国黄金珠宝第一城"。这不是偶然的，而是与这个地区老字号集聚的商业历史文化价值再现有关。

老庙黄金是改革开放后上海恢复的第一家银楼。由于它是"种"在一块"熟地"上，因而如鱼得水。黄金饰品具有收藏价值、纪念价值和体小质轻、便于携带等特性，完全符合这一块土地的性质，因而能得到生存和发展。同时，"老庙黄金给你带来好运气"这句广告语更是说出了普通百姓希冀好运的朴素心理，于是前往老庙求购黄金者络绎不绝。城隍庙大殿黄金柜台的25名员工曾经历过黄金抢购的壮观场面。那时，柜台前天天挤满了人，进货多少就能卖掉多少，营业款多得要用麻袋装。人均销售和人均创利雄踞全市同行业之首，名满全国。

上海一度曾有"金店多于米店"之说，黄金市场竞争激烈，一些金店因经营不善而关闭，仅南京路就拆除了几十个黄金柜台，而老庙黄金却一枝独秀，全部盈利，并连续多年出现了每年黄金销售成吨的景象。当年，《经济日报》以《豫园商城黄金论吨卖》为题，报道了老庙黄金，在上海滩一时传为美谈。

"老庙黄金"不仅在上海家喻户晓，在国际上也是一个金灿灿的形象。上世纪九十年代初，世界黄金协会曾对我国黄金市场进行过调查，结果认为中国最大的黄金市场是上海，而上海黄金销售量最大的是豫园商城。1993年9月，世界黄金协会与"老庙黄金"在沪联合举办了一次以"黄金约会"为主题的推广促销活动，还授予"老庙黄金"国内唯一的"最佳黄金年轻企业大奖"。满附了神灵的福祉，播送着人们祈盼的福气、喜气和运气的老庙黄金就这样从几个黄金饰品专柜发展到开办独立的老庙黄金银楼，至今已成为拥有一大批银楼、钻石楼、黄金厂、铂金厂、连锁店、加盟店和各类公司的大型黄金珠宝产供销、科工贸一体的龙头企业，成了上海金饰行业三大巨头之一。

亚一金店是1993年国庆节前在旧校场路和福佑路口开出的，当时这个路口还只有亚一金店一家，东华美钻、城隍珠宝、老凤祥、珠玉汇市等都是后来聚拢来的。从这个意义上说，亚一金店在城隍庙地区抢占了制高点，并为黄金珠宝第一城的打造奠定了扎实的基础。

亚一金店开业之初，正值上海金饰行业风起云涌、金店如雨后春笋般出现的年代。不过当年卖黄金的店堂几乎都是幽幽的，昏昏的，柜台设置也都是暗沉沉的红木，似乎是为了显示黄金的神秘感。亚一的大堂却十分明亮通透，顺应年轻一代对黄金珠宝的追求。于是，一个完全不同于传统的金饰店就这样在城隍庙诞生了。老庙黄金重在一个"老"字，亚一金店的目标消费群锁定在"白领青年、时尚一族和新婚夫妇"这个层面上，产品定位以铂金钻饰为主，金饰为辅，以充分体现时尚风格。亚一金店还特约了老凤祥、珠宝玉器厂、宇宙、珍宝、裘天宝、首饰研究所等沪上六大王牌金厂进店开设专卖厅，直接经销沪产黄金首饰。由于沪产黄金饰品款式繁多，规格齐全，货源充足，为消费者提供了广阔的选择空间。与此同时，亚一又引进了实力雄厚的香港福辉饰品，依靠香港与国际同步发布首饰信息的优势，凭借其独特的款式和精湛的做工，吸引了大量追赶潮流的时尚人士。很快，亚一金店便凭借其优越的地理位置，以一流的经营规模、一流的环境设施、一流的商品和服务，成长为中国驰名商标，并和老庙黄金一起荣膺上海市商业品牌龙头企业。

在2005年7月召开的中国黄金协会一届四次理事会上，老庙黄金、亚一金店同时荣膺"中国黄金首饰驰名品牌"、"全国黄金行业明星企业"称号。其掌门人陈久和李康德还被授予"中国黄金行业优秀企业家"金质奖章。

也许正是城隍老爷的庇佑，黄金珠宝是豫园商城发展最快、市场占有率最高的产业。除了批发、零售金银饰品、珠宝玉器等外，还积极涉足黄金、铂金、钻石等要素交易市场，并介入黄金资源产业，成功投资有"中国金都"之称的山东招金矿业股份有限公司。豫园商城以老庙黄金、亚一金店为代表的黄金产业已经迅速崛起，黄金销售额占了整个上海市场份额的30%左右，成为中国黄金珠宝业的龙头企业，豫园地区也由此成为全中国最大的黄金珠宝销售中心。在2005年举办的上海国际首饰时尚节上，豫园商城被命名为"中国黄金珠宝第一城"。这是历史文脉与商脉的延续与发展。

改革开放后，随着老庙黄金和亚一金店在豫园地区的崛起，七大黄金珠宝品牌也相继在豫园地区安营扎寨。

1999年，在亚一金店租赁柜台起家的浙江嵊县人张铁军，在老饭店工程拆建改造时，以近4 000万元买下了700多平方米原珠玉汇市老地址的店铺，自立门户开出了"珠玉汇市"，生意红火。

不久，坐落于豫园旅游区要径的城隍庙第一购物中心，也在3 000多平方米的铺面开出了城隍珠宝总汇，成为以经营珠宝为主的大型首饰商场，以"城隍珠宝"品牌向人们昭示城隍庙已步入珠宝时代。

位于丽水路以东、福佑路以北的紫锦城商业中心，处于整个豫园旅游区的中心位置。中心一楼挂着"东华美钻金饰广场"的招牌，出售各类金饰、珠宝等。六楼是紫锦珠宝工艺品市场，分布着数十家珠宝零售、首饰加工、玉石鉴定等店铺，人气鼎盛。福佑路239号是投资1.5亿元的东华美钻金饰城，是由上海名牌"东华美钻"和"永生珠宝"两家全新整合而成的强势企业。其3 000多平方米的经营面积和上万件新潮时尚的钻石首饰，不仅在城隍庙首饰市场坐拥"钻石老大"位子，就是上海全市也是屈指可数。福佑路315号鄂尔多斯休闲广场一楼为香港周大福珠宝金行有限公司，经营周大福品牌钻石和金饰生意。至今已有160余年历史的百年老店老凤祥银店也重新回到豫园地区，开出了三个楼面1 000余平方米的旗舰店。2006年，老庙黄金又在老饭店所在地开出了两个楼面的旗舰店。至此，旧校场路、丽水路、福佑路四角地段汇合点，六大珠宝商汇聚一处，共同打造中国最大的黄金珠宝销售中心。

上海最老的商街

上海现存的商街,辈分最高、影响最大的,当数豫园老街。它建于清光绪三十三年(1907年),全长不足百米,两边一幢幢明清风格的两层楼房,聚集了45家具有中国传统特色的小店铺,呈现出老城隍庙"小、特、名、优、精"的经营特色。它依托豫园商城丰厚的文化底蕴、浓郁的民俗风情、个性化的经营特色吸引了无数中外游客,成为到上海观光游览的外国人最喜欢的一条街。

豫园老街上分布着以中华老字号、百年老店、名特商品为主的专业特色商店,经营着150多种大类的上万种各地特色小商品,无论是传统的刀剪、筷子、笺扇、手杖、渔具、线带、晴雨伞、纽扣、竹编、草编、绣品、花边、剪纸、瓶塞,还是时尚的风铃、香薰、居家摆设等,应有尽有,甚至还能找到市场上久违了的零拷蛤蜊油、百雀羚和头油等,每一家店铺都突现着自己与众不同的经营特色。

这里的商店布局采取一店一品的格局,而各店的牌号均为传统的匾额形式。这些匾额全部由沪上书法名家题写,书体因店而异,有的与店号暗暗相契,有的与商品相映成趣,店与店相接,匾与匾呼应,文采风流,交织成一个生意盎然的商业文化空间。

徜徉其间,一股浓浓的老上海风情扑面而来,东张张西望望,看中了就买几件带回家,似乎也带回了昔日老城隍庙特有的味道。

刀剪王国"王大隆" 王大隆刀剪店是豫园老街上最古老的商店。它创建于清嘉庆三年(公元1798年),至今已有二百多年的历史,其生产和经销的各类品牌刀剪以讲究质量而闻名海内外。厨房用的濮刀是王大隆销售的主要商品之一,从开创以来,延续至今,久盛不衰。而王大隆也正是由濮刀起家的。

上海切菜用的濮刀，是颇有特色的。相传，清代初年，有位名叫濮元良的上海本地人，他开的铁铺制造的刀具种类不少，最受欢迎的要数厨房用的切菜刀。濮氏制作的切菜刀不但钢质好，且式样与众不同，背厚而无刃，足有一二斤重，即可方便地宰割批切，又可用于斩鸡鸭等骨头，适合家庭及餐馆厨房之用。此刀乃濮元良首创，故被称为濮刀。

清嘉庆三年，有一王姓铁匠在老城隍庙附近一条名叫曲尺湾的小巷里租了一间房子开设打铁作坊，专门制造濮刀，生意居然不错。经过五六十年的积累，王氏铁铺已有了相当实力，其后代王大隆便于清同治九年（1870年）到设在大东门吊桥口的肖大隆刀剪店学习刀剪制作技术，学成后将打铁作坊扩建成前店后工厂的商店，并正式命名为"王大隆刀剪商店"。

上世纪二三十年代，王大隆刀剪店已传至其第五代传人王志伟手中。这个王志伟通晓各种刀剪制作技术，尤其精通制作刀剪的淬火技术，所以，他制作的刀剪十分锋利，加上店里拥有一批手艺高超的老师傅，故生意越做越好。

当时，王大隆生产的剪刀被称为"伟剪"，这种剪刀质量好，又特别锋利，裁缝剪刀一次可裁剪20层棉布。行话说，剪刀是"三分磨七分敲"，所谓敲，就是敲剪刀中间的眼子，只有眼子敲得服帖，平服紧凑，刀剪才能发挥出最佳功能。王志伟敲的技术是不传之秘，故伟剪一直领先于同行业。当年，伟剪与杭州秦记张小泉、苏州昌记张小泉并列为全国三大名牌刀剪。"王大隆"出名后，商店也随之从曲尺湾旧址搬进城隍庙内营业，店内刀剪经营品种有三四百种，并设有修磨服务。

抗日战争爆发后，上海刀剪业及作坊纷纷歇业，而王大隆凭其声誉与实力迁入法租界西藏南路112号继续营业。抗战胜利后，王志伟回到城隍庙，由于原址被毁，他便在老城隍庙内的豫园路30号即今王大隆刀剪店所在地开设了一家分店。1949年以后，王志伟又在离城隍庙不远的丽园路58号开设了"王大隆刀剪厂"，逐渐形成了生产与销售一条龙的格局。

改革开放使王大隆这家百年老店焕发了青春活力，它建有自己的生产基地，定牌监制王大隆刀剪，组建了王大隆刀剪实业有限公司，并走出城隍庙，实施连锁经营，已先后在上海各个区开出了多家连锁店和专柜。近年来，王大隆与海外厂商合作，定牌生产刀剪，推出了青钢圆头片刀、彩柄青钢片刀、911K厨房剪和家用组合剪等与国际接轨的新品，投放市场后立即受到消费者的青睐。

扇子大王丽云阁　在豫园老街上还有一家百年老店"丽云阁扇庄"，它创建于清光绪十四年（1888年），素来以经营书画笺扇等闻名。而令人惊异的是这个规模不大、仅双开间店面的扇庄，乃是豫园扇文化的起源地。

早在1880年，丽云阁还是城隍庙西园内的一座茶楼，因丽云阁三字雅致且有书卷气，吸引了不少文人墨客络绎不绝来此喝茶，渐渐汇集了当时一大批有影响的书画艺人，成了文人墨客的聚会场所，并在茶楼寄售书画和扇子。

到了清光绪年间，上海云集了一批全国的书画名家，他们频繁地开展结社活动，经常相聚在一起，赋诗作画，交流技艺。至清末民初，上海城内和租界的各种书画社有十几个，其中最富有特色的要数九曲桥荷花池畔的飞丹阁了。这家飞丹阁书画社，既是书画店，又是书画家俱乐部，还兼营客栈。一些外地书画家初来上海时便常在飞丹阁借宿。当年上海画派的重要人物玫奇、王秋言、吴庆云、胡公寿、杨伯润、任熊、任熏、任伯年、吴昌硕等都经常在飞丹阁画扇面、练书法。

书画社一多，书画家自然多，书画作品也多，书画交流艺术的规模也不断增大，丽云阁的场地明显不够用了。茶楼主人进退两难。这时，一位文人出了个主意说："依我看，丽云阁应该经营扇子，不该是茶楼，你们看，'丽'是日头，'云'是扇子，扇子挡日头，人不就凉快了吗？"茶楼主人看看书画扇子的生意不错，又有那么多有名的文人来此捧场，便在清光绪十四年（1888年）放弃了茶楼生意，将丽云阁改为"丽云阁扇笺庄"，专门经营扇子、笺纸、书画并代客装裱书画。

当时，城隍庙市场内有一二十家扇笺庄，专门供应各种扇子、扇面、扇骨和笺纸，并代客销售名家的扇面作品，成为清末民初城隍庙市场的一大特色。这些扇笺庄，批发生意做得很大，主要经销苏杭扇子。至民国十七年（1928年），上海城隍庙内就有丽云阁、青莲室、笔花楼等扇笺书画庄约22家。昔日上海大亨黄金荣在青少年时期就在庙市场的一家扇笺庄拜师，学习裱画，站柜台做生意。

有联赞曰："丽妆玉雕，江山多娇，尽收扇上；云龙风虎，史诗壮怀，盛载笺中。"丽云阁除了经销苏杭产品外，自己也有工场，加上文人墨客经常出没其间，为扇面泼墨作画，深受华侨商人喜欢，因此，丽云阁在上世纪20年代起经常向日本、印尼及东南亚其他国家供货，在南市众多的扇笺庄中独具一格。由于当年租界北市场最有名的扇笺庄是朵云轩，故有"北有朵云轩，南有丽云阁"一说。上世纪80年代后，丽云阁扇子的销售进入了黄金时期。由于空调、电扇的普及，扇子的实用功能逐渐衰退，而其文化内涵与日俱增。今天，纸扇不仅仅只是装点儒雅或扇风祛暑的工具，更成为旅游纪念品和艺术品。为此，丽云阁扇庄顺应时代发展，不断开拓创新，经营的苏扇和杭扇品种齐全，被誉为上海的"扇子大王"。

明清风格的豫园老街除了传统风格的筷子店、手杖店、剪纸店，又引进了一批具有时尚气息和异域风格的店铺。其中有洋溢东南亚特色的

"一旬之家"，充溢着"社火"图腾艺术的"天朝极地"，带有宗教神秘感的"藏经阁"等各具特色的店铺，无不精妙绝伦。漫步豫园老街，如入山阴道上，只觉美不胜收，有"乱花渐欲迷人眼"之感。

中华第一茶楼

城隍庙的湖心亭是中国现存最早的茶馆，它建于清乾隆四十九年（1784年）。看上去它由三座各不相同的亭子紧密组成，错落有致，主次分明，但中间没有接缝，又情同手足。整幢建筑为全木结构，且不用一根铁钉，木材连接处全用竹楔铆住，二百余年来没有重建过。今天的湖心亭仍以一种具有象征意义的建筑形态对游客形成视觉冲击，并显示上海人对于优秀传统的尊崇。

2004年中法文化年期间，中国文化部应法方要求，做了一个等比例的湖心亭模型，送到法国里尔上海风情街上展出。历史悠久的中国茶馆引起了西方人士的极大兴趣。要知道，现在喝中国茶的欧洲人是越来越多了，但真正在中国老茶馆喝过茶的并不多。从这点上看，湖心亭作为中国茶文化的形象大使是当之无愧的。

湖心亭原系明代四川布政使潘允端所构筑，是其私家园林豫园的一个重要景点，名曰凫佚亭。据潘允端所撰的《豫园记》载："池心有岛横峙，有亭曰凫佚；岛之阳峰峦错垒，竹树蔽亏，则南山也。"

时至清乾隆二十五年（1760年），潘氏子孙日渐式微，遂由阖邑人士集资购得，经过20余年修复，归入城隍庙开辟为西园。当时经营青蓝布的祝韫辉、张辅臣等20多位布商们拆除池中的小岛、假山、亭子，重建了高二层的六角亭台，名曰湖心亭，并添筑了石柱、石梁、木栏杆的九曲桥,连接南北两岸及湖心亭,以方便进出,并于乾隆四十九年（1784年）竣工,这就是延续至今的湖心亭、九曲桥的格局。

重建后的湖心亭一开始作为上海青蓝布同业公所驻地。当年留下的《西园记》有这样一段:"……湖心有亭,渺然浮水上,东西筑石梁九曲,已达于岸。亭外远近值芙蕖万柄,花时望之,灿若云锦,凭栏延赏,则飞香扑鼻,鲜色袭衣,虽夏月盛暑,洒然沁人心脾。"清人萧承萼也有诗曰:

水心亭子夕阳红,九曲栏杆宛转通。

小座忽惊帘自卷,晚凉刚动藕花风。

可见当年湖上美景。清咸丰五年（1855年）,上海手织棉布业因在与机织洋布业的竞争中衰落而将湖心亭出售,由购得业主用来开设茶馆,命名为也是轩茶楼。

清宣统年间,茶室主人因赌博亏空,遂于1910年将茶室出让给刘存厚（慎康）,继续开设茶楼,并改名为"宛在轩茶楼",寓意湖心亭宛如在画中。刘存厚在经营上很有一套办法,吸引了一批批文人雅士前往品茗、小憩。湖心亭由于其得天独厚的地理位置和清新、高雅、脱俗的品位,很快成为当时沪上最高档的茶楼。

1982年,湖心亭按历史原样全面整修,保持飞檐花窗的三亭连体结构,室内装饰以及桌椅、器皿、茶具均按传统形式设置,依然一派古风古貌。高悬的茶旗似在招唤八方来客,成为海内外游客休憩、览胜的绝妙佳处。同时,消失多年的民乐队又重振旗鼓,在湖心亭茶楼恢复活动,沉寂多年的九曲桥畔又响起了优雅悦耳的江南丝竹声。

1986年,英国女王伊丽莎白二世访问上海,在时任上海市市长江泽民陪同下至湖心亭茶楼品茶,欣赏江南丝竹,翻开了湖心亭接待国宾的崭新一页。

近年来湖心亭茶楼十分注重茶文化的研究推广,茶楼负责人曾多次参加国际茶文化研讨会,并推出了别具湖心亭特色的茶艺。其特点是用红、绿、黄、白、乌来概括红茶、绿茶、花茶、白茶、乌龙茶等颜色。其中,绿茶则用玻璃杯来冲泡,利用其透明、散热的性能,让茶客既看到茶叶汤色,又欣赏到朵朵绿叶嫩芽;花茶则用传统的盖碗;红茶与乌龙茶都用紫砂工夫茶具来冲泡。

1990年春,湖心亭建立了上海第一支茶艺表演队。春天举办龙井茶会,请杭州茶农当场炒制龙井茶,并作龙井茶冲泡演示;秋天组织乌龙茶会,使上海人不仅可一睹功夫茶的冲泡品饮情趣,又可体验到乌龙茶浓郁的香味和甘醇的美味。

每逢中秋佳节,湖心亭茶楼便推出"竹丝茶艺赏月晚会"活动,悠扬的中国古典乐曲隔水传来,服务员用传统的长嘴铜茶壶边为客人冲茶边唱道:"提壶不过肩,凤凰三点头,出水如蛟龙,水质如平湖。"

近年来,湖心亭茶楼还致力寻访各地的茶叶市场和采茶区,寻找新的茶品,引进了由黄山毛峰和黄山贡菊组合成的"锦上添花"艺术造型茶。这茶全用细嫩茶芽组成,形似一顶翠绿色的小帽,冲泡之后,三朵贡菊冲破茶芽分三层跳出,绽放于杯子中央,周围则簇拥着舒展开来的毛峰的青青茶叶,花香混着茶香阵阵袭来,喝一口,其味爽口,回味甘香,并有散风清热、平肝明目、降血压等保健作用。以后又开发了"海贝吐珠"、"映日金莲"、"仙桃献瑞"、"丹桂飘香"和"花之语"等造型茶,深受女士及欧美旅游团队欢迎。

从2001年起,湖心亭茶楼自除夕之夜10时起至凌晨,特设"守岁品佛茶"茶座,专门供应佛教圣地九华山寺院种植的"九华山佛茶",

由茶艺师净手上香，沏泡佛茶，与宾客共祝新年康泰，万民福寿。自初一至初五，湖心亭茶楼天天供应新年元宝茶。何谓元宝茶？元者，大也，元宝者，大富也。故喝元宝茶也就是喝"头茶"，这是沪上风气之一。

时下，客人在大年初一登上湖心亭茶楼后，在茶博士的贺喜声中落座。茶博士上茶时，盖碗上放着两个青橄榄，客人拿起青橄榄，用牙咬一口，然后和茶叶一起放在盖碗中冲泡，约30分钟后，茶香中飘起淡淡清香。这时，茶客左手托碗底，右手用盖轻揽茶叶，然后右手拇指和中指托碗，食指点盖，呷三口茶谓之品元宝茶。盖碗又称"三方杯"，托为地，盖为天，碗为人，故曰三方杯。所以新春喝完元宝茶又有"升官、发财、中举"之意，体现了人们对新的一年美好的祝愿。

2005年9月，湖心亭茶楼获得了上海市"十大最具影响力"老商标称号，同年11月，又获得了上海市著名商标称号。2006年3月，被上海市茶叶行业协会授予"上海市茶叶行业名牌茶楼"称号。这在沪上是绝无仅有的。

身价最高的小笼馒头

被誉为小吃王国的城隍庙，名气最响、人气最旺、食客点击率最高的当数南翔小笼馒头了。

一年365天，店门前总有一列长队等候着南翔小笼的出笼，长长的队伍犹如九曲桥一样蜿蜒，堪称城隍庙一道独特的风景线。南翔馒头其实并非源于城隍庙，它诞生在嘉定县的南翔镇。清代光绪年间，一位姓黄的居民在镇上开设了一家糕团点心店，店名叫日华轩，专营糕团食品。

黄老板病故后，由其子黄明贤继承家业，他将糕团店改为专卖小笼馒头、馄饨的点心店。南翔人有泡茶馆的习惯，他便设法将馒头送到茶馆去卖。茶食要求精细，他便开始试制一口一个的小笼馒头，并放在小型的竹笼格里蒸。由于其制作考究，注重质量，很快成为南翔名点。

后来，黄明贤儿媳妇的表弟吴翔升到店里学徒，他聪明好学，不但学会了南翔馒头的全套制作手艺，而且精益求精。吴翔升感到南翔这块弹丸之地难以施展，决定自己拓展市场。1900年，吴翔升带着制作小笼包的师傅赵秋荣来到上海县城，闯荡事业。他来到城隍庙，见庙内香火旺盛，游客众多，茶馆林立，便以高价租借了九曲桥畔的船舫厅，开设了一家名为长兴楼的馒头店，并亮出南翔小笼的品牌。

吴翔升的南翔小笼包选料讲究，皮薄、馅重、卤多、形美，具有一包汤特点。它在制作上有三大特色：其一，小笼胚子使用呆面，不发酵，操作要用手工从硬的面团一直揉到软实，这样就能薄皮包馅，出笼的馒头皮薄，透明，馅里的卤汁不会漏出来，吃口柔软、爽口，有一包汤。其二，小笼的鲜肉馅心，选料讲究，固定配料，鲜肉的精、肥搭配适当，旧时用切菜刀剁成肉浆。当初在店内专门设一直径为75公分的木质大砧墩，三个师傅围在一起，用手工将腿肉斩碎成肉糜，加入肉皮冻和调味，搅拌至浓粘程度，蒸出的小笼就会满腹鲜卤，美味可口。其三，包馅时馒头的馅口要打16个以上的褶，丝丝入扣，宛若裙边，口如鲫鱼嘴巴，且形如宝塔，玲珑剔透。蒸熟后连笼端上桌来，看得到半透明的皮子里晃动着浅红色的肉馅。再加上一小碟店里特制的香醋和一碟切得极细的姜丝，一小碗蛋皮汤。用筷子夹起小笼包，蘸点米醋，轻轻一咬一口汤，热烘烘地流进胃里，顿觉鲜美无比。

南翔小笼在城隍庙一炮打响，至上世纪二三十年代，已成为老城隍庙三头（小笼馒头、五香豆、蜡烛头）之一，名闻全国。

1994年4月27日,来华访问的加拿大总督纳蒂辛一行来到南翔馒头店门口,见外卖柜前排成一字长龙,他好奇地问翻译是怎么回事,听了翻译的介绍后,他便想亲口尝尝。这时,在场的副经理不失时机地递上一双一次性筷子,并打开一笼刚出锅的热气腾腾的小笼包子请他品尝。总督会意地笑了,便用筷子挟起一只小笼包当场细细品尝起来,并连连赞叹道:"这是世界上最好吃的点心!"

1995年,南翔小笼被上海市人民政府财贸办公室认定为"上海名特小吃",1998年,又荣获中国烹饪协会颁发的"中华名小吃"称号,登上了国家级名小吃的宝座。2000年,南翔馒头店被国家贸易局评定为"中国名店",随后,又荣获了中国烹饪协会颁发的"中华餐饮名店"的称号。

2007年,南翔小笼的制作工艺被上海市列为首批"非物质文化遗产"名录,目前正在申报国家级"非遗'。就在这一年,著名球星姚明回中国参加NBA的"篮球无国界"活动,火箭队队友海德也在来华球员之列。有人问起姚明准备带海德到哪里逛逛时,姚明回答"城隍庙",当被问到"带他去吃什么",姚明脱口而出"小笼包"。当你看到日本游客在南翔馒头店遵循导游"一口开天窗,二口喝汤,三口吃光"的教导,以及"轻轻提,慢慢移,先开口,后吸汤"的要诀时,不得不承认,文化不但可以吃,还能以吃的形式传播。

围绕做大南翔小笼品牌,豫园商城多年前就开始了一系列变革。通过两次扩建,经营面积扩充为600多平方米,并在全市第一家推出现拆蟹肉、现包小笼、现场展示的"体验消费",并增加了堪称精品之冠的松茸小笼和蟹黄鱼翅小笼等创新品种,为南翔赢得了更多的顾客。

与此同时,面对竞争激烈的餐饮市场,尤其是台湾同行鼎泰丰以及肯德基、麦当劳等洋快餐的竞争,南翔小笼采取一系列"做精"的应对措施。如学习洋快餐"操作有标准"的管理方法,做到选料标准化、配料科学化、操作工序化、制作固定化、奖惩透明化；对拳头产品、招牌产品实行定品名、定原材料、定质量标准、定操作工艺、定责任人等"五定"制度，并实行科学配方，按"方"操作，实现科学配方与传统工艺之间的"糅和"；对小笼包进行精化，在保持特色的基础上，减少了汤汁的油腻成分，同时开发了野菜和菌菇小笼包等健康素食新口味，使之从大众品牌发展到了精品品牌。

近年来，南翔馒头店已成为上海的一张美食名片和豫园的美食大使，其美名在国内外不胫而走，并相继在世界各地开出了自己的连锁分店。2003年4月25日，南翔馒头店第一家海外分店在东京最繁华的六本木地区希尔兹大厦购物广场正式开张，这也是沪上老字号餐饮业头一遭跨出国门。开业不久，就以营业额天天超过150万日元而轰动了日本商界。

东瀛路线成功辟出后，豫园商城敏锐地意识到南翔品牌在东亚及东南亚地区的知名度是笔巨大的无形资产，马上主动出击，赴新加坡等东南亚国家注册商标，为开新店作好准备。2004年，韩国首尔清潭洞有了首家南翔馒头店。紧接着，2005年7月印尼雅加达希尔顿也开出了南翔馒头店。同年9月，新加坡维多利亚大街白沙浮广场也开出了南翔馒头店。10月31日，香港铜锣湾广场一期三楼开出了南翔馒头店。2006年，南翔小笼日本大阪店、福冈店、香港太谷广场店也相继开业。不久又召开了南翔小笼国际合作商年会，这标志着南翔小笼海外拓展已形成规模效应。如今，南翔小笼除在东亚、东南亚一带迅速发展外，美国、加拿大、澳大利亚等国家也都有商家上门洽谈，要求合作开设海外分店，"南翔小笼"已成为海内外投资者争相引进的著名品牌。冠以"小"字的南翔馒头，现已身价过亿，这不能不说是一件奇迹，也是中华名小吃的骄傲。

老百姓叫出来的老饭店

以擅烧本帮菜肴蜚声沪上的上海老饭店最初不叫老饭店，而是叫荣顺菜馆。清同治年间，有一个叫张焕英的浦东川沙人，平时擅长烹饪菜肴，周围邻居凡举办婚丧宴席，都要请她和丈夫一起去帮忙掌勺。日子一长，张氏夫妇竟成了当地远近闻名的厨师夫妇。在光绪元年（1875年），不甘寂寞的张氏夫妇决定走出乡村，去闯荡大上海。

他们来到城隍庙西首，在旧校场路11号租下一间单开间门面的二层楼街面房子，开设了一家名为荣顺菜馆的饭店。饭店为前店堂后灶间，店堂内摆开三张八仙桌，其中一只还只能靠壁而摆，故俗称"两张半台子"，台子周围配备了11条双人板凳，可同时供应22人就餐。

针对旧校场路附近来来往往的大多是劳动人民的特点，张焕英便烧制一些价格低廉的家常菜。张焕英负责上灶烹饪，丈夫则负责跑堂招呼客人，就这样，一个当厨师，一个当堂倌，夫唱妇随地干了起来。原料虽然一般，但凭借张焕英的一双巧手和烹饪技术，倒也制作出了一些色香味俱佳的菜肴，如纤柔豆腐汤、走油蹄髈、油爆河虾、清炒鳝糊、红烧鱼块、肉丝黄豆汤等，即便是最普通的炒青菜或是黄豆芽烧油豆腐也做得异常鲜美，而且定价低廉，加上张老板夫妇为人谦和，招呼客人又热情，故深得进城卖菜的菜农和一些来城隍庙游玩的游客、进香的香客以及周围居民的青睐，很快，远近闻名，生意越来越好。有了些资金，张老板又租下了旁边两家门面，荣顺馆变成三开间门面，桌子也从两张半扩充到了十二张。

到了上世纪二三十年代，张氏夫妇又研制出了一批上海本帮特色菜，成为自己饭店的看家菜，其中有糟钵头、草头圈子、八宝辣酱、椒盐排骨、砂锅、清炒响鳝、扣三丝、红烧鲴鱼、生煸草头、红烧狮子头等，在上海本帮菜中独领风骚。

那时，荣顺馆供堂吃的绍兴酒都是从邻近的王三和绍酒店里批购来的，这家绍酒店创建于清宣统元年（1911年），监制优质绍兴酒，在城隍庙一带颇有些名气。荣顺堂老板看中王三和花雕的口味醇厚而长期批购，也算是老字号的一种经营之道了。

1937年，张焕英在82岁那年寿终正寝。她的儿子张德福继承家业，荣顺馆从原先的一层楼翻高到二层楼，并创建出一批新的看家菜。当时上海人，尤其是南市老城厢周围的人，凡请客吃饭，必到老饭店，而当年上海文艺界人士最喜欢光顾的聚餐场所也是老饭店。上海人对经常去的地方，习惯称之为老地方，久而久之，到荣顺馆吃饭，就说到老地方去。后来，就干脆说去老饭店，彼此心领神会，绝不会走到别的饭馆去。就这样，"老饭店"在食客口中越叫越顺，原先的店名"荣顺馆"反倒没人叫了。

1965年，荣顺馆迁至福佑路242号，三开间门面，上下两层，摆着几张八仙桌。那时，这家已经营了90年的荣顺菜馆便正式更名为"上海老饭店"，成为豫园旅游区内的大型涉外饭店。

豫园商城成立后，在福佑路丽水路口造起了一幢五层楼飞檐翘角、粉墙朱栏的仿明清建筑，2000年10月8日，老饭店迁入楼内。从此，这家百年老字号饭店脱胎换骨成了一幢集餐饮、住宿和商务于一体的三星级酒店，成为沪上品尝上海本帮菜的首选酒店。

长期以来，老饭店除保持其传统的本帮菜特色外，又以海纳百川的精神吸引其他各帮菜肴之精华，尤其是苏浙皖的烹调特色，形成了甜咸适宜、浓淡兼长、清纯和美的风味，发展并丰富了本帮菜。

在老饭店的众多看家菜中，有一款脍炙人口的"八宝全鸭"，它是从鸿运楼的名菜"八宝鸡"移植而来的。他们改拆骨为带骨，以保持形状；由汤煮改为笼蒸；改开膛破肚为从翅膀下割开取出内脏，塞足辅料。

同时，为了避免"偷袭"之嫌，舍鸡而选用填鸭代之，结果鸭膛里吃透油水的糯米肥而不腻，糯而不粘，皮肥肉酥，较八宝鸡更胜一筹。

糟钵头也是老饭店的一道看家名菜，是用猪心、猪肺、猪肝等内脏作原料，配以香糟卤，加上青蒜叶，放入粗钵头里烩制而成的，因其味美而渐入酒肆饭馆。当年沪上名人鲁迅、周信芳等都喜欢来这里品尝。

老饭店的红烧鲴鱼、扣三丝是上海有名的特色菜。其中，扣三丝制作时先用三份火腿丝、两份笋丝和一份熟鸡脯丝，红白间隔地竖直放进盅扣，并使每种丝都整齐地紧贴盅壁，中间填入冬笋和猪坐臀混合丝揿实，然后加入适量盐、味精、清汤，上笼蒸10分钟后，取下覆在大汤碗中，冲入清澈的高汤，揭去扣具，成品似耸立在碧波中的一座漂亮的小山，故历来被称为金山银山堆聚成山、寿比南山、福如东海的吉利菜。

老饭店另一道看家菜"虾子大乌参"，是在德兴馆创始的基础上改进而成的，可以说是"青出于蓝而胜于蓝"。其特点一是选购的乌绉参肉厚、体大，一般500克干品仅五六只。当每年7月间虾子上市时，他们又专门选购蓝青色河虾的新鲜虾子，包装后置于冷库全年备用。此河虾子有芳香味，鲜味足，是形成这道名菜特色风味的重要因素。二是辅料和烹调技术。烹调时，先将备用的大乌参放入八成熟的油锅中炸爆，使参体形成空隙，便于入味，然后起出乌参滤油。再用猪大排、草鸭等原料加红酱油煮的红高汤卤作调料，配以河虾子以及黄酒白糖，在加盖的锅中煮十分钟后，加入适量的水淀粉勾芡，再加入滚烫的现熬葱油，使芡卤能较多地粘住乌参，盛在长圆形瓷盘中，就成了色香味俱佳的"虾子大乌参"。

2004年，老饭店派员赴广州参加世界烹饪大奖赛。这个赛事被称作餐饮界的奥运会，厨师若能夺冠，立刻名满天下。而老饭店在这次大赛上稳稳夺得两块金牌，一块银牌。其中的一块金牌，便是袖珍八宝鸭。厨师将鸭肉拆开来，做成每人一份的量，每只比馒头还小，但鸭子的形状却依旧不变。

著名作家余秋雨在老饭店用餐后欣然写下：上海老饭店，上海的象征！

接待国宾最多的酒家

绿波廊是国家特级酒家，上海市著名商标。近20多年来，已先后成功接待过四五十位国家元首、政府首脑以及众多名人，被誉为接待国宾最多的酒家。

绿波廊原址为茶坊，属明朝潘氏豫园的楼阁群之一。潘氏豫园荒芜后，由邑人集资改建为城隍庙西园，园内有一处名"绿波廊"的景点。1924年，西园楼阁的一部分曾开设茶楼，取名"乐圃阆"，成为茶客品茗和商人洽谈生意的地方。

1979年将旧楼修缮改建为餐厅，因其濒临九曲桥荷花池，而荷花池原名绿波池，于是，便将餐厅定名为绿波廊，既是集环境之雅，富有诗情画意，又与原茶楼"乐圃阆"谐音，且与原西园内"绿波廊"景点暗合，具有历史文化内涵。

说起绿波廊酒楼的创办，还真是和国家元首有关。

1973年，柬埔寨国家元首西哈努克亲王来豫园访问，留下了一本14道点心的菜单。改革开放后不久，王光美、廖承志、章含之等相继来到豫园，点名要吃当年西哈努克亲王吃过的14道点心。席间，廖承志提出在豫园开设一家荟萃城隍庙各种特色点心和上海地方风味菜肴的饭店，绿波廊就这样应运而生。现在的这个白底金字的店招还是廖承志请孙中山先生的秘书、著名书画家田桓先生手书的。

绿波廊开业时，调集了一批餐饮业的精英，其中有著名苏帮点心师陆苟度和他的徒弟周金华、德兴馆著名厨师李伯荣、大富贵名誉特级厨师缪杰臣等，荟萃了老城厢的名点和名菜，从而为绿波廊的崛起打下了扎实的基础。

1993年仲夏的一天，沪上著名书画大师、101岁的朱屺瞻先生游毕豫园，欣然至绿波廊酒楼用餐。酒酣耳热之际，朱老挥毫为绿波廊留下了"回味无穷"四个大字。在"回"字右下方不经意地留下了一大一小两点。第二天，酒楼领导拿着朱老的墨宝去朵云轩装裱，店内一位老法师一见拍案叫绝："太妙了！这两点乃神来之笔。大点表示100岁，小点代表1岁，朱老一百又一岁，在绿波廊就餐回味无穷。"后来，一位朱派研究者说："此两点系象形符号，朱老对绿波廊菜点倍加钟爱，此乃'垂涎欲滴'也。"如今，朱老已仙逝，这一大一小两点墨迹留给人们的是回味无穷的遐想，但它确实是恰到好处地点明了绿波廊的真谛。

长期以来，绿波廊酒楼以博采苏帮名店之长、精心制作老城隍庙点心、汇集上海风味菜肴而闻名海内外。自1986年10月接待英国女王伊丽莎白二世以来，已先后接待了美国总统克林顿、阿根廷总统梅莱姆、古巴共和国国务委员会主席卡斯特罗等数十位外国元首级贵宾。

酒楼常年供应凤尾烧卖、萝卜丝酥饼、奶黄包、豌蓉包等，其中最具特色的是三丝眉毛酥。它以火腿丝、笋丝、香菇丝做馅，以油酥面包裹，捏成慈菇状，上缀一条弯弯的花边，犹如美女之娥眉，故称之为眉毛酥。这些年，绿波廊又陆续推出了金腿小粽、蟹壳黄、菜肉蒸饺、酒酿汤圆等点心，还推出了国宴小吃、部优金牌点心集锦、四季风味清廷名点等系列。

绿波廊的精品点心还借鉴了船点制作的精华，他们用面团作材料捏出各种小巧玲珑的瓜果菜蔬、花鸟鱼虫、小鸡小鸭，个个栩栩如生，神态逼真。有外宾将其誉为"嘴边的雕塑"，因为做得太精致，往往使人不忍下筷。

陆亚明是苏派点心泰斗陆苟度的儿子。如今，他是沪上餐饮业最年轻的国家级高级技师、世界烹饪比赛金牌得主。他在传承前辈精髓的基础上，把大胆的创新揉进面团，把执著的追求融入点心，立志要做天下最好吃的点心。眉毛酥是绿波廊的特色点心，其制作既要层次分明，外形又不能散。陆亚明经反复试验，使眉毛酥做到了"眉清目秀"。在世界烹饪大赛中他以眉毛酥参赛，获得一致好评，位列金牌选手第一位。

绿波廊在经营上"集各地风味于一席，融百家精粹于一炉"，最令人称道的当数"雨夹雪"宴席了。"雨夹雪"即"菜夹点"。传统国宴上菜程序都是冷菜—汤—荤菜—素菜—点心—水果，菜多于点心的模式，而绿波廊根据自身的条件，创造了"菜夹点"的新格局，如6道热菜、6道点心交叉上席，或是上一道菜或两道菜后夹一道点心，把美点和佳肴有机地结合起来。

在接待过的众多国宾中，当数时任美国总统的克林顿最为经典。1998年6月克林顿总统来中国访问，为了安排好30日在豫园活动时的午餐，美国领事馆候选了包括绿波廊在内的沪上五家知名餐厅，对绿波廊进行了几十次的明察暗访。有一次突然来了50个美国人，要求30分钟内就餐完毕，酒水、菜点各自点，结账AA制。于是，酒楼以最快的速度打印出绿波廊的部分特色菜点，请他们选择打勾，接着，以"协同服务"优势上菜、派菜、倒酒，终于在规定时间内满足了客人需求，被认为其菜点、环境、服务水准都具备了接待美国总统的能力。

克林顿品尝枣泥酥饼时，连连称赞道"我从来也没有吃到过这样好吃的点心"。桂花拉糕又糯又香，克林顿用筷子夹时却力不从心，机灵的服务员忙上前帮忙，总统咬了一口，拉糕仍粘在筷子上，服务员接连替他换了三双筷子。克林顿的女儿尤其爱吃店里的萝卜丝饼，接连吃了好几只，甚至把隔壁桌上剩下来的一只也拿来吃了。还有备受克林顿一家青昧的家常菜——咸菜毛豆，咸菜是广东空运而来，毛豆是农科院的定点产品。

绿波廊为使顾客有"宾至如归"的感觉，又推出了"三特服务"新招和首席服务员制度，被客人誉为"国宴服务"。

何谓"三特服务"？首先是特色服务。绿波廊的国宴是一个特色，把国宴菜点原汁原味地奉献给顾客，是绿波廊孜孜追求的目标。

其次是"特殊服务"。绿波廊对于特殊需要的顾客予以特殊服务，如"上门烧菜"、"餐前酒会"、"中餐西吃"、"外卖服务"等。为顾客"度身定制"的特殊服务充分体现了"以客为本"的服务宗旨。

三曰"特别服务"，即根据顾客的特别要求，千方百计地满足之，不说不字。这是绿波廊"三特服务"中的亮点和"卖点"，有"名师进包房，绝技当场演"、"指名道姓选服务，资深服务有品味"、"挂牌唱戏点厨师，特色菜肴专人烧"等特别服务。

为了把"精致服务"导入平时的服务中，绿波廊又推出了"首席服务员"制度，这在沪上是第一家。首席服务员在服务前先亮牌介绍，餐后递上意见征询卡，请客人自愿签署服务费。首席服务员制度的推出使服务员在接待过程中始终保持一种良好的竞技状态，做好整个接待过程中的每一个细节，提升了服务品质，带动了整体服务水准。

2005年，绿波廊餐饮获得上海"十大最具活力"老商标称号。

品味百年"豆王"

上海虽说是国际知名的大都市，但若说起上海有哪些值得称道的土特产或旅游纪念品时，却令人汗颜，因为几十年来不改的是五香豆、梨膏糖……不要说国内外游客，就是地道的上海人，一不留神也会说出"不尝老城隍庙奶油五香豆，不算到过大上海"的老古话。为什么小小五香豆会在市民和国内外游客中有如此大的影响力？那是乡情凝结的中国传统文化使然。

闻名遐迩的上海五香豆商店如今坐落在豫园九曲桥畔的广场上，商店内飘出的略带咸味的奶油芳香在空气中荡漾，那是城隍庙独有的味道，吸引着几乎每个到城隍庙观光的游人，他们争先购买，以便回家后送给亲朋好友，共享上海之旅的收获。

五香豆的故事，从一个人开始。他叫郭瀛洲，19岁那年，他背井离乡，只身来到上海讨生活。1937年，郭瀛洲经熟人介绍进了城隍庙旁的雷云轩烟杂店当伙计。

当时，老城厢曾流行一种休闲小食茴香豆，生意相当兴旺。小东门宝带弄口老山东经销的茴香豆生意特别好，总在几个钟头内卖光。郭瀛洲心想这门生意成本不大，资金周转也快，倒是可做的。于是他每晚去茴香豆摊查看，想探点口气，偷点关子，怎奈老山东守口如瓶，秘而不宣。

郭瀛洲一看此计不成，另生一计，就买了一包茴香豆回来细细琢磨，并备了煤球炉和锅子做起了试验，终于掌握了烧煮的技术。大家认为此豆风味独特，不妨上街摆摊叫卖。但上市后，生意并不见好。

说来也巧，在雷云轩附近有一个名叫张阿顺的小贩，他专卖一种六香豆。据《邑庙食谱》记载："邑庙内品芳照相馆左近，有一种用糖水所烧的六香豆，其味极美，假如羼入胡椒并食，则龙凤之肝，亦失其味矣！"郭瀛洲曾将六香豆和茴香豆作过比较，发现其制作程序有许多相似之处。后来，张妻身亡，留下三个孩子，张阿顺无心经营，便将制作六香豆的秘诀和盘托给了曾经在困难时资助过自己的郭瀛洲。

拿到六香豆制作秘诀的郭瀛洲开始了试制工作，他自己选购蚕豆，配料，甚至试用进口红狮牌香兰素作为辅料，一遍又一遍地试验。当郭瀛洲把最后一点原料和辅料投入锅中时，意想不到的奇迹发生了。最后一锅五香豆包裹着白霜，犹如冰糖制成般惹人喜欢，尝一粒，又香又糯。郭瀛洲看着出锅后静静地躺在簸箕中色香味俱全的五香豆，情不自禁地喃喃自语起来："阿吆喂，乖乖，再不成功，我就没得命了！"

这种比茴香豆略为坚韧、比六香豆味道更足的五香豆，之所以称之为五香豆，并非因为里面加了五种香料，而是借助于一个民间传说：当年乾隆皇帝下江南时，对自己品尝过的一味豆类食品，连称"香，香，香，香，香"！

初试成功的郭瀛洲在稳定五香豆质量上很是下了一番工夫。他生产的五香豆一律采用江苏吴江产的白蚕豆，这种豆皮表呈草绿色，颗粒饱满，有糯性。制作时，把挑好的白蚕豆进行冲洗，加入适量食盐、茴香、糖精和奶油、香精等配料入锅烧煮。烧煮分头锅与二锅。五香豆表皮上的白霜是因盐卤冷却后泛出来的盐霜，加上有奶油香精等配料，人们便认为白霜是涂在五香豆上的奶油，所以，便把它叫作冰糖奶油五香豆。

1939年9月，掘到奶油五香豆第一桶金的郭瀛洲，便将原来的"雷云轩"烟杂店改名为"兴隆郭记字号"。在经销中，郭老板一改过去习惯用的三角包和斧头包，采用了专制的牛皮纸袋，纸袋正面印着横写的"兴隆郭记字号"，然后竖写着11个大字"精制冰糖奶油五香豆大王"。这种包装一推出，果然大受欢迎，从原本上海人逛城隍庙时随手买点尝尝的零嘴小食，一跃而成为可以拿得出手的馈赠礼品，销路一翻再翻。

为了扩大五香豆的批零销售，郭瀛洲又在老城隍庙附近的晴雪坊开了一家中型规模的五香豆生产专制工场。在原材料上，他大胆采用了当时有名的嘉定白蚕豆,此豆以皮白、脐白、仁白而得名,故又名三白蚕豆,虽然成本较高,但保证了五香豆的质量。

上世纪40年代,一批经营小百货的老板,在五香豆丰厚利润的诱使下纷纷改行经营五香豆,冒出了一批"陆记"、"英记"等五香豆店家,竞争愈演愈烈。1950年12月16日,郭瀛洲跨进上海市商标登记处注册了"兴隆商标",专用期限20年。此举使郭瀛洲成为城隍庙第一个具备注册商标的人。从此,"兴隆郭记号"老城隍庙奶油五香豆在激烈的竞争中独占鳌头,销售量占了整个城隍庙地区的60%。

上世纪70年代末,五香豆的生产能力得到迅猛的发展,原料采用浙江余姚一带的优质白蚕豆"牛踏扁",在配料上采用液体香料,烧煮上改用蒸气锅炉,使用不锈钢隔层锅,制作出来的五香豆颗颗呈鞋底形,大小盐霜分布均匀,表皮为有一定光泽的奶白香,一粒在口,回味无穷。

1997年,第一届上海国际旅游节上,以五香豆为原型的"快乐豆"成为首任吉祥物。1998年,由老城隍庙食品公司斥资800万元收购上海五香豆厂。

历经数十载风雨,五香豆的生产环境早已告别了前店后场的老作坊,通过了HACCP质量认证的生产线,实现了机械化和自动化。2004年又引进了日本进口的全自动包装机。

为了适应市场多元化的需求,五香豆厂还不断开发出五香豆新品种,如盐炒豆、葱油豆板、茄汁豆板、沙爹豆板、兰花豆、怪味豆、状元豆、结缘豆等蚕豆制品。花色品种的增加,给老品牌注入了时尚和创新元素,焕发出了勃勃生机。

现在,五香豆依然是逛城隍庙的游客最为青睐的旅游休闲食品。位于九曲桥正对面的上海五香豆商店有一副黑底金字楹联,上书"细谈间跨越历史长空,回味中感悟人生真谛",发人深省。

如今的五香豆不仅作为一种受人欢迎的休闲食品进入我国千家万户，且远销港澳地区及日本、东南亚各国，甚至在大洋彼岸也广受欢迎。在它收获的荣誉中，有中华老字号、上海市著名商标、上海市重点推进商业品牌、上海畅销快速消费品等称号；2005年，又荣获了上海"十大最具活力"老商标称号。

话说梨膏糖

梨膏糖相传为唐朝名相魏征为治母咳嗽气喘病而首创。上海老城隍庙梨膏糖，有历史记载从咸丰五年起至今已有150多年的历史。作为百年老店中传统的梨膏糖，铸就了中国食品150年产品的生命周期。它不仅遵循药食同源的中医理论，而且实现了中国人文糖果之文化。它从取百草之精髓，熬传统膏糖始，给芸芸众生带来了健康与快乐。通过一代又一代人的艰苦创业与探索追求，成就了今天梨膏糖的辉煌历史。

老城隍庙梨膏糖食品商店的前身是咸丰五年的"朱品斋"、光绪八年的"永生堂"和光绪三十年的"德甡堂"。

清咸丰四年（1854年），一对姓朱的夫妇从苏北逃荒来到上海城隍庙，在庙前大殿的石狮子旁摆了个摊头，卖些水果和小糖块。这一年，邻家水果店进货的五十篓砀山梨因遭雨淋而大部分溃烂，不得已把整篓的梨倒了。朱家夫妇便把它们捡了回来，削去皮，挖去烂的地方，切成小块，标一文钱五块，生意居然不错。手脚勤快的朱氏夫妇索性把削干净的梨浸在盛满糖水的水缸里，既防腐，又入味，受到顾客青睐。受此启发，朱家夫妇就尝试把梨块放进铁锅里和糖一起煮熬成梨汁膏，冷却后制成糖块出售。这就是最早的梨膏糖。

第二年春天,有个钦差大臣来到城隍庙进香,路过朱家小摊,见到梨膏糖,好奇地买了块尝尝,感觉味道不错,当即买了五十块,带回京城,献给咸丰皇帝尝新。咸丰皇帝吃后,想到这几天懿贵妃(即后来的慈禧太后)感冒,于是派人将梨膏糖送进内宫给她品尝。没料想懿贵妃吃后竟然胃口大开,咳嗽停止,病也好了。咸丰皇帝大喜,当即下令嘉奖钦差大臣,并传下圣旨,要上海年年进贡梨膏糖。钦差大臣便指定由城隍庙前摆摊的朱氏夫妇负责熬制梨膏糖进贡。

朱家小摊因皇帝的垂青一下子名气大振,很快就在城隍庙殿前开出了店铺,店号名为"朱品斋",专售梨膏糖。

朱家原本就几代行医,且有祖传秘方。他们将中药适当掺杂在梨膏糖中,制成药梨膏,且用古法炮制,所以梨膏糖和药梨膏的生意越来越好,远近闻名。

朱氏店铺传到朱慈兴手里时,已是上世纪20年代末。这时,上海已形成了大都市的格局。朱慈兴除专制祖传药梨膏外,还研制出了高级梨膏糖,里面除投入含有止咳化痰药料外,还添入人参、鹿茸、灵芝、玉桂、五味子等贵重补品,颇受各界名人雅士的青睐。他还根据公馆顾客的需要,代为配置梨膏糖,每剂以25市斤为一料。电话联系,送货上门,使梨膏糖成为集礼品、闲食、治病为一体的高档食品系列。

清光绪八年(1882年),在老城隍庙星宿殿对面晴雪坊弄口又出现了一家以"永生堂"为店号的梨膏糖商店。店主张银奎在经营方式上开创了梨膏糖"文卖"的特色,行话称为"锉木"。所谓"文卖"是以现做现卖梨膏糖的方式,当场撮料,当场配置,绝无虚假,以此吸引顾客而生意兴隆。卖糖者和着梨膏糖制作过程中发出的呛呛之声,唱出药名:

　　一包冰屑吊梨膏,二用药味重香料,

三（山）楂麦芽能消食，四君子能打小因痨，

　　五味子玉桂都用到，六加人参积草，

　　七星炉内肝火旺，八面生风熬梨膏，

　　九制玫瑰香味重，十全大补有功效，

　　吃我一块梨膏糖，消痰止咳又防痨。

　　永生堂虽然地段一般，但以此种手段经营，生意竟比朱品斋还要兴旺。当年张老板在上海滩有癞痢头银奎之称，被誉为江南一绝。

　　清光绪三十年（1904年），在老城隍庙北面又出现了一家梨膏糖商店"德牲堂"，店主姓曹，曾是张银奎的徒弟。曹氏开张以来，经常走街串巷，叫卖梨膏糖。店主常以时政新闻和小道消息作为说唱内容，唱词幽默诙谐。如有名的《吃不吃》歌唱道：

　　咳嗽的吃了我的梨膏糖，清肺止咳喉咙爽；

　　肚子痛吃了我的梨膏糖，放三个响屁就灵光；

　　姑娘吃了我的梨膏糖，面如桃花红堂堂；

　　小伙子吃了我的梨膏糖，三更扯蓬到天亮；

　　裁缝师傅不吃我的梨膏糖，领圈开在裤裆上。

　　演唱时还以小京锣伴奏来逗笑，常常一曲刚落，人们竞相购买。这种经销梨膏糖手段称之为"武卖"。

　　当年上海滩经销梨膏糖的摊贩不计其数，他们自编自演，针对时弊，笑料丰富，特别受大众欢迎。梨膏糖小贩为了躲避警察，常以自己"热昏头，唱的内容不作数"为名自喻"小热昏"。当时在沪的滑稽明星韩兰根、潮流滑稽代表刘春山都曾以小热昏的名义出现在社会上，推

销梨膏糖。

梨膏糖与其他糖果的不同之处在于除药用外，主要是不用饴糖而尽用白砂糖，所以，它不透明，也没有硬糖的硬性和软糖的粘性，吃起来自然别有风味。当年，老城隍庙三家梨膏糖商店业主之间的相互竞争与各有所长的发挥，形成了梨膏糖业中以药食同源为根基的私家秘方，并使梨膏糖的配方生产更趋科学化、合理化。而三家前店后工场作坊式的小品经营，以货真价实、老少无欺且花样翻新赢得市场。

1956年公私合营高潮时，朱品斋、永生堂和德牲堂三家梨膏糖店合并成上海梨膏糖商店，实现了城隍庙梨膏糖品牌的统一。如今，城隍庙梨膏糖从糖浆搅拌、形成糖块到烘干、包装等已全部实现了自动化，每分钟可"吐"出160块。一天两班生产，日产量达到1吨，而且是零库存，成为全国梨膏糖行业的龙头老大。

为适应市场的需求，老城隍庙梨膏糖又开发出了胖大海梨膏糖、罗汉果梨膏糖以及高档次的人参梨膏糖、灵芝梨膏糖等，同时降低甜度，增加花色，增长保质期。作为一种至今深受海内外游客喜爱的休闲食品和保健品，梨膏糖经销了一个半世纪，不能不说是一个奇迹。人们对梨膏糖的喜爱，其实掺杂着对老城厢文化的眷恋、对上海传统土特产的钟情。

自跋

　　应《海派文化丛书》编委会之邀,撰写《海派庙市》,既感到荣幸之至,又感到十分惶恐。荣幸的是,自己能参与这一浩繁的文化工程,为上海国际化大都市的建设出一点力,为上海历史文化名城的保护添一片瓦,实在是三生有幸,足以让一个上海人引以为豪。惶恐的是,自己毕竟不是一个专业作家或文史工作者,仅是长期生活、工作在老城厢这块故土上,对她比较熟悉、比较热爱罢了,历史眼光、编撰能力、写作水平和掌握的史料是不能与专家学者相比的,故接受这一任务不久,光荣感顿失,而责任感与日俱增。好在自己也曾参与《上海老城厢丛书》等书刊的编写,多少有那么一点积累和感觉,又加之李伦新同志对我的鼓励与指导,所以还是坚持在繁忙的工作之余,将此书编写完成。

　　有关老城厢抑或老上海的著述,已经出了很多,其中不乏大家手笔。对于我来说,如何在反映老上海林立的书刊中寻找一个切入点,汇聚一方清池,确实十分艰难。对此,我截取了最能代表老上海的十个方面,如老城厢、老学堂、老街坊、老码头、老字号和老城隍庙等,加以系统的挖掘、整理、汇编,使之既独立成章,又相连成篇,基本涵盖了老上海的历史演变、社会发展、经济活动、文化教育、人文遗迹、民俗风情等各个方面,并力求反映出海派文化在形成与发展过程中的渊源和因果关系。为了增强史料性、可读性和观赏性,本书搜集了一批历史老照片,其中不乏难得一见的珍贵画面,使之图文并茂,更具历史沧桑感和真实感。可以说这是一部袖珍版的老上海通俗读物。

　　让一个从事企业的"文化人"(自喻)来编写此书,有可取之处,但也难免暴露出不足。行家看了此书后定会有各种议论，比如对海派文化的论述比较肤浅，需要议论风生的地方却欲言又止，各章节虽然能一气呵成但风格又略显不一……我认同这些评判，并期待得到读者更多的批评指正。我有心让此书成为本人"业余"嬗变为"专业"的起点。

费慧林

跋

近来十分流行"创意"二字，如美术创意、建筑创意、文学创意等等，因其名目繁多而目不暇接，又因大多陌生而超然处之。但上海大学海派文化研究中心主任李伦新同志提出编辑《海派文化丛书》的创意使人精神一振，耳目一新，对我们从事文化工作的人来讲，正是思之无绪的良策、事之无措的善举。

此创意特色有三：

一是纵横驰骋，自成体系。该系列丛书由海派书画、海派戏剧、海派建筑、海派文学、海派电影等方面近30本书组成，基本囊括了能反映海派文化的各个领域，其中6本书在2007年8月的上海书展上面世。此后每年出版7至8本，在2010年出齐，向世博会献礼。

二是叙述简洁，形式新颖。上海，不管你是否喜欢，它在近两百年内迅速发展成为一个国际大都市并在中国占有重要地位的事实是无可置疑的。因此，上海是一个世人瞩目的、值得研究的又众说纷纭的课题。论述上海、反映上海的书籍纷繁浩瀚，它们各有见解，各具特色，拥有各自的读者。有的是学术性的，史料翔实，论证严密，但曲高和寡；有的是文学性的，情节曲折，故事生动，但内中难免掺杂作者个人的情感而有失公允；有的是纪实性的，历史掌故和人间悲欢离合尽收其中，但珠玑散落，难于荟萃。丛书力图博采众长，"合三为一"，以纪实为主，兼顾史料的真实和文字的优美，并采用图文并茂的编辑方法，使之成为一套新颖的研究上海、介绍上海的书籍。

三是内容丰富，面向大众。丛书包括海派文化的各个领域，诸如戏剧、书画、建筑、文学、风俗等，既有宏观的研究与阐述，又有具体的描绘与剖析，向读者展示了一幅绚丽多彩的海派文化起源、发展、形成、深化的历史长卷，令人信服地得出这样的结论：海派文化造就了被誉为"东方巴黎"和"东方明珠"的上海，形成了"海纳百川"、"精明求实"、"宽容趋新"等上海人的社会人格。丛书既是研究上海的学术著作，又是介绍上海的通俗读物，具有书柜藏书和案头工具书的双重功能。

上海市对外文化交流协会是进行中外文化交流的专门机构，以弘扬优秀传统文化和汲取世界先进文化为己任。协会成立20年正是上海改革开放取得辉煌成就的20年。协会乘势而为，解放思想，开拓进取，积极拓展外联渠道，构筑中外交流的平台，广泛开展国际的社会科学、金融经济、科学技术、文化艺术交流，增进同世界各国人民的友谊和理解，成为上海的一个有影响的中外文化交流的窗口。我们在获悉丛书的编辑思想和出版计划时，就感到双方是心心相印的，所以决定对丛书出版给予经济上的支持。我们认为此举是对建设上海文化事业的支持，是对弘扬民族文化的支持，也是对自身工作的支持。

因为工作的缘故，经常有外国朋友赠送一些介绍他们的国家或城市的书籍。这些书籍装帧精美，内容言简意赅，形式图文并茂。由此联想，在丛书中选择若干本或若干章节翻译、汇编成书，那也是一种十分可取的介绍上海和宣传上海的内容和形式，特别对于将在2010年举办世博会的上海来说尤为如此。

本丛书的出版已引起有关单位的重视和关注。文汇出版社将本丛书列为2007年出版计划中的重点书，并配备了业务能力强的文字和美术编辑；外宣部门认为这套丛书是很好的外宣资料，是世博会的一个很好的配套工程；有的图书馆反映查阅上海资料的读者日渐趋盛，这套丛书的出版适逢其时，将为读者提供更多的方便。

还必须强调的是，丛书的编辑和出版也得到了作者的大力支持。编委会曾召开部分作者参加的笔会，其中不乏畅销书的作家，编委会对他们提出了创作要求和交稿时限。尽管要求高、时间紧，但是作者均积极配合，投入创作。为此，有的延误了申报高级职称的机会，有的推迟了其他的创作计划，有的不厌其烦数易其稿。

天时、地利、人和似乎都护佑着丛书的面世。丛书是时代的产物，是集体智慧的结晶。

郑家尧

2007年7月

（本文作者为上海市对外文化交流协会副会长兼秘书长）

参考书目

《南市区志》南市区志编纂委员会编　　　　　　　上海社科院出版社

《上海文史资料选辑（黄浦卷）》　　　　　政协上海市文史资料委员会、

　　　　　　　　　　　　　　　　　　政协上海市黄浦区委员会编

《上海：一座现代化都市的编年史》熊月之等主编　　上海书店出版社

《上海商业史》朱国栋等主编　　　　　　　　　上海财经大学出版社

《上海老字号故事》吴培民、陈春舫主编　　　　上海锦绣文章出版社

《谈书论画录》顾延培著　　　　　　　　　　　　上海今日出版社

《上海老城厢丛书》程秉海主编　　　　　　　　　上海文汇出版社

《上海老城厢史话》薛理勇著　　　　　　　　　上海立信会计出版社

《上海老城厢风情录》顾启良主编　　　　　　　　上海远东出版社

《上海风俗古迹考》顾柄权著　　　　　　　　　华东师范大学出版社

《上海城隍庙大观》桂国强主编　　　　　　　　　上海文汇出版社

《风情上海滩》桂琳、王黎东等编著　　　　　　　　上海三联书店

《九曲桥畅想曲》张重天著　　　　　　　　　　　上海文汇出版社

《名人笔下的老上海》倪墨炎选编　　　　　　　　　　北京出版社

《上海百年掠影》邓明主编　　　　　　　　　　上海人民美术出版社

《城市记忆》上海市档案馆编　　　　　　　　　　上海辞书出版社

图书在版编目（CIP）数据

海派庙市 / 费慧林著. — 上海：文汇出版社，
2010.5
ISBN 978－7－80741－838－2

Ⅰ.① 海…　Ⅱ.① 费…　Ⅲ.① 寺庙—文化—上海市
Ⅳ.① K928.75

中国版本图书馆CIP数据核字（2010）第054550号

海派庙市

作　　者 / 费慧林
丛书主编 / 李伦新
责任编辑 / 文　荟
装帧设计 / 周夏萍

出版发行 / 文汇出版社
　　　　　上海市威海路755号（邮政编码200041）
经　　销 / 全国新华书店
照　　排 / 南京展望文化发展有限公司
印刷装订 / 上海新文印刷厂
版　　次 / 2010年5月第1版
印　　次 / 2010年5月第1次印刷
开　　本 / 640×960　1/16
字　　数 / 300千
印　　张 / 26

ISBN 978－7－80741－838－2
定　　价 / 39.00元